Michael Schmidt-Salomon

Anleitung zum Seligsein

Michael Schmidt-Salomon

Anleitung zum Seligsein

Mit Illustrationen von Jacques Tilly

Alibri Verlag
Aschaffenburg

2011

Michael Schmidt-Salomon, Dr. phil., geboren 1967, ist freischaffender Philosoph und Schriftsteller sowie Mitbegründer und Vorstandssprecher der *Giordano-Bruno-Stiftung*. Im Alibri Verlag erschienen u.a. die Bücher *Manifest des evolutionären Humanismus*, *Stollbergs Inferno*, *Die Kirche im Kopf* (gemeinsam mit Carsten Frerk), *„Wo bitte geht's zu Gott?", fragte das kleine Ferkel* und *Susi Neunmalklug erklärt die Evolution* (gemeinsam mit Helge Nyncke). Weitere Informationen zum Autor unter: www.schmidt-salomon.de.

Alibri Verlag
www.alibri.de
Aschaffenburg
Mitglied in der Assoziation Linker Verlage (aLiVe)

Erste Auflage 2011

Umschlaggestaltung: Claus Sterneck
Cartoon: Jacques Tilly
Druck und Verarbeitung: UWS Druck und Papier, Stuttgart

ISBN 978-3-86569-068-5

Inhaltsverzeichnis

Vorwort

Persönlicher Rückblick auf zwei Jahrzehnte Religionskritik

Als ich Anfang der 1990er Jahre meine ersten religionskritischen Texte veröffentlichte, stieß das auf wenig Gegenliebe. Gläubige fühlten sich in ihren „religiösen Gefühlen“ verletzt, Nichtgläubige meinten, dass Religionskritik mittlerweile vergebliche Liebesmüh’ sei, da die Religionen längst aufgeklärt seien oder in absehbarer Zeit sowieso absterben würden. Einige bezichtigten mich sogar eines „unsportlichen Verhaltens“: „Wie kann man bloß auf einen Gegner einschlagen, der schon am Boden liegt?!“

Ich nahm derartige Kommentare mit Verwunderung zur Kenntnis. Zwar sah ich durchaus Anzeichen für eine zunehmende Säkularisierung der Gesellschaft. Doch die Tatsache, dass mehr und mehr Menschen traditionelle „Glaubenswahrheiten“ in Frage stellten, bedeutete nicht, dass „die Religionen“ bereits am Boden lagen. Global gesehen machten sie keinerlei Anstalten, „vernünftiger“ zu werden oder gar „abzusterben“. Es zeigte sich vielmehr, dass gerade fundamentalistische Gruppierungen immer stärkeren Zulauf hatten. Im Grunde musste man Anfang der 1990er nur die Nachrichtensendungen aufmerksam verfolgen, um zu erkennen, dass religiöse Konflikte zunehmend die Weltpolitik bestimmen würden. Was also war der Grund dafür, dass so viele Wissenschaftler und Philosophen das Problemfeld „Religion“ so hartnäckig ausblendeten?

Um das zu verstehen, muss man die historischen Rahmenbedingungen berücksichtigen, die die Entwicklung der modernen Wissenschaften bestimmten. Über Jahrhunderte hinweg hatte die Theologie als unanfechtbare Leitdisziplin gegolten. Wissenschaftliche Hypothesen, ja sogar empirische Erkenntnisse galten als „falsch“ oder „häretisch“, wenn sie der herrschenden theologischen Lehrmeinung widersprachen. Erst allmählich, etwa beginnend mit dem 17. Jahrhundert, konnte sich die Wissenschaft aus dieser religiösen Umklammerung befreien.

Aus aufklärerischer Sicht hatte dieses Jahrhundert noch tragisch begonnen: mit dem Tod Giordano Brunos auf dem Scheiterhaufen der Inquisition und dem wenig später in Gang gesetzten Prozess gegen Galileo Galilei. Doch schon bald zeigte sich, dass der wissenschaftliche Fortschritt durch solche Machtdemonstrationen nicht mehr aufzuhalten war. Anstatt die wissenschaftliche Forschung im Keim zu ersticken, entwickelten die religiösen und weltlichen Herrscher eine sehr viel raffiniertere Strategie: Den Wissenschaftlern wurde Forschungsfreiheit garantiert – allerdings nur unter der Voraussetzung, dass sie sich keinesfalls auf politisches oder religiöses Terrain vorwagten.[1]

Mithilfe dieser „unfreiwilligen Selbstkontrolle“ der Forschung wurde die Religionskritik aus dem Geltungsbereich der „normalen Wissenschaften“ ausgeschlossen, was zur Folge hatte, dass religionskritische Äußerungen fortan mit dem Makel der „Unwissenschaftlichkeit“ behaftet waren. Nach dem Motto „Schuster, bleib bei deinen Leisten!“ sollten sich die Wissenschaftler um die „kleinen, irdischen Wahrheiten“ kümmern, während die sog. „höheren Wahrheiten“ den Religionen vorbehalten blieben.

Wer gegen diese Vorgaben verstieß, musste mit empfindlichen Sanktionen rechnen.[2] Zwar ist heute der direkte Einfluss der Kirchen auf den akademischen Betrieb (mit Ausnahme der Theologischen Fakultäten und Konkordatslehrstühle) geschwunden, die Strategie, Religionskritik aus dem Geltungsbereich der seriösen Forschung zu verbannen, ist aber erhalten geblieben. Dies erklärt auch, warum sich so viele Wissenschaftler und Philosophen in Bezug auf das Thema „Religion“ so *auffällig unauffällig* verhalten. Sie wissen nur zu gut: Wer die Tabugrenzen überschreitet wie Karlheinz Deschner, der im Alleingang die „Kriminalgeschichte des Christentums“ aufarbeitete, kann sich eine akademische Laufbahn abschminken. Ich hatte deshalb einmal vorgeschlagen, religionskritische Arbeiten (analog zu den Horrorszenarien auf Zigarettenpackungen) mit einem Warnhinweis zu versehen: „Religionskritik gefährdet Ihre wissenschaftliche Karriere!“[3] Das klingt nach einem Scherz, doch dahinter steckt noch immer bittere Realität.

1992-1994: Zensur im Namen des Herrn

Als ich 1992 meinen Posten als Mitarbeiter an der Universität Trier antrat, wusste ich von alldem wenig. Mit jugendlichem Leichtsinn (ich war gerade 25 Jahre alt) stürzte ich mich in die Arbeit und nahm kein Blatt vor den Mund – auch nicht in Bezug auf Religion. Es schien mir offensichtlich zu sein, dass die Religionen der Welt sowohl in erkenntnistheoretischer Hinsicht widerlegt waren (ihre überzogenen Wahrheitsansprüche hielten keiner kritischen Prüfung stand) als auch in praktischer Hinsicht ausgebremst werden müssten (in mir verfestigte sich der Eindruck, dass wir ansonsten auf ein „Jahrhundert der globalen Religionskriege" zusteuern würden). Wohlmeinende Warnungen älterer Kollegen, ich solle mich doch nicht so sehr in die Religionskritik verbeißen („So etwas macht man, wenn überhaupt, nach der Emeritierung!"), schlug ich in den Wind. Vielleicht stachelten sie mich sogar dazu an, noch eine Schippe draufzulegen. Jedenfalls konnte und wollte ich mich nicht damit abfinden, dass man Religionen nicht genauso frei kritisieren kann wie andere Ideologien auch.

In den Seminaren, die ich in den 1990er Jahren an der Universität Trier leitete, versuchte ich den Studierenden zu vermitteln, dass wir eine „zweite Aufklärungsbewegung" bräuchten, um den Herausforderungen der Zukunft gewachsen zu sein. Eine solche Aufklärungsbewegung dürfte natürlich nicht nur im akademischen Milieu angesiedelt sein, sondern müsste die Menschen auch außerhalb der wissenschaftlichen Elfenbeintürme erreichen. Eine Möglichkeit dazu sah ich in öffentlichkeitswirksamen Straßentheateraktionen.

Und so trommelte ich im Mai 1994 eine Handvoll Mitstreiter zusammen. Unter dem Gruppennamen I.R.A. („Initiative für religiöse Abrüstung") verteilten wir nach dem Pfingsthochamt vor dem Trierer Dom „vegetarische Hostien" („kein Heiland drin") und klärten die Passanten mit Flugblättern darüber auf, dass die Friedensbewegung künftig nicht nur für „atomwaffenfreie Zonen" kämpfen müsse, sondern auch für „religionsfreie Zonen", schließlich sei, wie wir anhand einer damals aktuellen Studie belegten, ein Großteil der weltweit geführten Kriege „religiös motiviert".

Bemerkenswerterweise reagierten die meisten Kirchenbesucher positiv auf dieses „Happening" (so meinte eine ältere Kirchenbesucherin angesichts der vielen Diskussionen auf dem Domvorplatz, dies sei das erste Mal, dass sie „Pfingsten" wirklich erlebe). Die offiziellen Vertreter des Trierer Bistums waren jedoch alles andere als amüsiert und entschlossen

Der Autor beim Verteilen vegetarischer Hostien (1994).

sich zu einem Revanchefoul: Mittels juristischer Eingaben und unter Nutzung ihrer engen politischen Kontakte verhinderten sie wenige Tage später die Uraufführung des Musicals *Das Maria-Syndrom*, das ich als Hommage an den 1993 gestorbenen Rockmusiker und Komponisten Frank Zappa geschrieben hatte.[4]

Als ich in der entsprechenden „Ordnungsverfügung zur Verhinderung einer Straftat“ las, dass mein Stück geeignet sei, „den öffentlichen Frieden zu gefährden“, hielt ich dies zunächst für einen schlechten Witz, der sich auf juristischem Wege leicht aushebeln ließe. Doch zur Verwunderung vieler, die das Verfahren verfolgten, wurde die Rechtmäßigkeit des Aufführungsverbots von Instanz zu Instanz bestätigt. Ich muss gestehen, dass die Begründungen, die die Richter im Laufe des Verfahrens entwickelten, mein Vertrauen in die deutsche Justiz nachhaltig erschütterten: Beispielsweise werteten sie den Umstand, dass ich nach der medialen Skandalisierung des Falls mit Morddrohungen allzu eifriger Christen überhäuft wurde, als Beleg dafür, dass *mein Stück* den öffentlichen Friede gefährde – eine groteske Verkehrung des Täter-Opfer-Prinzips!

Ökonomisch war der *Maria-Syndrom*-Skandal ein ziemliches Desaster (zumal mit dem Verbot der Bühnenaufführungen auch die von Ken Russell[5] damals ins Auge gefasste Verfilmung des Stücks verhindert wurde), aber die Sache hatte auch ihr Gutes: Durch den Skandal kam ich in Kontakt mit anderen Freigeistern, vor allem mit der Redaktion der Zeitschrift *Materialien und Informationen zur Zeit (MIZ)*.[6]

1994-2004: Erste Erfahrungen in der säkularen Szene

Die ersten Ausgaben der MIZ waren bereits 1972 erschienen, doch seltsamerweise hatte ich davon ebenso wenig mitbekommen wie von der Tätigkeit des *Internationalen Bundes der Konfessionslosen und Atheisten (IBKA)*, der die MIZ herausgab. Dies änderte sich nun schlagartig: 1994 erschien mein erster Aufsatz in der MIZ,[7] wenig später wurde ich in den Vorstand des IBKA gewählt. 1997 wurde ich Mitglied der MIZ-Redaktion, ab 1999 übernahm ich den Posten des Chefredakteurs, den ich bis Mitte 2007 innehatte.

Am Anfang war mir ein wenig mulmig zumute bei dem Gedanken, alle drei Monate ein Heft zusammenstellen zu müssen. War nach fast drei Jahrzehnten MIZ nicht schon alles Wesentliche gesagt? Würden uns nicht schnell die Ideen ausgehen? Es zeigte sich bald, dass diese Befürchtung unberechtigt war. Denn obgleich politisch Vieles beim Alten blieb (etwa die Privilegierung der Großkirchen), waren in der Gesellschaft starke Wandlungsprozesse zu beobachten, die journalistisch aufgegriffen werden mussten. Zum klassischen Thema „Trennung von Staat und Kirche" traten dadurch neue Fragestellungen hinzu. So beschäftigten sich MIZ-Schwerpunkte mit dem „Untergang des Abendlandes", dem „Boom apokalyptischer Deutungsmuster", der „falschen Toleranz gegenüber Parallelgesellschaften" oder (anlässlich des Karikaturenstreits) mit der „subversiven Kraft des Humors".

War das gesellschaftliche Interesse an Religionskritik in den 1990er Jahren noch recht dürftig, so stieg es ab dem 11. September 2001 deutlich an. Immer mehr Menschen erkannten, dass die Religionen (insbesondere in ihren fundamentalistischen Varianten) sehr wohl eine Gefahr für den sozialen Frieden darstellten. Auch stieg auf Seiten der wachsenden Gruppe der konfessionsfreien Menschen das Bedürfnis, sich zu organisieren. Allerdings waren viele säkulare Verbände, die zum Teil auf eine 150-jährige Geschichte zurückblickten, hoffnungslos überaltert. Ihnen fehlte der Elan, auf die neuen gesellschaftlichen Bedingungen angemessen zu reagieren.

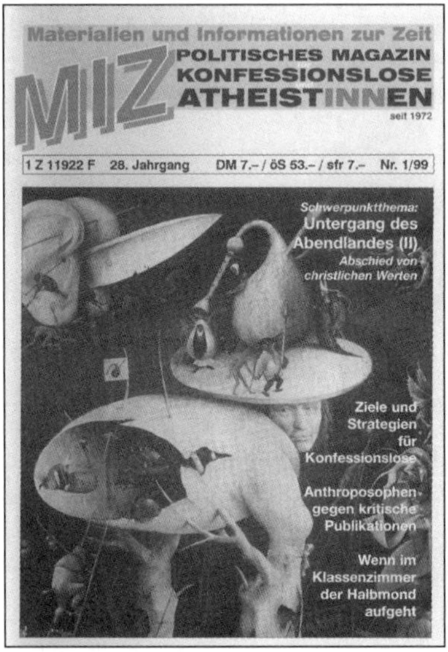

MIZ-Schwerpunkt „Untergang des Abendlandes" (1999)

Außerdem waren die finanziellen Mittel der meisten Organisationen äußerst bescheiden.

Ich kann mich gut daran erinnern, wie verzweifelt wir Anfang der 2000er Jahre nach Möglichkeiten suchten, stärker in die Gesellschaft hineinzuwirken. So dachten wir beispielsweise über einen „Giordano-Bruno-Fonds für die Opfer religiöser Gewalt" nach, doch derartige Pläne verliefen meist im Sand, da wir weder über die Manpower noch über die finanziellen Ressourcen verfügten, um sie realisieren zu können.

Dann aber kam uns der Zufall zu Hilfe. Carsten Frerk, mit dem ich gerade an einem satirischen Lexikon über die „Kirche im Kopf" arbeitete,[8] war Ende 2003 zu einem privaten Vortrag im Hunsrück eingeladen worden. Er wollte die günstige Gelegenheit nutzen, um mich in der nahegelegenen Eifel zu besuchen. Da sein Gastgeber, Herbert Steffen, einige meiner MIZ-Artikel gelesen hatte, fragte er an, ob er sich dem Besuch anschließen dürfe.

Zufälligerweise hatte ich kurz vor diesem Treffen einige Sonderdrucke eines Vortrags erhalten, den ich im Mai 2002 zum Thema „Evolutionärer Humanismus" gehalten (und schon fast wieder vergessen) hatte.[9] Nachdem ich die Sonderdrucke meinen Gästen als kleines Willkommensgeschenk überreicht hatte, erläuterte ich kurz, was es mit diesem ominösen „Evolutionären Humanismus" auf sich hat. Ohne es zu ahnen, traf ich damit bei Herbert Steffen, der seit Jahren Karlheinz Deschners Arbeit an der *Kriminalgeschichte des Christentums* unterstützte, voll ins Schwarze. Denn er hatte längere Zeit schon mit der Idee gerungen, eine Stiftung zu gründen, die neben Religionskritik eine positive, säkulare Alternative entwickeln sollte. Allerdings war ihm nicht klar, wie eine solche Alternative aussehen könnte. Während ich nun über Evolution, Humanismus, Religion und die „Einheit des Wissens" erzählte, gewann, wie sich später herausstellte, in seinem Kopf das Profil einer solchen Stiftung immer schärfere Konturen.

2004-2011: Die Giordano-Bruno-Stiftung und der „Kreuzzug der neuen Atheisten"

Eine Woche später lud mich Herbert Steffen nach Mastershausen ein und präsentierte mir seine Überlegungen. Was ich davon hielte, eine Stiftung zur Förderung des evolutionären Humanismus zu gründen? Natürlich war ich begeistert! Von da an ging alles Schlag auf Schlag: Schon im März 2004 hielt der Wiener Evolutionsbiologe Franz M. Wuketits, den ich von den Stiftungsplänen sofort unterrichtet hatte, den ersten Vortrag im Stiftungsforum in Mastershausen. Im April wurde die *Giordano-Bruno-Stiftung* (gbs) offiziell als „öffentliche Stiftung des bürgerlichen Rechts" anerkannt. Im Mai richteten wir bereits unsere erste Großveranstaltung aus: den Festakt zum 80. Geburtstag von Karlheinz Deschner in Haßfurt. Selten zuvor trafen so viele religionskritische Autoren aufeinander wie bei diesem Ereignis.

Von Anfang an gelang es der Stiftung, kreative, kritische Geister an sich zu binden. Wissenschaftler, Philosophen, Künstler, die zuvor keinerlei Kontakt zur religionskritischen Szene hatten, fanden in der gbs eine geistige Heimat.[10] Von dem frischen Wind, den die Stiftung dadurch in die Szene brachte, profitierten auch andere säkulare Verbände, insbesondere der IBKA, mit dem die gbs in den Folgejahren mehrere Tagungen durchführte.

2005 gelang der Stiftung mit der „Religionsfreien Zone: Heidenspaß statt Höllenqual!" zum katholischen Weltjugendtag ihr erster medialer Coup: Jacques Tillys „Papst-Dino", der während der „närrischen Katholikentage" durch Köln fuhr, sorgte ebenso für internationales Aufsehen wie unser Veranstaltungsplakat, das mit seinem frech grinsenden schwarzen Schaf zum „Bild des Tages" auf NTV gekürt wurde.

Doch die gbs überraschte nicht nur durch spektakuläre Aktionen, sondern auch durch kontinuierliche Strukturarbeit: 2005 brachte sie die *Forschungsgruppe Weltanschauungen in Deutschland* (fowid) an den Start, die seither verlässliche empirische Daten über die weltanschauliche Verfasstheit der Gesellschaft zugänglich macht.[11] 2006 ging der *Humanistische Pressedienst* (hpd) ans Netz, der von der gbs in Kooperation mit dem *Humanistischen Verband Deutschland (HVD)* initiiert wurde.[12] 2007 stellte die Stiftung im Haus der Bundespressekonferenz in Berlin den *Zentralrat der Ex-Muslime* und dessen Kampagne „Wir haben abgeschworen!" vor,[13] die weltweit für Schlagzeilen sorgte, da sich nie zuvor ehemalige Muslime

Plakat zur Religionsfreien Zone in Köln (2005)

in dieser Offenheit zur Apostasie bekannt hatten.

2007 war ohnehin das Jahr, in dem die religionskritische Szene ihren Durchbruch in Deutschland feierte. Spätestens nachdem *Der Spiegel* den „Kreuzzug der neuen Atheisten“ zum Titelthema gemacht hatte, brach ein regelrechter Medienhype aus. Im Fernsehen, Radio sowie in den Printmedien wurde fast täglich über die „neuen Atheisten“ debattiert. Hatte man zuvor mit allen Mitteln versucht, uns und unsere Anliegen zu ignorieren, so konnten wir uns nun vor Einladungen in die Medien kaum noch retten. Hauptauslöser dieser bemerkenswerten Wende war der Erfolg des Buchs *The God Delusion* von Richard Dawkins. Die gbs hatte die deutsche Ausgabe des Werks (*Der Gotteswahn*) von Anfang an in Zusammenarbeit mit dem Ullstein Verlag promotet. Als wir unter großer medialer Beachtung Dawkins im Oktober 2007 am Rande der Frankfurter Buchmesse mit dem „Deschner-Preis“ auszeichneten, war klar, dass sich die gbs als „Denkfabrik für Humanismus und Aufklärung“ etabliert hatte. Ausgepowert durch den Medienrummel, dem ich 2007 ausgesetzt war, hoffte ich, mich Anfang 2008 ein wenig erholen zu können. Doch dazu kam es nicht.

Denn 2008 begann ähnlich turbulent, wie 2007 geendet hatte. Ende Januar erfuhren wir aus der Presse, dass das Bundesfamilienministerium (auf Anregung der katholischen Kirche) beantragt hatte, das von mir geschriebene und von Helge Nyncke illustrierte Kinderbuch *„Wo bitte geht's zu Gott?“, fragte das kleine Ferkel* auf den Index der jugendgefährdenden Medien zu setzen. Ein Vorgang mit erstaunlichen Konsequenzen: War ich 2007 noch wegen meiner Unterstützung des *Zentralrats der Ex-Muslime* als „Judensau“ und „Mossad-Agent“ tituliert worden, so stand ich nun (aufgrund der satirischen Darstellung eines jüdisch-orthodoxen Rabbis im „kleinen Ferkel“) unter dem Verdacht, „Antisemit“ zu sein. Das war zwar ebenso schlecht begründet wie meine vermeintliche Mossad-Mitgliedschaft, sorgte aber für einen großen Aufschrei im Feuilleton. Glücklicherweise konnten wir der bereits in Gang gesetzten Rufmordkampagne entgegenwirken und so im letzten Moment noch verhindern, dass das kleine Ferkel als erstes „Kinderbuch ab 18" in die Geschichte einging.[14]

2008 wäre das kleine Ferkel beinahe indiziert worden

Im darauf folgenden Jahr ergab sich für uns endlich die Gelegenheit, die naturalistische Weltsicht (statt der bloßen Religionskritik) in den Vordergrund unserer Öffentlichkeitsarbeit zu rücken. 2009 stand nämlich ganz im Zeichen des 200. Geburtstags Charles Darwins und des 150. Jubiläums der Veröffentlichung seines wegweisenden Buchs *Über die Entstehung der Arten*. Um den Diskurs über die Evolutionstheorie voranzutreiben, starteten wir das umfangreichste deutsche Webportal zum Darwin-Jahr www.darwin-jahr.de. Außerdem richteten wir in der Deutschen Nationalbibliothek Frankfurt einen Festakt zu Ehren des Begründers der modernen Evolutionstheorie aus. Für besondere Aufmerksamkeit sorgte nicht zuletzt unsere Kampagne „Evolutionstag statt Christi Himmelfahrt", für die ich einen Song komponiert hatte (*Children of Evolution*), den Ricarda Hinz zu einem großartigen Videoclip verarbeitete.[15]

Nachdem die gbs 2009 vor allem als naturwissenschaftlich-philosophischer Think Tank gewirkt hatte, mischten wir uns 2010 verstärkt in politische Debatten ein. So trug die Stiftung maßgeblich dazu bei, dass das Schicksal der missbrauchten, misshandelten Heim- und Internatskinder nicht länger verdrängt werden konnte. Ebenfalls erfolgreich war die von der gbs maßgeblich forcierte Kampagne zur Ablösung der Staatsleistungen an die Kirchen, in deren Rahmen das neue Grundlagenwerk von Carsten Frerk *Violettbuch Kirchenfinanzen* an rund zweitausend politische Entscheidungsträger und Journalisten verschickt wurde. Auch die von der gbs mitinitiierte Kampagne „Asyl für Ex-Muslime" konnte 2010 einen ersten Erfolg verbuchen: Siamak Zare, Gründungsmitglied des *Zentralrats*

Grundrechte für Menschenaffen: gbs-Broschüre (2011)

der Ex-Muslime, erhielt 2010 den Flüchtlingsstatus, womit behördlicherseits erstmals (!) anerkannt wurde, dass auch religionsfreie Menschen religiös verfolgt werden.

Wie breit das Tätigkeitsspektrum der *Giordano-Bruno-Stiftung* ist, zeigen exemplarisch die Aktivitäten im aktuellen Jahr 2011. So trat die gbs im Februar mit einem sorgfältig formulierten Gutachten zur Präimplantationsdiagnostik in Erscheinung, das allen deutschen Bundestagsabgeordneten zuging.[16] Im März setzten wir uns für neue Ansätze in der Ökologie („Cradle to Cradle“) ein. Jetzt, da ich diese Zeilen schreibe, liegen auf meinem Schreibtisch die Druckfahnen zu einer Broschüre mit dem Titel „Bruder Schimpanse, Schwester Bonobo“, in der wir Grundrechte für die Großen Menschenaffen (Orang-Utan, Gorilla, Schimpanse, Bonobo) einfordern.

Diese wenigen Beispiele machen hoffentlich bereits deutlich, wie falsch es ist, die *Giordano-Bruno-Stiftung* auf das Thema „Religions- und Kirchenkritik“ zu reduzieren. Wir betreiben zwar Religionskritik, weil sie immer noch erforderlich ist – aber niemand von uns vertritt die Meinung, dass der Humanismus dabei stehen bleiben könnte.

Was mich persönlich betrifft: Nach zwei Jahrzehnten intensiver Beschäftigung mit dem Thema würde ich die Religionskritik am liebsten ganz an den Nagel hängen, doch die Sache ist verhext: Erst kam ich mit religionskritischen Inhalten nicht in die Medien hinein, nun komme ich aus der Nummer nicht mehr raus. Denn haben die Medien erst einmal eine passende Schublade gefunden (in meinem Fall war es „Deutschlands Chef-Atheist“ – obwohl ich ganz gewiss kein „Chef“ bin und „Atheist“ nur unter agnostischem Vorbehalt), so wird man dort verortet – ob man will oder nicht. Ich werde mich also damit abfinden müssen, auch noch in den kommenden Jahren auf immer gleiche Fragen immer gleiche Antworten geben zu müssen. Voltaires Empfehlung, dass man sich solange wiederholen müsse, bis man verstanden werde, ist da nur ein schwacher Trost.

Rückblick und Ausblick

Eigentlich jedoch gibt es keinen Grund zu klagen. Wir (und damit meine ich nicht nur die Mitglieder der *Giordano-Bruno-Stiftung*, sondern alle Aktiven der säkularen Szene in Deutschland, Österreich und der Schweiz) haben in den letzten Jahren viel mehr erreicht, als man realistischerweise erwarten durfte. Die meisten Verbände haben nicht nur Mitglieder hinzugewonnen, sondern werden mit ihren Anliegen in der Öffentlichkeit auch stärker wahrgenommen als je zuvor. Man sollte in diesem Zusammenhang nicht vergessen, dass Religionskritiker bis 2007 regelmäßig aus Fernseh- und Radiosendungen ausgeladen (oder gar nicht erst eingeladen) wurden. Dies ist heute anders. Die Verantwortlichen in den Medien haben eingesehen, dass man schwerlich über Religion und Weltanschauung in Deutschland sprechen kann – ohne dabei Vertreter des konfessionsfreien Drittels der Gesellschaft zu hören.

Dass die *Giordano-Bruno-Stiftung* bei diesem Veränderungsprozess eine gewisse Rolle spielte, lag nicht daran, dass sie über ungewöhnlich große Finanzmittel verfügte (entgegen anderslautender Mutmaßungen in der Presse[17] sind diese sehr bescheiden) oder dass ihre Macher grandiose „Überflieger" sind (wir wissen sehr wohl, dass wir nur mit Wasser kochen[18]), sondern daran, dass die Gründung dieser Stiftung „die richtige Idee zur richtigen Zeit" war. Wäre die gbs zehn Jahre früher entstanden, hätte sie kaum diese Effekte erzielt. So aber spielten uns die politischen Ereignisse der letzten Jahre (islamistische Attentate, katholische Kindesmissbräuche, Karikaturen- und Minarett-Streit, Debatten über Kopftücher und Ehrenmorde, Parallelgesellschaften und Menschenrechte, über Fundamentalismus und „neuen Atheismus", Kreationismus und Evolutionsbiologie) in die Hände.

Letztlich führte dies zu einer erdrutschartigen Veränderung der weltanschaulichen Verfasstheit unserer Gesellschaft. Man erkennt das nicht nur am steigenden Prozentsatz der Konfessionsfreien (1970: 3,9%, 1990: 22,4%, 2010: 34,8%),[19] sondern vor allem daran, dass auch der verbleibende Anteil der (nominellen) Religionsmitglieder mehr und mehr vom Glau-

Infobroschüre der Forschungsgruppe Weltanschauungen in Deutschland *(2005)*

ben abfällt: So kam eine im Mai 2011 veröffentlichte repräsentative Studie zu dem bemerkenswerten Ergebnis, dass nur noch 27 Prozent (!) der Deutschen an einen Gott oder ein „höheres Wesen" glauben, während 31 Prozent (!) eine klare atheistische Position beziehen (die Existenz eines „höheren Wesens" ausschließen) und der restliche Bevölkerungsanteil im weitesten Sinne agnostische Vorstellungen vertritt (nicht angeben kann, ob „Gott" existiert oder nicht).[20] Zum Vergleich: 1998 glaubten noch rund 60 Prozent (!) der Deutschen an einen Gott bzw. ein höheres Wesen, während sich weniger als 20 Prozent zu einer atheistischen Position bekannten.[21] Legt man diese Zahlen zugrunde, so hat sich der Anteil der Gottgläubigen innerhalb von nur 13 Jahren halbiert![22]

Angesichts der Tatsache, dass a) nur noch 5 Prozent der Deutschen an die Existenz von Himmel und Hölle glauben[23] und b) ihr Vertrauen in religiöse Institutionen insgesamt auf einen historischen Tiefstand gesunken ist, kann man wohl mit Fug und Recht behaupten, dass die religionskritische Message in der Bevölkerung angekommen ist. Fakt ist jedenfalls, dass viele Ansichten, die vor zwei Jahrzehnten noch avantgardistisch waren (etwa zu Fragen der sexuellen Selbstbestimmung oder der Sterbehilfe), heute zum Common Sense gehören. (2001 sorgte Klaus Wowereits Coming-out-Rede „Ich bin schwul – und das ist auch gut so!" für großes Aufsehen, heute würde sie niemanden mehr hinter dem Ofen hervorlocken.)

Weltanschaulich, so kann man schließen, liegen die Religionen – hier und heute (Deutschland, 2011) – tatsächlich am Boden. Ökonomisch und politisch gilt dies jedoch nicht: Denn noch immer besitzen die christlichen Großkirchen ungeheure Privilegien.[24] Noch immer sind Caritas und Diakonie die größten nichtstaatlichen Arbeitgeber Europas. Noch immer räumt man „christlichen" Krankenhausbetreibern (deren Leistungen zu 100% von der säkularen Gesellschaft finanziert werden!) das Recht ein, Arbeitnehmer weltanschaulich zu diskriminieren. Noch immer sind Medienräte, Ethikräte, Parlamente überproportional mit Vertretern der Religionen bestückt. Noch immer wird unsere Politik von religiösen Vorstellungen bestimmt, obwohl diese in der Bevölkerung keinen Rückhalt mehr finden. (Man denke nur an die groteske politische Debatte zur Präimplantationsdiagnostik.)

Veranstaltungsplakat: Praktischer Humanismus in Deutschland (2005)

Es wird daher notwendig bleiben, den Einfluss religiöser Kräfte zurückzudrängen. Allerdings: In einer Gesellschaft, in der es mehr Konfessionsfreie als Katholiken oder Protestanten gibt, kann sich unser Engagement nicht darin erschöpfen, *gegen* etwas zu sein, wir müssen ebenso deutlich zeigen, *wofür* wir sind. Insofern gilt das, was ich bereits vor 14 Jahren schrieb, heute in verstärktem Maße:[25] Es bedarf dringend säkularer Alternativen zu den religiösen Sinnangeboten, Sozialdienstleistungen und Ritualen. Humanistische Sozial- und Bildungsangebote, wie sie der *Humanistische Verband* in Berlin und Nürnberg anbietet, müssten bundesweit zur Verfügung stehen.

Als Philosoph liegt mein Hauptgeschäft naturgemäß nicht im Aufbau humanistischer Kitas, Schulen oder Hospize, doch auch ich habe mich bemüht, statt der reinen Kritik am Bestehenden positive Alternativen zu entwickeln. In meinen letzten Büchern *Jenseits von Gut und Böse* und *Leibniz war kein Butterkeks* ging es vor allem darum, die individuellen und gesellschaftlichen Vorteile herauszuarbeiten, die mit einem Leben frei vom Glauben an übernatürliche Mächte verbunden sind.

Bleibt man auf der abstrakten philosophischen Ebene, sind die Pluspunkte einer konsequent humanistischen Lebensweise offensichtlich. Geht man jedoch mehr ins Detail, so zeigt sich, dass viele brennende Fragen noch immer weitgehend ungeklärt sind: Wie etwa sollte eine humanistische Wirtschaftsordnung aussehen? Wie sehen unsere Vorschläge aus, das Problem der absoluten Armut zu lösen? Was können wir Humanisten dazu beitragen, dass die meist übergangenen Interessen nichtmenschlicher Tiere stärker berücksichtigt werden? Wie sollten Bildungssystem und Gesundheitssystem aus humanistischer Sicht reformiert werden? Was können wir unternehmen, um die ökologische Nische zu erhalten, auf die wir aufrechtgehenden Primaten auf Gedeih und Verderb angewiesen sind?

Ich habe mir vorgenommen, mich in Zukunft – statt mit Religionskritik – eingehender mit solchen Fragen zu beschäftigen. Zwar stimme ich mit Karl Marx darin überein, dass die Kritik der Religion die „Voraussetzung aller Kritik" ist.[26] Doch scheint es mir nur wenig vernünftig zu sein, sich ein Leben lang mit „Voraussetzungen" herumzuschlagen, ohne je zu den eigentlichen Problemen vorzudringen.

Zu diesem Buch

In gewisser Weise markiert das vorliegende Buch also eine Zäsur, denn es enthält überwiegend jene Form von Texten, die ich künftig nur noch in Ausnahmefällen zu veröffentlichen gedenke: *Religionskritik in Reinkultur*. Keine Frage: Es hat Spaß gemacht, diese Texte zu schreiben. Und ich bin noch immer davon überzeugt, dass sie eine Menge guter Argumente enthalten. Zudem sind sie über weite Strecken amüsant zu lesen, was nicht zuletzt den Ausschlag dafür gab, sie hier noch einmal in gebündelter Form vorzulegen.

Die Auswahl der Texte fiel mir allerdings schwerer, als ich ursprünglich gedacht hatte – vor allem wegen der Fülle des Materials (mir war zuvor gar nicht bewusst, wie viele hundert Seiten Religionskritik ich in den letzten beiden Jahrzehnten zu Papier gebracht hatte). Letztlich halfen mir jedoch die folgenden Auswahl-Kriterien:
1. Die Texte sollten keine Themen behandeln, die ich in meinen Büchern bereits ausführlich dargestellt habe. (Diesem Kriterium fielen beispielsweise sämtliche Artikel zum Opfer, die sich mit der Frage der Willensfreiheit oder der Dichotomie von „Gut" und Böse" beschäftigten.) 2. Sofern Texte ähnliche Argumente enthielten, bevorzugte ich die aktuelleren Veröffentlichungen. 3. Stand ich vor der Wahl zwischen einem tiefgründigen, jedoch sehr theoretischen, und einem etwas oberflächlicheren, dafür aber amüsanteren Text, so entschied ich mich für letzteren. (Sammelbände leiden ohnehin unter dem Makel, langweilig zu sein. Dem wollte ich entgegenwirken.) 4. Wenn ich trotz der vorgenannten Kriterien partout nicht in der Lage war,

zu entscheiden, ob ich den einen oder den anderen Text aufnehmen sollte, warf ich einfach eine Münze – und damit war auch dieses Problem gelöst.

Ich hoffe, dass Sie an dem so entstandenen Sammelsurium meiner religionskritischen Denkanschläge Gefallen finden werden. Sollten Sie allerdings unter dem Syndrom leicht verletzbarer religiöser Gefühle leiden, so empfehle ich Ihnen, die etwas deftigeren Beiträge des ersten Teils nur unter strengsten Sicherheitsvorkehrungen zu lesen. Für Risiken und Nebenwirkungen der Lektüre übernehme ich jedenfalls keine Haftung! Sollten Sie ernsthaft befürchten, das Lesen religionskritischer Satiren könnte Sie eventuell dazu verleiten, in die Luft zu gehen oder schlimmer noch: andere in die Luft zu sprengen, so geben Sie dieses Buch doch bitte gleich an eine Person weiter, die über ein höheres Maß an Selbstreflexion verfügt. Vielen Dank!

Michael Schmidt-Salomon im Mai 2011

Anmerkungen

1 In den Statuten der Royal Society von 1633 hieß es dazu paradigmatisch: „Gegenstand und Ziel der Royal Society ist es, Kenntnisse von natürlichen Dingen, von nützlichen Künsten, Produktionsweisen, mechanischen Praktiken, Maschinen und Erfindungen durch Experimente zu verbessern – ohne sich in Theologie, Metaphysik, Moral, Politik, Grammatik, Rhetorik oder Logik einzumischen."

2 Man denke etwa an Baruch de Spinoza, der aufgrund seiner ketzerischen Ansichten aus der jüdischen Gemeinde verbannt und bald darauf auch von den christlichen Kirchen geächtet wurde. Eine Professur für den „größten niederländischen Philosophen aller Zeiten" war völlig undenkbar. Diese Erfahrung musste auch Ludwig Feuerbach machen, dessen universitäre Karriere abrupt endete, als sich herausstellte, dass er der Verfasser eines anonym erschienenen religionskritischen Werkes war.

3 vgl. Michael Schmidt-Salomon: Das Feuerbach-Syndrom. Warum Religionskritik in der Wissenschaft noch immer ein Tabuthema ist. In: MIZ 2/04

4 siehe hierzu u.a. Clara und Paul Reinsdorf (Hrsg.): Zensur im Namen des Herrn. Zur Anatomie des Gotteslästerungsparagraphen. 1997

5 Der britische Regieexzentriker Ken Russell (Mahler, Die Teufel, Der Höllentrip) hatte in den 1970er Jahren bereits die Rockoper **Tommy** von *The Who*

verfilmt. Nach dem Verbot der Bühnenfassung des *Maria-Syndroms* war es unmöglich, Produzenten für den anvisierten Film zu finden.

6 Website: www.miz-online.de

7 Michael Schmidt-Salomon: Offenheit statt Offenbarung. Über Humanismus, Agnostizismus und die Diskursunfähigkeit „der Religiösen". In: MIZ 4/94 (abgedruckt in diesem Sammelband)

8 Obwohl diese vergnügliche „Enzyklopädie für freie Geister – und solche, die es werden wollen" im Kern schon 2004 fertig war, erschien sie erst Jahre später in Buchform: Carsten Frerk und Michael Schmidt-Salomon: Die Kirche im Kopf. Von „Ach Herrje! bis „Zum Teufel!". 2007

9 Der Vortrag trug den Titel „Hoffnung jenseits der Illusionen? Die Perspektive des evolutionären Humanismus". Der gesamte Band, in dem dieser Vortrag enthalten war, kam erst 2004 auf den Markt: Jörg Albertz (Hrsg.): Humanität – Hoffnungen und Illusionen. 2004

10 siehe hierzu auch die Website der Stiftung: www.giordano-bruno-stiftung.de

11 siehe www.fowid.de

12 Unter der Leitung von Carsten Frerk avancierte der hpd sehr schnell zum wichtigsten Onlinemedium der säkularen Szene in Deutschland, Österreich und der Schweiz. Dass die freigeistigen Kräfte in den Folgejahren so große Fortschritte machten, ist nicht zuletzt dem Erfolg des hpd zu verdanken.

13 siehe www.ex-muslime.de

14 mehr dazu unter www.ferkelbuch.de

15 zu besichtigen u.a. auf YouTube und im Videoarchiv der gbs-Website www.giordano-bruno-stiftung.de

16 siehe www.giordano-bruno-stiftung.de/pid.pdf

17 In der FAZ beispielsweise wurde behauptet, dass das „Neue" am „neuen Atheismus" das Geld sei, das aus dem Hunsrück fließe. Tatsächlich jedoch entspricht der Gesamtjahresetat der gbs in etwa dem jährlichen Gehalt zweier evangelischer Pfarrer.

18 „Dummheit und Stolz wachsen auf demselben Holz", heißt es. Wer, wie ich, die Existenz eines „ursachenfreien Willens" bestreitet, hat keine Veranlassung, sein ohnehin bloß „virtuelles Selbst" allzu ernst zu nehmen – siehe hierzu auch meine Bücher *Jenseits von Gut und Böse* sowie *Leibniz war kein Butterkeks – Den großen und kleinen Fragen der Philosophie auf der Spur*.

19 siehe www.fowid.de

20 Studie des Marktforschungsinstituts Ipsos für Reuters News, Mai 2011; weitere Informationen unter: www.ipsos.de

21 International Social Survey Programme 1998, Religion II, Variable 37, zitiert nach dem entsprechenden fowid-Datenblatt (www.fowid.de)

22 Das Problem des Vergleichs der beiden Untersuchungen besteht allerdings darin, dass die Institute die metaphysischen Einstellungen der Befragten auf unterschiedliche Weise erhoben haben. Doch selbst wenn man einige Prozentpunkte

als Artefakte des Forschungsdesigns abzieht, ist der Wandel in den Einstellungen erstaunlich.

23 Ipsos-Studie, Mai 2011

24 siehe hierzu insbesondere: Carsten Frerk: Violettbuch Kirchenfinanzen. 2010; Carsten Frerk: Caritas und Diakonie in Deutschland. 2005; sowie Gerhard Czermak: Religions- und Weltanschauungsrecht: Eine Einführung. 2008

25 Michael Schmidt-Salomon: Von der Negation zur Position. Über die Notwendigkeit säkularer sozialer Dienstleistungen. In: MIZ 4/97

26 Karl Marx: Zur Kritik der Hegelschen Rechtsphilosophie. In: Marx-Engels-Werke (MEW), Band 1. 1974, S. 378

WER MEINE RELIGIÖSEN GEFÜHLE VERLETZT, DEM
POLIER ICH DIE FRESSE
TILLY

1. Teil

Die Lust am Lästern

Anleitung zum Seligsein

Ratschläge für Scheinheilige – und solche, die es werden wollen

Möchten nicht auch Sie seliggesprochen werden? Die Chancen hierfür standen nie so gut wie heute. Denn in den letzten fünfzig Jahren wurden mehr Heilig- und Seligsprechungen durchgeführt als je zuvor.[1] Sofern auch Sie zum erlauchten Kreis der Seligen und Heiligen gehören wollen, befolgen Sie gewissenhaft die folgenden zehn Ratschläge. Sie beruhen auf einer gründlichen Analyse der Seligen- und Heiligengeschichte der katholischen Kirche. Selbst wenn Sie es nicht schaffen sollten, in die Top 1000 der katholischen Seligen-Charts zu gelangen, dürfte Ihnen eine fürstliche Belohnung im Himmelreich gewiss sein! (Und wer kann dazu schon „Nein" sagen?)

Ratschlag 1: Werden bzw. bleiben Sie Mitglied der katholischen Kirche!

Sofern Sie es nicht ohnehin sind, werden Sie Mitglied der allein seligmachenden katholischen Kirche! Eine solche Kirchenmitgliedschaft ist zwar nicht kostengünstig (manch einer könnte sich von seinen Kirchensteuern ein kleines Eigenheim finanzieren), aber Seligkeit hat nun einmal ihren Preis. Und überhaupt: „Was bedeuten zehn, zwanzig oder fünfzig Jahre Leid..., wenn dann die Herrlichkeit kommt, für immer, für immer..., für immer?"[2]

Ratschlag 2: Glauben Sie an das Absurde!

Glauben Sie in blindem Vertrauen an die christliche Botschaft – vor allem dort, wo sie völlig unlogisch ist! „Credo quia absurdum" lautet ein alter Leitspruch der katholischen Kirche. Fürwahr: An logische Dinge glauben, kann jeder. Von einem Seligen darf aber mit Recht mehr erwartet werden: Er muss auch das Absurde glauben können.

Hierzu müssen Sie zunächst Ihren Geist schachmatt setzen. Am besten, Sie beten täglich mindestens ein Dutzend Mal den Rosenkranz. Vergegenwärtigen Sie sich dabei die Mysterien des christlichen Glaubens, zum Beispiel die Wandlungsprozesse einer einfachen katholischen Hostie: Wie Sie wissen, ist diese zunächst nichts Besonderes, eine schnöde Oblate, die ohne Weiteres auch als Boden einer Kokosmakrone enden könnte. In der Kirche erfährt sie jedoch ihre eigentliche, ihre wahre Bestimmung: Während der Priester sein Verslein spricht, wird aus der vegetarischen Oblate eine fleischhaltige Hostie, die zwar weiterhin verdächtig nach Oblate schmeckt, in Wirklichkeit aber aus den Innereien, pardon: dem Leib, des Herrn besteht.

Dies allein wäre schon einigermaßen verwunderlich, doch es kommt noch besser: Nachdem die Christen in einem rituell-kannibalischen Akt (den sie „Kommunion" nennen) Jesu Leib verspeist haben, scheint sich der Prozess der Sakralisierung der Hostie im Magen der Christen wieder umzukehren. Aus Jesu Leib resultieren hundertprozentig säkulare Ausscheidungen, was höchst vorteilhaft ist, da Sie diese später ohne Bedenken mit der Wasserspülung Ihres Klosetts entsorgen können. (Würden Sie das Gleiche mit einer Hostie machen, würden Sie durch die infame Verletzung eines heiligen Sakraments eine unverzeihliche Sünde begehen...)[3]

Sofern Sie all dies nachvollziehen können, ohne Ihren Glauben zu verlieren, haben Sie bereits eine entscheidende Hürde auf dem Weg zur Seligkeit erfolgreich gemeistert! Gratulation!

Ratschlag 3: Ändern Sie Ihre Ernährungsgewohnheiten!

Nicht nur Liebe, sondern auch Seligkeit geht durch den Magen! Orientieren Sie sich zum Beispiel an der heiligen Katharina von Genua, die mit Vorliebe den Schmutz von alten Armenkleidern kaute, wobei sie Dreck und Läuse verschluckte. Oder folgen Sie der heiligen Marguerite Marie Alacoque, auf deren Offenbarungen immerhin Herz-Jesu-Orden, Herz-Jesu-Andacht und Herz-Jesu-Fest zurückgehen. Von ihr wird berichtet: „Sie trank zeitweise nur Waschwasser, aß verschimmeltes Brot, faules Obst, wischte einmal mit ihrer Zunge den Auswurf eines Patienten auf und beschreibt uns in ihrer Selbstbiographie das Glück, das sie empfand, als sie ihren Mund mit den Fäkalien eines Mannes gefüllt hatte, der an Durchfall litt. Für derlei Kotfetischismus aber durfte sie nachts lange das Herz Jesu küssen, der sie eigenhändig dabei hielt."[4]

Ratschlag 4: Entdecken Sie den Segen der Krankheit!

Legen Sie sich möglichst bald eine schwerwiegende Erkrankung zu! Krankheit ist ein großer Segen für jeden, der aufsteigen will in den holden Kreis der Seligen. Als Seligkeitsaspirant und Nachfolger Christi lastet nämlich große Verantwortung auf Ihren Schultern: Sie tragen das Kreuz der Krankheit ja nur, um damit stellvertretend für all die Abscheulichkeiten der modernen Zeit zu büßen – für die Schlechtigkeit der Welt, die Übermacht des Satans, den fehlenden Gehorsam gegenüber Papst und Kirche oder die unzüchtige Oberweite von Pamela Anderson.

Falls es bei Ihnen mit der Krankheit nicht so ganz klappen sollte, versuchen Sie es mit Selbstgeißelungen. Der heilige Gründer des Opus Dei, Josemaria Escriva, ein großer Selbstgeißelungsexperte vor dem Herrn, gab hierzu eine markante Losung aus, die Sie auf Ihrem Weg zur Seligkeit niemals vergessen sollten. Beten Sie sie nach: „Gesegnet sei der Schmerz. – Geliebt sei der Schmerz. – Geheiligt sei der Schmerz. – Verherrlicht sei der Schmerz!"[5]

Sie fühlen sich schon viel schlechter? Wunderbar! Sie sind auf dem richtigen Weg!

Ratschlag 5: Suchen Sie die Nähe von Diktatoren!

Befreunden Sie sich mit allen verfügbaren Diktatoren, die Sie antreffen können, oder – falls gerade kein Diktator zur Hand ist – ächten Sie zumindest in aller Schärfe die Satansbrut der Demokratie! Auch auf diesem Gebiet gilt Opus Dei-Gründer Escriva als leuchtendes Vorbild. Der in Rekordgeschwindigkeit selig- und heiliggesprochene Hitler-Verehrer unterhielt freundschaftliche Beziehungen zu Franco, unter dessen klerikofaschistischer Herrschaft sich das Opus Dei mächtig ausbreiten konnte.[6]

Auch der selige Kardinal Alojzije Stepinac pflegte enge Verbindungen zu faschistischen Machthabern. Gemeinsam mit Ante Pavelic, dem Führer des kroatischen Ustascha-Regimes, hetzte er erfolgreich gegen Juden und Serben.[7] 1946 wurde er hierfür zu 16 Jahren Haft verurteilt. Seine Seligsprechung erfolgte im Jahre 1998.

Was Kardinal Stepinac recht war, war der großen Seligen Mutter Teresa nur billig.[8] Teresa, die neben dem Friedensnobelpreis auch den Ehrenlegion-Orden des haitianischen Diktators „Baby Doc" Duvalier in Empfang nahm, wetterte mehrmals öffentlich gegen die satanische Bedrohung, die von der Demokratie ausgeht. Und Recht hatte sie, die treue Gottesfrau. Schließlich sollte doch jeder gute Christ wissen, warum Demokratie von Grund auf verwerflich ist: Das Gute kommt im christlichen Glauben stets von oben, niemals von unten...[9]

Ratschlag 6: Erhöhen Sie den Kapitalstock der Kirche!

Mutter Teresa zeigte, wie es geht:[10] Man gründet in einem der zahlreichen Elendsviertel dieser Welt ein Hospital, in dem man die Menschen mehr schlecht als recht versorgt. Und nun der Clou: Die mittels umfangreicher Spendenpropaganda herbeigeschafften Millionenbeträge verwendet man nicht für die Notleidenden vor Ort (in Teresas Missionen starben die Menschen zumeist qualvoll, weil man auf eine ausreichende Versorgung mit Schmerzmitteln keinen Wert legte), sondern überweist sie umgehend auf Kirchenkonten. (Schließlich braucht der „Heilige Vater" viel Geld, um z.B. Bibeln für Russland drucken zu können.)

Hinweis: Sollten Sie Ihre Karriere als Seliger in spe wirklich ernstnehmen, vernachlässigen Sie diese wichtige Aufstiegsstrategie auf keinen Fall! Money makes the world go round! Das gilt nicht zuletzt auch für den Vatikan.

Ratschlag Nr. 7: Lassen Sie sich von der Gottesmutter erleuchten!

Behaupten Sie, die allerheiligste Gottesmutter und Jungfrau Maria sei Ihnen erschienen. Da Maria bis 1993 ganze 927mal erschienen ist (davon allein 427mal im 20. Jahrhundert!), dürfte es ein Leichtes sein, ihr irgendwo einmal zu begegnen. Authentische Marienbotschaften haben stets den gleichen Inhalt und sind daher leicht zu identifizieren: „Betet den Rosenkranz! Weiht die Welt meinem unbefleckten Herzen! Tuet Buße! Gehorcht dem Papst!“[11] Sollte die Jungfrau für Präservative werben, sind ernste Zweifel an der Authentizität Ihres Erlebnisses angebracht!

Ratschlag 8: Scharen Sie Anhänger um sich!

Am besten, Sie gründen gleich einen eigenen Orden. Je mehr Menschen Propaganda für Sie machen, umso besser stehen die Chancen für Ihre Seligsprechung. Suchen Sie sich Ihre Anhänger allerdings sehr sorgfältig aus. Zu hohe Intelligenzquotienten könnten sich nämlich schädlich auf Ihr Anliegen auswirken. Merke: Selig sind bzw. machen nur die, die arm im Geiste sind. Um es einmal in den Worten des unseligen Friedrich Nietzsche auszudrücken: „Was? du suchst? du möchtest dich verzehnfachen, verhundertfachen? du suchst Anhänger? – Suche Nullen!“[12]

Ratschlag 9: Besetzen Sie ein Patronatsgebiet!

Spezialisieren Sie sich auf eine noch unbewohnte Seligen- bzw. Heiligen-Nische! Jedes Töpfchen hat sein Deckelchen und jeder ordentliche Heilige sein Spezialgebiet, in dem er als amtlich beglaubigter Schutzpatron Wunder wirkt. Sicherlich: Viele Patronatsgebiete sind mittlerweile schon vergeben, aber mit ein wenig Glück – und selbstverständlich Gottes Hilfe – könnte es Ihnen allen Widrigkeiten zum Trotz gelingen, eine der wenigen unbewohnten Nischen zu finden.

Ein heißer Tipp: Es gibt noch keinen Schutzpatronen, der speziell Warzen- oder Schweißfußgeplagten zur Seite steht. Auch magersüchtige Postbeamtinnen, internetsüchtige Briefmarkensammler und transsexuelle

Klempnergesellen müssen zurzeit noch ohne eigene Schutzheilige auskommen. Wenn Sie auf einem dieser Gebiete Talente aufweisen, zögern Sie nicht! Sichern Sie sich Ihre eigene Seligen-Domäne, bevor ein Anderer sie Ihnen vor der Nase wegschnappt!

Ratschlag 10: Bewirken Sie posthum Wunder!

Dies erst demonstriert Ihre besondere Befähigung zum Seligsein. Doch keine Bange: Die Sache hört sich komplizierter an, als sie ist! Sofern Sie sich zu Lebzeiten eine gute Seligen-Nische sichern konnten, ist das posthume Wunder ein Klacks. Nach Ihrem Ableben werden die Menschen gewiss massenhaft um Ihre Hilfe bitten. Statistisch gesehen ist es also nur eine Frage der Zeit, bis die außerordentlich seriöse Seligsprechungskommission der katholischen Kirche ein Wunder verbuchen kann!

Beachten Sie hierbei jedoch folgende Faustregel: Je größer ihre Klientel, desto wahrscheinlicher das Auftreten posthumer Wunder. Spezialisieren Sie sich also besser auf Schweißfußopfer als auf transsexuelle Klempnergesellen! Doch selbst für Schutzpatrone der verhältnismäßig kleinen Gruppe transsexueller Klempnergesellen gibt es Hoffnung, denn schließlich drückt die ehrenwerte Seligsprechungskommission in Sachen Wunderwirkung gerne mal ein bis zwei Augen zu. Vor allem scheint es sie nicht sonderlich zu stören, wenn das posthume Wunderwirken nur sehr kurzfristige Erfolge zeigt.

Dazu ein Beispiel aus jüngster Zeit:[13] Die selige Anna Schäffer – offenbar eine Spezialistin für gefährliche Verkehrsunfälle (wahrlich ein hervorragendes Patronatsgebiet!) – soll nach Angaben des Vatikans einem verunglückten jungen Motorradfahrer das Leben gerettet haben, nachdem sie in Gebeten angerufen worden war. Dem jungen Motorradrowdy allerdings half diese noble Rettungstat nur sehr wenig. Kurze Zeit später kam er bei einem weiteren Unfall ums Leben. (Pech gehabt: Anna Schäffer war wohl gerade in der Mittagspause…)[14]

Coda

Sofern Sie die obigen Ratschläge gewissenhaft befolgen, dürfte Ihre Seligsprechung nur eine Formsache sein. Freuen Sie sich also auf ein ewiges Leben im Kreis erlauchter Gleichgesinnter.

Sollte Ihnen jedoch die Lust am ewigen Leben abhandengekommen sein – nun denn, so heiße ich Sie herzlich willkommen im Club der Unseligen. Unser Club ist durchaus prominent besetzt. Sie sollten sich nicht grämen: Durch Ihre Absage ans Himmelreich verpassen Sie nichts, was irgendwie erwähnenswert wäre. Denn – Hand aufs Herz: Wäre es wirklich ein Vergnügen, auf immer und ewig in der Gesellschaft von Escriva, Stepinac oder Mutter Teresa leben zu müssen, Tag für Tag beschäftigt mit Rosenkranzgebeten, Selbstgeißelungen und hirnzersetzenden Exerzitien? Dann doch lieber in der Hölle schmoren – mit Heinrich Heine, Bertrand Russell, Frank Zappa und Janis Joplin an der Seite! So gesehen ist die Hölle eigentlich gar kein so unangenehmes Pflaster. Fast schon schade, dass es ihn nicht gibt, diesen Ort der ewigen Verdammnis, an dem nichts als Sünde und Laster vorherrscht. Ach, was könnten wir da lachen, saufen, lieben und diskutieren! Ungehemmt, wild und zügellos. In Ewigkeit. Amen.

Anmerkungen

1 vgl. Internationale Rundschau der MIZ, Meldung 2656. In: *Materialien und Informationen zur Zeit* (MIZ) 1/99

2 So der Opus Dei-Gründer Josemaria Escriva in seinem millionenfach aufgelegten Standardwerk *Der Weg*, Spruch 182.

3 Den Hinweis auf das „doppelte Hostienmysterium" verdanken wir Gottfried Gummerer (vgl. Gummerer: Weltbild ohne Dogma. 1991, S. 49).

4 Karlheinz Deschner: Das Kreuz mit der Kirche, 1989, S. 97

5 Escriva, Der Weg, Spruch Nr. 208

6 vgl. u.a. Robert Hutchison: Die heilige Mafia des Papstes. 1996

7 vgl. u.a. Karlheinz Deschner: Mit Gott und dem Führer. 1988

8 Wertvolle Beiträge zur notwendigen Dekonstruktion Mutter Teresas lieferte Christopher Hitchens (vgl. Hitchens: The Missionary Position. 1997). Im deutschsprachigen Raum traute sich vor allem das Magazin *Stern*, auf die unpopulären Wahrheiten hinter dem Teresa-Mythos hinzuweisen, vgl. vor allem

die Reportagen „Nehmen ist seliger denn geben" (Stern 38/98) und „Mutter Teresas herzlose Schwestern" (Stern 2/99).

9 Papst Johannes Paul II. hatte es insofern leicht, die Forderungen der Bewegung *Kirche von unten* abzuweisen. In einem Treffen mit österreichischen Bischöfen im November 1998 machte er es besonders deutlich: Wahrheit, so der Papst, sei kein Produkt einer „Kirche von unten", sondern komme „von oben, von Gott" (vgl. Internationale Rundschau der MIZ, Meldung 2614. In: MIZ 4/98).

10 vgl. Stern 38/98 und 2/99

11 vgl. u.a. Gottfried Hierzenberger / Otto Nedomansky: Erscheinungen und Botschaften der Gottesmutter Maria. 1993

12 Friedrich Nietzsche: Götzen-Dämmerung. In: Nietzsche: Werke in drei Bänden, Bd. 2, S. 944

13 vgl. hierzu Internationale Rundschau der MIZ, Meldung 2673. In: MIZ 2/99

14 Übrigens: Trotz des traurigen Schicksals ihres Sohnes fuhr die Mutter des Verunglückten im Pilgerzug mit nach Rom. Vom festlichen Gottesdienst im gefüllten Petersdom war sie ebenso beeindruckt wie all die anderen guten Katholiken, die dem Festakt beiwohnten. Wie gesagt: Selig sind – und machen! – allein die, die arm im Geiste sind...

Die subversive Kraft des Humors
Rede zur Vergabe des „Frechen Mario"

Ich bin gebeten worden, zur erstmaligen Vergabe des Blasphemiepreises „Der Freche Mario" einige Worte zu sprechen und ich hoffe, Sie verzeihen es mir, wenn ich dies in aller Deutlichkeit tue – auch auf die Gefahr hin, anzuecken. Also denn: Diese Veranstaltung, meine Damen und Herren, ist Ausdruck einer *schamlosen Respektlosigkeit gegenüber den religiösen Gefühlen gläubiger Menschen! – Und das ist auch gut so!*

Denn *Respekt* ist nichts, wofür man einen Blankoscheck ausstellen könnte. Das Wort „Respekt" (von lateinisch „respectus": Zurückschauen, Rücksicht) bezeichnet eine Form der Achtung und Ehrerbietung gegenüber einer anderen Person, ihren Handlungen oder Überzeugungen. Als Humanisten, die für die Universalität der Menschenrechte streiten, haben wir selbstverständlich keinerlei Schwierigkeiten damit, auch sehr religiöse Menschen *als Menschen* zu respektieren. Doch viele ihrer Handlungen und Überzeugungen haben schlichtweg keinen Respekt verdient! Im Gegenteil: Wer es respektiert, dass muslimische Eltern ihre Töchter aufgrund religiös begründeter Sexualneurosen vom Schwimmunterricht abmelden, wer es respektiert, dass christlich-fundamentalistische Eltern aufgrund wahnhafter Schöpfungsvorstellungen den Biologieunterricht boykottieren, wer es gar respektiert, dass Schwule gehängt und „Ehebrecherinnen" gesteinigt werden, der redet der Gegenaufklärung das Wort und wird auf diese Weise zu einem *Unterstützer des Wahns*.

Entschuldigen Sie, dass ich das böse W-Wort gebraucht habe. Gläubige reagieren oft sehr gekränkt, wenn man Religion mit Wahn in Verbindung bringt. Doch leider fällt mir beim besten Willen kein besseres Wort ein, um jene grandiose Lächerlichkeit zu fassen, die in nahezu jedem Glaubensbekenntnis zum Ausdruck kommt.

Vergleichen wir die „Glaubenswahrheiten" nur mit den empirischen Fakten: Die Sonne, um die wir uns drehen, ist bekanntlich nur ein unauffälliger Stern in einem unbedeutenden Spiralarm am Rande der Milchstraße. Allein unsere Heimatgalaxie umfasst über hundert Milliarden weiterer Sterne und neben der Milchstraße gibt es hundert Milliarden weiterer Galaxien mit jeweils Hunderten Milliarden weiterer Sonnen. Ruft man sich diese Dimensionen ins Bewusstsein, so weiß man, dass die Erde in der Tat nichts weiter ist als ein Staubkorn im Weltall. Was soll man nun angesichts dieses Faktums davon halten, wenn eine affenartige Lebensform, die sich zufällig auf diesem Staubpartikel entwickelt hat, eine Spezies, die es vor schlappen zwei Milliarden Jahren längst noch nicht gab und die es in schlappen zwei Milliarden Jahren längst nicht mehr geben wird, Geschichten erfindet, die davon handeln, dass das gesamte Universum letztlich nur für sie allein geschaffen wurde?

Ist es nicht Ausdruck eines *kaum noch steigerungsfähigen Größenwahns*, wenn sich diese Trockennasenaffen-Art, die ihre Existenz dem zufälligen Überleben einiger rattengroßer Säugetiere nach dem Einschlag eines zehn Kilometer großen Asteroiden vor 65 Millionen Jahren verdankt, sich einen imaginären Schöpfer des Universums (Gott) einbildet, der nichts Besseres zu tun hat, als sich ausgerechnet in Gestalt dieser Affenart zu inkarnieren (Christentum) oder aber mit Argusaugen darüber zu wachen, ob diese vorübergehende Lebensform auf ihrem unbedeutenden Planetchen Schweinshaxen isst oder nicht (Judentum, Islam)?!

Man hat Richard Dawkins sehr dafür kritisiert, dass er den Begriff „Gotteswahn" gebrauchte, aber ich bitte Sie: Gibt es irgendeinen Begriff, der diese alle Dimensionen sprengende Selbstüberschätzung besser treffen würde? Im Grunde ist der Begriff „Wahn" fast schon zu harmlos, um diesen atemberaubenden Blödsinn zu beschreiben! Und sagen Sie bloß nicht, dass es nicht sein kann, dass Millionen, ja Milliarden von Menschen einem Wahn unterliegen. Werfen Sie nur einen Blick in unsere Geschichte, diese entsetzliche Orgie der Gewalt, des Hasses, der Rache, der Niedertracht! Vergegenwärtigen Sie sich, welche Nichtigkeiten genügten, um Menschen dazu zu bringen, andere zu demütigen, zu foltern, vor den Augen ihrer Liebsten abzuschlachten! Gäbe es einen kosmischen Psychiater, würde er dem Patienten „Menschheit" angesichts seiner klinischen Vorgeschichte zweifellos eine extrem hohe Anfälligkeit für soziopathische Wahnideen attestieren.

Das einzige Gegengift gegen Wahn ist die Konfrontation mit der Wirklichkeit in Form von Kritik. Gerade bei Aussagen, die einen besonders hohen Wahrheitsanspruch für sich reklamieren (und dies ist bei religiösen Aussagen normalerweise der Fall), ist Kritik einfach unerlässlich! Wenn jemand bloß einen bescheidenen Wahrheitsanspruch formuliert (etwa so: „Zurzeit nehme ich an, dass exzessive Onanie zu Schweißfüßen führt, aber ich kann mich natürlich irren. Vielleicht höre ich morgen schon bessere Argumente und erkenne, dass Onanie und Schweißfüße in keinem Zusammenhang miteinander stehen."), so ist eine kritische Stellungnahme zwar sinnvoll, aber nicht unbedingt im gleichen Maße erforderlich wie in dem Fall, dass jemand mit einem sehr umfassenden Wahrheitsanspruch auftritt (etwa so: „Es wurde von Gott, dem Schöpfer des Himmels und der Erde, offenbart, dass Onanie zu Schweißfüßen führt. Im Namen der heiligen Fußhygiene ist daher Onanie strengstens untersagt – und dies nicht nur heute, sondern auch morgen und in alle Ewigkeit! Wer die von Gott offenbarte Schweißfuß-Wahrheit auch nur ansatzweise in Frage stellt, der sei für immer verflucht!").

Kritik ist also gerade bei religiös untermauerten Aussagen von allergrößter Bedeutung. Nun ist es jedoch tragischerweise so, dass ausgerechnet diejenigen, die Kritik am dringendsten benötigen, am wenigsten in der Lage sind, Kritik zu ertragen. Dies hat etwa der „Karikaturenstreit" sehr deutlich werden lassen: Männer, die es mit einem milden Lächeln quittieren, wenn direkt vor ihren Augen eine Frau in den Boden eingegraben und gesteinigt wird, brechen vor Schmerz in sich zusammen, wenn sie eine harmlose Zeichnung sehen, auf der ihr ach so geliebter Prophet karikiert wird. Die Frage ist: Darf man gläubigen Menschen (nicht bloß den Hardcore-Gläubigen, die an Steinigungen Vergnügen finden) jene Schmerzen zufügen, die mit einer kritischen Infragestellung ihrer „Glaubenswahrheiten" unweigerlich verbunden sind? Ist es legitim, mittels Kritik (sei sie nun satirisch formuliert oder nicht) religiöse Gefühle zu verletzen?

Hierauf kann es nur eine Antwort geben: *Selbstverständlich ist es legitim, religiöse Gefühle zu verletzen, wenn dies zur Durchsetzung einer aufgeklärteren und humaneren Sichtweise erforderlich ist!* Es wäre falsch verstandene Rücksichtnahme, würde man das Projekt der Aufklärung aufkündigen, nur weil sich eine Gruppe von Menschen durch die Entzauberung ihrer Illusionen gekränkt fühlen könnte. Schließlich ist es ja gerade die Funktion der Aufklärung, tradierte Denkblockaden zu sprengen, was zwangsläufig lieb gewonnene Vorurteile in Frage stellt.

Warum jedoch wird das aufklärerische Aufbrechen von Vorurteilen von religiöser Seite aus so schnell als „Verletzung" empfunden? Dies ist weit weniger darauf zurückzuführen, dass Aufklärer in ihrer Kritik mit besonderer Brachialgewalt vorzugehen pflegen, sondern vielmehr darauf, dass viele Gläubige in Bezug auf ihre religiösen Gefühle enorm verletzungsanfällig sind. Überdurchschnittlich religiöse Menschen leiden, so könnte man es vielleicht am treffendsten formulieren, unter einem „emotionalen Glasknochen-Syndrom“: In der Regel genügt eine kleine, spitze Bemerkung – und der religiöse Knochenbruch ist vorprogrammiert.

Bei Lichte betrachtet hätten aufklärerisch gesinnte, religionsfreie Menschen eigentlich weit triftigere Gründe, sich aufgrund der zahlreichen religiösen Angriffe auf ihre Lebenshaltung in ihren „weltanschaulichen Gefühlen“ verletzt zu sehen. Denn was sind schon die harmlosen Späßchen, mit denen sich aufklärerische Satiriker über religiöse Glaubensvorstellungen lustig machen, verglichen mit dem, was ihnen in Bibel und Koran angedroht wird? Was, bitteschön, drückt eine größere Missachtung der Person aus: der aufklärerische Spott über obskure Glaubensvorstellungen („Diesen Unsinn könnt ihr doch nicht wirklich ernst nehmen!“) oder die in den „heiligen Texten“ ständig wiederholte Drohung mit ewigen Höllenqualen („Dafür werdet ihr ewig brennen!“)? Obgleich die objektiven Reize, denen Ungläubige (in Wort und Tat!) ausgesetzt sind, weit gravierender sind, als jene, mit denen sich Gläubige herumplagen müssen, ergehen sie sich nicht in wütenden Protesten, sie rufen auch nicht nach dem Zensor, geschweige denn, dass sie religiöse Prediger an Leib und Leben bedrohen würden. Der Unterschied in der Kritikempfindlichkeit von religionsfreien und sehr religiösen Menschen ist höchst signifikant, was wohl daran liegt, dass religiöse Menschen meinen, ihre Überzeugungen seien heilig, also unantastbar und müssten deshalb unter Denk-mal-Schutz (im wahrsten Sinne des Wortes) gestellt werden…

Sollte man nun auf das emotionale Glasknochen-Syndrom der Gläubigen Rücksicht nehmen? Auf keinen Fall! Denn dies würde das Krankheitsbild nur noch verschlimmern! Es ist im Prinzip wie bei einer Spinnenphobie: Wer unter der wahnhaften Angst leidet, beim Anblick einer Spinne sterben zu müssen, der kann seine Angst nur dadurch überwinden, dass er mit dem Auslöser seiner Angst konfrontiert wird. Ähnlich ist es bei der Kritikphobie der Religiösen: Auch hier hilft im Grunde nur *systematische Desensibilisierung*: Wir müssen die Gläubigen mit so viel Kritik und Satire versorgen, dass sie irgendwann einmal selbst erkennen, wie unsinnig es ist, wegen einer harmlosen Zeichnung in die Luft zu gehen wie das berühmte HB-Männchen oder schlimmer noch: andere in die Luft zu sprengen, wie es Osama bin Ladens al-Qaida im vergangenen Sommer mit Hinweis auf die Mohammed-Karikaturen tat.

Weil nun die systematische Desensibilisierung der Gläubigen eine wichtige Aufgabe ist, ist die Verleihung des „Frechen Mario“ für blasphemische Kunst ein bedeutsames kulturpolitisches Signal! Und wir sollten es in diesem Zusammenhang in aller Deutlichkeit herausstellen, damit dies endlich auch ins gesellschaftliche Bewusstsein eindringt: Die Verletzung religiöser Gefühle – bekanntlich schon seit Sokrates ein beliebter Vorwurf gegenüber aufklärerischen Philosophen – ist beileibe keine Freveltat, für die man sich schämen müsste, sondern (in der Regel zumindest) eine überaus honorige Angelegenheit, ja, ich möchte sogar sagen: ein *Akt wahrer Nächstenliebe. Denn wer religiöse Gefühle verletzt, der fördert die Denkfähigkeit!* Schließlich ist Kritik ein Geschenk, das dem Kritisierten dazu verhelfen kann, sich von Denkirrtümern zu befreien.

Und wenn dies stimmt, so wäre es geradezu unethisch, religiöse Menschen einfach auszuschließen, sie also nicht mit Kritik beschenken zu wollen. Ich wiederhole daher den dringenden Appell, den ich hier in München schon auf der Veranstaltung der religionsfreien Zone formulierte: *Lassen Sie Ihre Mitmenschen bitte nicht dumm sterben, sondern verletzen Sie religiöse Gefühle, wo Sie dies nur können!*

Selbstverständlich sollte die Verletzung religiöser Gefühle mit Sinn und Verstand geschehen – gerade dann, wenn man sich des hochwirksamen Therapeutikums der Satire bedient. Denn auch wenn Satire nach Tucholsky „alles darf“, so ist doch nicht alles Satire, was sich als solche bezeichnet. Eine Satire unterscheidet sich vom dummen Spaß, von bloßer Geschmacklosigkeit oder antiaufklärerischer Hohn-Propaganda dadurch, dass sie auf humorvolle Weise *existenziell bedeutsame Wahrheiten aufdeckt*, die bis dahin nebulös verborgen waren. Hier zeigt sich der aufklärerische Impetus der Satire, ihre subversive Kraft. Deshalb können und dürfen wir auf das Instrument der Satire nicht verzichten, selbst wenn die „Internationale der beleidigten Leberwürste“ uns dies abverlangen möchte.

Auf das immer wieder geäußerte Ansinnen „Schluss mit lustig!“ kann es nur *eine* aufklärerische Antwort geben – und die heißt: „Schluss mit blöde! Wenn etwas genuin lächerlich ist, so muss darüber auch angstfrei gelacht werden können! Basta!“ Jedes noch so kleine Zugeständnis an die Adresse religiöser Obskurantisten wäre ein verhängnisvoller Fehler, denn es würde von diesen als Ermutigung empfunden werden, das von ihnen verfolgte „Projekt der Gegenaufklärung“ weiter voranzutreiben.

Vor diesem Hintergrund waren die zaghaften Reaktionen westlicher Politiker auf den sog. „Karikaturenstreit“ höchst problematisch. Jede Zeitung, jeder Rundfunk- oder Fernsehsender fragt sich seither noch ängstlicher, wie weit Religionskritik überhaupt noch gehen darf. Die berühmte „Schere im Kopf“ wurde durch den Karikaturenstreit erneut geschliffen, was für das Projekt der offenen Gesellschaft eine gefährliche Bedrohung darstellt. Denn der Freiheitsgrad einer Gesellschaft zeigt sich insbesondere darin, wie weit sie Satire zulässt. In jeder Diktatur sind es zuallererst die Satiriker, die dran glauben müssen. Warum? Weil sie auf unwiderstehliche Weise das *Auseinanderklaffen von Anspruch und Wirklichkeit* bei jenen Großkopferten entlarven, die sich selbst als besondere Autoritäten verstanden wissen wollen.

Auch heute sind wir auf die autoritätsuntergrabende Funktion der Satire dringend angewiesen. Deshalb hoffe ich sehr, dass die Verleihung des „Frechen Mario“ dem unter Druck geratenen satirischen Geist ein wenig aus der Klemme helfen kann. Dass auf die Ausschreibung des Preises über 600 Einsendungen eintrafen, ist hier zumindest ein ermutigendes Zeichen.

Daher mein Wunsch: Machen Sie weiter so! Lassen Sie sich bitte nicht einschüchtern von jenen, die es einfach nicht verstehen, das Geschenk Ihrer Kritik mit der gebotenen Dankbarkeit entgegen zu nehmen. Und vergessen Sie nicht, dass der Kampf für eine humanere Welt niemals verbissen geführt werden sollte, sondern mit Biss, also einer gehörigen Portion Humor. Denn was Karlheinz Deschner über das Christentum schrieb, das gilt ebenso für jedes andere irrationale Glaubenssystem: „Wann geht sie unter, diese Liebesreligion – nicht durch Zorn, durch Rache, durch Folter und Scheiterhaufen, nein, in einem Sturm von Gelächter, der den Erdball erschüttert...“

Big Mama is watching you!
Wie die Jungfrau Maria Deutschland errettete

Wanderer, kommst du nach Marpingen, achte darauf, dass du nicht von rosenkranzbetenden Pilgern überrannt wirst! Zehntausende von Mariengläubigen haben kurz vor der Jahrtausendwende den kleinen Ort im Saarland heimgesucht. Kein Wunder – bei solch einem Wunder: Die Jungfrau und Gottesmutter Maria soll rund 2000 Jahre nach ihrer ruhmreichen Himmelfahrt ihr Herz für Marpingen entdeckt haben und den drei „Seherinnen" Christine Ney, Judith Hiber und Marion Guttmann erschienen sein.

Marpingen, 5. September 1999, später Nachmittag: Aufgefordert, etwas über die „Erscheinungen in Marpingen" zu schreiben, lasse ich es mir nicht nehmen, das Geschehen aus nächster Nähe zu beobachten. Schon am Ortseingang treffe ich auf eine Karawane von circa fünfzig Reisebussen. Der Ort selbst wirkt wie ausgestorben. Habe ich die Erscheinung etwa schon verpasst? Schnell mache ich mich auf den Weg, vorbei an Ordnungshütern, Sanitätern und Andenkenverkäufern. „Haben Sie Interesse an einer *Original Marpinger Marienerscheinungsdose*?", werde ich gefragt. Ich winke dankend ab. Auch der Stand, an dem etwas verkauft wird, was ich als eine Art „letzte Bratwurst vor der Erscheinung" identifiziere, macht auf mich als eingefleischten Vegetarier wenig Eindruck.

Aus der Ferne sind nun Kirchenlieder zu hören. Meine Begleiterin plagt eine gewisse Leere im Magen. Sie würde gerne etwas essen. „Nix da, wir haben 'ne Verabredung mit der Jungfrau. Ich würde mich da ungern verspäten!", sage ich. Wir beschleunigen unser Tempo. Nach ein paar Minuten haben wir es geschafft: Vor uns breitet sich eine riesige Menge von Pilgern aus. Die Marien-Grotte selbst ist kaum zu sehen. Wir sind auf der Suche nach einem besseren Platz. „Ob wir einen Baum besteigen sollen?", frage ich. Aber auf den Gedanken sind vor uns schon einige andere gekommen. Es hilft nichts. Wir müssen uns durch die Menge hindurchzwängen. Mühsam, aber es geht. Immerhin: Am Ende haben wir eine halbwegs komfortable Sicht auf die Grotte und den Priester, der die Prä-Erscheinungs-Zeremonie leitet.

Ich schaue auf meine Uhr. „Unsere Liebe Frau“, wie Maria in Insiderkreisen genannt wird, müsste eigentlich bald erscheinen. Die Spannung steigt. Nach ein paar Gebeten hat die Menge wieder mit dem Singen begonnen. Nicht schön, aber laut. Ein unangenehmer Schauer breitet sich über meinen Rücken aus. Doch wer glaubt, unerträglicher könne es gar nicht werden, sieht sich getäuscht: Der klerikale Zeremonienmeister beginnt nun, eine zweite Stimme über den Gesang der Menge zu improvisieren. Mir schwinden die Sinne. Als Liebhaber von Avantgarde-Musik bin ich zwar einiges gewöhnt, aber diese musikalische Müllskulptur, nennen wir sie einmal „Marpinger Polytonalität“, ist zu viel für mich. Ich ertappe mich bei einem merkwürdigen Gedanken: „Maria hilf!“, flehe ich leise, „wenn es dich gibt, verdammt noch mal, dann erscheine jetzt!“

Plötzlich ertönt ein Klingelzeichen. Die erbärmlichen Gesangsversuche der Gemeinde verstummen augenblicklich und die Leute, die eben noch neben mir standen, sinken mit irrem Blick zu Boden. Einige von ihnen beten leise den Rosenkranz. Ich bin im ersten Moment von den musikalischen Darbietungen noch so benommen, dass ich gar nicht so recht mitbekomme, was um mich herum geschieht. Erst langsam schwant mir, dass Maria wohl Erbarmen mit meinen empfindlichen Hörorganen hatte. Schlagartig wird mir die Dignität dieses besonderen Moments bewusst: Das Happening „Marienerscheinung“ findet hier und jetzt statt – nicht einmal dreißig Meter von mir entfernt! Ich nutze den Moment und mache einige Fotos (endlich ist die Sicht ja nicht mehr verstellt).

In der „Marpinger Marienerscheinungsordnung“, die zuvor vom Kapellenverein ausgeteilt wurde, stand zu lesen, dass während der Marienerscheinung nicht mehr gesprochen, sondern leise gebetet werden solle. Dankbar genieße ich die Ruhe. Nur irgendwo in der Ferne schreit ein Kind. Wahrscheinlich hat es Angst. Man kann es ihm nicht verübeln: Tausende von Menschen, die auf dem Boden knien und merkwürdige Verse vor sich hinmurmeln, bieten schon einen gespenstischen Anblick.

Ich schaue wieder auf die Uhr. Die Zeit verstreicht. Nichts tut sich. Ich blicke mich um. Wie lange wird diese Masse wohl in Schweigen verharren? Wie lange dauert überhaupt so eine Marienerscheinung? Zwanzig Minuten? Eine Stunde? Drei Stunden? Heilige Jungfrau, ich werde doch nicht etwa die Nacht in Marpingen verbringen müssen?! Erste Anzeichen von Panik machen sich breit. Doch dann – endlich – rund eine halbe Stunde nach dem ersten Klingelzeichen ist er da, der Moment, auf den alle gewartet haben: Die von den „Seherinnen" besprochene Kassette wird über Lautsprecher abgespielt. Ich muss unwillkürlich grinsen. Die piepsigen Stimmen, die da kläglich scheitern bei dem Versuch, sich irgendwie des Hochdeutschen zu bemächtigen, versöhnen mich ein wenig mit dem Geschehen. Die Botschaften selbst sind erwartungsgemäß naiv und über weite Strecken belanglos, eigentlich genau so, wie in all den anderen Fällen, in denen sich Maria in den letzten Jahrhunderten zu Wort meldete. (Aber was soll man schon von einer Frau erwarten, die vor 2000 Jahren in den patriarchalen Strukturen einer relativ zurückgebliebenen Hirtenkultur aufwuchs und der man konsequent jeglichen Zugang zu formaler Bildung verweigerte?)

Nach dem musikalischen Schockerlebnis aus der Prä-Erscheinungs-Zeremonie, den vielen Rosenkranzgebeten und dem reaktionären religiösen Kitsch der „Seherinnen" habe ich genug gesehen und gehört. Eilig verabschieden wir uns vom Ort des Geschehens, entfernen das Anti-Abtreibungsflugblatt, das irgendwelche marianische Aktivisten an der Windschutzscheibe unseres Autos angebracht haben, und verlassen das saarländische Absurdistan in Richtung Zivilisation.

Immer da, wenn es brennt: Die Jungfrau errettet Deutschland

Einige LeserInnen werden sich vielleicht gefragt haben: Was will Maria ausgerechnet in Marpingen? Wenn sie unbedingt Publicity will, warum beginnt sie ihre PR-Kampagne nicht in Berlin (wo die bundesdeutschen Politiker tagen), Hamburg (wo die großen Politmagazine angesiedelt sind) oder München (wo man wenigstens hin und wieder ein ordentliches Bier bekommt)? Warum sucht sie sich ausgerechnet ein Dörfchen im Saarland aus, von dem kaum jemand weiß, wo es überhaupt liegt? Nun, die Antwort auf diese Frage ist ganz einfach: Wie jeder Hobbykriminalist weiß, kehren Täter gerne an frühere Tatorte zurück. Die heilige Jungfrau macht da keine Ausnahme. Schon 1876 stattete sie der saarländischen Gemeinde zahlreiche Besuche ab. Und das Anliegen Mariens im krisengeschüttelten Jahr 1999 ist einer Heiligen durchaus würdig: Es geht ihr um nichts Geringeres als die Rettung Deutschlands. Nach Ansicht Mariens nämlich ist Deutschland tödlich bedroht – und damit meint die Jungfrau nicht die Folgen von

Umweltverschmutzung, steigender Arbeitslosigkeit, der Politik Gerhard Schröders oder der Plastikmucke von Dieter Bohlen. Nein, das Schlimmste ist, wenn wir der Jungfrau glauben dürfen, dass die Deutschen das bedingungslose Vertrauen in den Papst verloren haben.

Das eigentlich Bemerkenswerte an den Marpinger Erscheinungen ist nicht die inflationäre Häufigkeit der Erscheinungen (bis zum 6. September erschien die Jungfrau ganze zwölf Mal, das dreizehnte Mal wird sie Marpingen im Oktober heimsuchen), auch nicht die Tatsache der termingenauen Vorankündigungen (incl. der skurrilen Nebensächlichkeit, dass die Jungfrau einmal ihre Erscheinung wegen einer örtlichen Kirmes verschob). Bemerkenswert ist vor allem das feine taktische Gespür, das die Jungfrau beweist (wahrscheinlich hat sie im Himmel doch noch einen jesuitischen Kaderlehrgang besucht): Es ist nämlich alles andere als ein Zufall, dass Maria Marpingen ausgerechnet in diesem Jahr besucht, in dem Jahr, in dem der Konflikt zwischen der relativ (!) progressiven deutschen Bischofskonferenz und dem Vatikan eskaliert. „Unsere Liebe Frau" ist nämlich keine Freundin von Reform-Christen.[1] Und besonders in Sachen Schwangerschaftsabbruch ist mit ihr nicht zu spaßen. Man stelle sich vor, die Jungfrau daselbst hätte einst abgetrieben! Der ganze Traum vom christlichen Abendland – mit einem Schlag futsch...

Spaß beiseite: Für die Fraktion der katholische Hardliner ist das Thema „Schwangerschaftsberatung" alles andere als ein Nebenkriegsschauplatz. Hier geht es regelrecht ums Eingemachte, um das große Reinemachen vor dem „Heiligen Jahr" 2000, in dem der Papst das große „Mea Culpa" sprechen will. Maria ist daher genau zum richtigen Zeitpunkt erschienen, ein gelungenes Manöver, um dem reaktionärsten Flügel der katholischen Kirche unter die Arme zu greifen. So ist sie halt, die Muttergottes. Eine Frau fürs Grobe. Immer da, wenn es brennt. Das bewies sie schon 1917 – in Fatima.

Fatima: Das dunkle Geheimnis

Was ist damals in Fatima geschehen? Werfen wir kurz einen Blick auf dieses vielleicht wichtigste Ereignis für den Katholizismus im 20. Jahrhundert, ein Ereignis, das die gesamte Weltgeschichte maßgeblich beeinflusst hat.

In Fatima soll sich – so berichtet uns die kirchenamtlich beglaubigte Legende[2] – im Jahre 1917 Erstaunliches zugetragen haben. Während

Zehntausende die Sonne tanzen sahen, waren die kleinen Hirtenkinder Lucia, Francisco und Jacinta dazu erkoren, der Gottesmutter Maria (Tarnname: „Unsere Liebe Frau von Fatima") sechsmal (nur halb so oft wie den „Seherinnen" in Marpingen!) zu begegnen. Die Jungfrau ließ die 7- bis 10-jährigen Kinder wissen, dass die sündige Welt eine furchtbare Strafe Gottes zu erwarten habe, und verriet ihnen ein dreiteiliges Geheimnis, das so schrecklich war, dass selbst gestandenen Kirchenleuten Tränen in den Augen standen.

Die Mär von Fatima wird bis heute mit kindlicher Naivität verkündet. Die Authentizität der Erscheinung sei verbürgt, meinen der Papst und seine Getreuen. Und sie führen hierfür auch einen vermeintlich schlagenden Beweis an: Allein die Gottesmutter habe bereits 1917 die Machtübernahme der expansionslüsternen russischen Kommunisten sowie den Ausbruch des zweiten Weltkriegs vorhersagen können. Tatsächlich berichtet der zweite Teil des Fatima-Geheimnisses Erstaunliches: „Der Krieg [gemeint ist der Erste Weltkrieg, MSS] wird zwar zu Ende gehen, wenn aber Gott weiterhin beleidigt wird, beginnt unter der Regierung Pius XI. ein noch schlimmerer. Wenn ihr eine von einem unbekannten Licht erleuchtete Nacht seht, so wisst, dass dies das große Zeichen ist, das Gott euch als Hinweis darauf gibt, dass er die Welt für ihre Verbrechen mit Krieg, Hunger und Verfolgungen von Kirche und Papst strafen wird. Um dies zu verhindern, werde ich darum bitten, dass Russland Meinem Unbefleckten Herzen geweiht wird und dass an den ersten Samstagen die Sühnekommunion gehalten wird. Wenn Meine Bitten erfüllt werden, wird sich Russland bekehren und es wird Frieden herrschen; andernfalls wird es seine Irrtümer über die ganze Welt verbreiten, und es wird zu Kirchen und Kirchenverfolgungen kommen; die Guten werden gemartert, der Heilige Vater wird viel zu leiden haben, mehrere Nationen werden vernichtet werden; doch am Ende wird Mein Unbeflecktes Herz triumphieren. Der Heilige Vater wird Mir Russland weihen, das sich bekehren wird, und der Welt wird es gegeben sein, einige Zeit in Frieden zu leben."[3]

Freilich: Bei näherer Betrachtung sind die vermeintlichen Weissagungen Mariens (Antikirchenpolitik des kommunistisch bestimmten Russlands sowie Ausbruch des Zweiten Weltkrieges während der Amtszeit von Pius XI.) weit weniger wundersam als sie zunächst erscheinen mögen, denn die „Prophezeiungen" wurden nicht 1917, sondern 1941 aufgeschrieben, also zu einem Zeitpunkt, als die „vorhergesagten" Ereignisse bereits eingetroffen waren! Nur im Falle der Weihe Russlands an das „Unbefleckte Herz Mariens" und der „Bekehrung Russlands" könnte man tatsächlich von

„Prophezeiungen" sprechen, wenn auch von selbsterfüllenden. Schließlich war es nicht zuletzt die Botschaft von Fatima, die die Päpste dazu drängte, die Welt (vor allem Russland) dem „Unbefleckten Herz Mariens" zu weihen und das volle Engagement auf den Kampf gegen den Kommunismus und die Bekehrung Russlands zu lenken. In diesem Zusammenhang muss vor allem an die entscheidende Bedeutung von Johannes Paul II. im Rahmen der Veränderungsprozesse im Osten erinnert werden,[4] aber auch an die Stützung der antikommunistischen Faschisten durch Papst Pius XII.[5]

Wahrheit kommt von oben: Marienerscheinungen im 20. Jahrhundert

Es wäre also alles andere als sinnvoll, Marienerscheinung wie die in Marpingen als harmlose Spinnereien abzutun. So irrsinnig aufgeklärten Menschen die Botschaften von Fatima oder Marpingen auch erscheinen mögen, die Geschichte beweist: Nichts ist absurd genug, um nicht doch noch geglaubt und mit Waffengewalt verbreitet zu werden.

Die „Marianische Bewegung", die sich weltweit formiert und bei allen Marienerscheinungen der Gegenwart ihre Finger mit im Spiel hat,[6] ist eine durchaus ernst zu nehmende Gefährdung für das Projekt einer offenen Weltgesellschaft. Ihre Anhänger besetzen (wie im Falle von Opus Dei) zentrale Positionen innerhalb wie außerhalb der katholischen Kirche. Ihr Ziel ist ehrgeizig: die vollständige Christianisierung aller Kulturen und Institutionen. Pluralistische Vorstellungen sind ihnen wesensfremd.[7] Der Demokratie stehen sie mit bissigem Argwohn gegenüber.

Einige Feministinnen haben ihr Erstaunen darüber geäußert, dass Maria ausgerechnet in diesen dezidiert reaktionären, patriarchalen Kreisen glühendste Verehrer findet. Bei näherer Betrachtung ist dieses Faktum allerdings kaum verwunderlich: Zum einen ist das vermeintliche Idealbild der Jungfrau Maria ein Zerrbild der real existierenden Frau, ein durch keine Lust beflecktes Wesen, makellos und rein, die perfekte Antagonistin der sündigen Eva.[8] (Marienglaube und Frauenhass sind keine Gegensätze, sondern zwei Seiten einer Medaille!) Zum anderen ist es psychologisch verständlich, dass Menschen, die einen besonders strengen, rachsüchtigen Gott verehren, ihre libidinösen Kräfte auf ein Mutterwesen konzentrieren, das in der Lage ist, beim gestrengen Gottvater hin und wieder ein besänftigendes Wort einzulegen.

Wie dem auch sei: Die Geschichte lehrt uns, dass Marienerscheinungen wie die jüngsten in Marpingen nicht nur Ausflüsse kindlichen Aberglaubens sind – oder Marketingstrategien skrupelloser Geschäftemacher, die aus einem unscheinbaren Dorf im Saarland einen internationalen Wallfahrtsort machen wollen. Sie sind vor allem strategisch wertvolle Mittel christlicher Fundamentalisten, die unter dem klerikal gewendeten APO-Motto „Schaffen wir zwei, drei, viele Fatimas!" zum Marsch durch die Institutionen angetreten sind.

Wahrlich, Marpingen ist mittlerweile fast überall! Nie war die Gottesmutter (für die Fundamentalisten) so wertvoll wie heute. Und darum legt sich Maria auch mächtig ins Zeug, hetzt von einem Erscheinungstermin zum anderen, heilt einen Blinden hier, eine Magersüchtige dort. Hin und wieder lässt sie sogar ihr unbeflecktes Herz bluten. Immer im Auftrag des Herrn, polyglott rund um den Globus, auf Teufel komm raus.

Fazit: Wer den ultimativen Beweis dafür sucht, dass die Menschheit nicht die „Krönung der Schöpfung" sein kann, der verpasse nicht die nächsten Stationen der marianischen Deutschland-Errettungs-Tournee. Die Events sind garantiert gut besucht und bevölkert mit Gestalten, die man an einem solchen Platz eigentlich gar nicht vermutet hätte: Menschen, die zumindest auf den ersten Blick so aussehen, als würden sie der gleichen Spezies angehören wie du und ich.

Anmerkungen

1 vgl. u.a. Karlheinz Deschner: Morden mit Maria. In: Deschner: Opus Diaboli. 1987; sowie Waltraud Kern: Auf Maria schauen – heißt siegen lernen. In: Clara und Paul Reinsdorf (Hrsg.): Drahtzieher Gottes. 1995

2 vgl. u.a. Gottfried Hierzenberger / Otto Nedomansky: Erscheinungen und Botschaften der Gottesmutter Maria. 1993; sowie Machado Borelli / Augusto Antonio: Die Erscheinungen und die Botschaft von Fatima. 1996

3 „Unsere Liebe Frau" zitiert nach Borelli/Antonio, Die Erscheinungen und die Botschaft von Fatima, S. 45f.

4 Als treuer Anhänger Mariens unterstützte Johannes Paul II. zahlreiche antikommunistische Bewegungen in der Welt – ideell wie finanziell. Im Zusammenhang mit der Ermordung des „Bankiers Gottes" Roberto Calvi deckte die italienische Justiz auf, dass die polnische Solidarnosc-Bewegung über den Vatikan dreistellige Millionenbeträge erhalten hatte – Gelder aus höchst zweifelhaften Quellen.

Auch bei der Zerschlagung Jugoslawiens mischte der Papst mit. Schützenhilfe erhielt er hierbei nicht zuletzt von der polyglotten Gottesmutter persönlich, die sich seit den Achtzigerjahren regelmäßig aus dem bosnisch-kroatischen Dorf Medjugorje meldet, um von dort aus eindringlich vor der Macht des (Belgrader?) Satans zu warnen (vgl. Robert Hutchison: Die heilige Mafia des Papstes. 1996).

5 vgl. hierzu Karlheinz Deschner: Mit Gott und dem Führer. 1988

6 In Marpingen sind es vor allem Helmut Gressung, Beichtvater der „Seherinnen“ und Verantwortlicher der Marianischen Priesterbewegung in Deutschland, sowie der angeblich „neutrale“ Beobachter Jörg Müller, der als Vorsitzender des Medjugorje-Zentrums Deutschland ebenfalls zur ersten Garde der deutschen Marienverehrer gehört.

7 vgl. Michael Schmidt-Salomon: Erkenntnis aus Engagement. 1999, S. 141ff.

8 vgl. Deschner, Morden mit Maria

Deutschland sucht den Superwahn
Scientology und Opus Dei im Vergleich

Obgleich die Welle der Entrüstung über die *Scientology Church* merklich verebbt ist (die Medien beschäftigen sich momentan aus nachvollziehbaren Gründen vornehmlich mit islamischen Gruppierungen), gilt in der breiten Öffentlichkeit *Scientology* als Prototyp einer demokratiefeindlichen, totalitären Sekte. Die katholische Elitegruppierung *Opus Dei* hingegen ist der Bevölkerungsmehrheit trotz einer beachtlichen Anzahl kritischer Veröffentlichungen weitgehend unbekannt. *Opus Dei* wurde im Gegensatz zu Scientology nicht zum Thema einer öffentlichen Debatte und wird auch nicht vom Verfassungsschutz überwacht. Schon ein Vorschlag in diese Richtung würde großes Unverständnis hervorrufen, denn das „Werk Gottes" operiert nicht am esoterischen Rande der Gesellschaft, sondern im Herzen einer (noch immer!) angesehenen moralischen und religiösen Institution: *der katholischen Kirche*.

Ich möchte im Folgenden diese beiden, auf den ersten Blick grundverschiedenen Organisationen miteinander vergleichen. Dabei werde ich ein Verfahren anwenden, das aus den Hardwaretests einschlägiger Computerfachblätter bekannt sein dürfte. Für jeden Testbereich werden Punkte vergeben, die am Schluss addiert werden und somit ein begründetes allgemeines Testurteil erlauben. Selbstverständlich werden in unserem Fall nicht Hard- oder Software-Eigenschaften wie Schnelligkeit oder Bedienungsfreundlichkeit bewertet, sondern soziale Items, die den religiösen Fanatismus- bzw. den Demokratiegefährdungs-Wert der besprochenen Organisation widerspiegeln. Dabei gilt: Je höher der Punktwert, desto größer das Gefahrenpotential für das Projekt der offenen Gesellschaft.

Testkategorie 1: Die Gründer

Lafayette Ron Hubbard

Ron Hubbard wurde am 13. März 1911 in Tilden (USA) geboren. Nach gescheiterten Studienversuchen (wegen miserabelster Noten musste er sowohl das Ingenieur- als auch das Mathematikstudium aufgeben) begann er Western-, Horror- und Science-Fiction-Geschichten zu schreiben. Er verfasste unzählige Groschenromane und Drehbücher, die sich durchaus erfolgreich vermarkten ließen.

Aber der unermüdliche Ron Hubbard war auf Höheres aus. Im Jahr 1950 veröffentlichte Hubbard – in einem Science-Fiction-Magazin – den Artikel: „Dianetik – Einführung in eine Wissenschaft". Aufgrund des großen Erfolges ließ er noch im gleichen Jahr das Buch *Dianetik – Die moderne Wissenschaft der geistigen Gesundheit* folgen. Das von psychologischem Halbwissen strotzende Buch wurde schnell zum Bestseller. 1954 erschien *Scientology: Die Grundlagen des Denkens*, in dem Hubbard die „Dianetik" zum Untergebiet der „Scientology" erklärte. Weitere zwei Jahre später gründete er die *Church of Scientology of California*.

Massive Widerstände in den Vereinigten Staaten zwangen ihn dazu, zeitweilig nach Zimbabwe und England auszuwandern. Nachdem Großbritannien 1968 ein Einreiseverbot gegen Hubbard verhängte, verlagerte der Scientology-Gründer seinen Wohnsitz auf internationale Gewässer. Von dem Flaggschiff *Apollo* aus trieb Hubbard den Aufbau von Scientology weiter voran. Er gründete die militärisch organisierten Elite-Einheiten „Sea Org" und „Messenger Org", die bis heute die Entscheidungsgremien von Scientology bestimmen.

Ab 1969 wandte sich Hubbard wieder den „schönen Künsten" zu. Er verfasste die mehrbändigen Science-Fiction-Romane *Mission Erde* und *Kampf um die Erde*, schrieb Musiken, fotografierte und drehte Filme. In den siebziger Jahren kehrte Hubbard nach Amerika zurück, wo Scientology zunehmend an Einfluss gewann. 1976 kaufte die Organisation ein Hotel in Clearwater (Florida), das seither Hauptsitz der Organisation ist. 1977 wurde Hubbard das letzte Mal in der Öffentlichkeit gesehen. In den Folgejahren brachen heftige Machtkämpfe um die Nachfolge des Gründers aus, die letztlich David Miscavige, ehemaliges Mitglied von „Messenger Org", für sich entschied. Am 24. Januar 1986 wurde offiziell bekannt gegeben, dass Ron Hubbard verstorben sei. Die näheren Umstände seines Todes blieben im Dunkeln.

Innerhalb von Scientology gilt Ron Hubbard heute als *der* Übermensch schlechthin, ein Mann, der von Erfolg zu Erfolg eilte, der die Potentiale seines Hirns in vollem Maße ausschöpfte, ein Genie und Wohltäter – oder ganz einfach: „der weiseste, mitfühlendste und scharfsinnigste Mensch, der jemals auf Erden wandelte". Zweifellos besaß Hubbard außergewöhnliche Talente. Er verstand es wie kaum ein anderer, die eigene Lebensgeschichte prachtvoll auszuschmücken und psychologisches Halbwissen mit Science-Fiction und okkultem Unsinn zu verrühren, um daraus eine verführerisch marktfähige, esoterische Weltanschauung zusammenzubrauen.

Wertung: Angesichts des nachhaltigen Erfolgs seiner abenteuerlichen Selbstinszenierung und dem treuen Gehorsam, mit dem seine Anhänger bis heute jeden noch so unsinnigen Satz des Gründers nachbeten, gebühren dem höchsten „Operierenden Thetan" Ron Hubbard und seiner Scientology-Organisation in der Kategorie „Gründer" 8 von 10 möglichen Punkten.

Josemaria Escriva

Josemaria Escriva de Balguer y Albas wurde am 9.1.1902 in Baebastro (Spanien) geboren. Er wuchs in ärmlichen Verhältnissen und unter dem prägenden Einfluss einer streng gläubigen Mutter auf. Schon in frühen Jahren war der kleine Escriva überzeugt, von Gott zu einer besonderen Mission ausgewählt zu sein. 1920 trat er in das Königliche Priesterseminar San Carlos in Saragossa ein, wo seine Kommilitonen ihn u.a. wegen seiner ausgeprägten Leidenschaft für Selbstgeißelungen hänselten. Escriva ließ sich jedoch von seinem Weg nicht abbringen und wurde 1925 zum Priester geweiht. Drei Jahre später – um exakt zu sein: am 2. Oktober 1928 – geschah dann der Legende nach das Ungeheuerliche: Escriva saß gerade in seiner kleinen Kammer im Wohnheim des heiligen Vinzenz von Paul und dachte über die Worte des Bartimäus nach: „Herr, mach, dass ich sehe!" Da – so formulierte es ein halbes Jahrhundert später die Postulation für die Seligsprechung Escrivas – „gefiel es Gott, ihn zu erleuchten: er sah das Opus Dei, wie der Herr es wollte und wie es im Laufe der Jahrhunderte sein würde".

Derart inspiriert begann Escriva, „Apostel" um sich zu scharen. In den ersten Jahren wuchs das Opus Dei allerdings nur spärlich, man lebte, predigte, geißelte sich meist in schäbigen Unterkünften, die Beichte musste Escriva mitunter sogar in der Küche abnehmen. Im spanischen Bürgerkrieg musste der junge Ordensgründer kurzerhand untertauchen. Er versteckte sich in einer psychiatrischen Klinik und spielte dort fünf Monate lang den Geisteskranken (der er in gewisser Hinsicht sicherlich auch war).

Erst unter der Diktatur Francos konnte Escriva sein Imperium aufbauen. Dank geschickter Verhandlungen mit der Römischen Kurie gelang es Escriva, dem Opus Dei einen neuen Rechtsstatus zu verschaffen. Das nun unter dem Begriff „Säkularinstitut" (später als „Personalprälatur") firmierende „Werk Gottes" unterstand direkt dem Papst, war also der Kontrolle der örtlichen Bischöfe entzogen.

Aufgrund seiner radikal antiliberalen und antikommunistischen Ausrichtung fand Escrivas Orden in den folgenden Jahren einflussreiche Bündnisgenossen (u.a. die CIA). Die finanziellen Ressourcen wurden immer üppiger. Escriva konnte Niederlassungen in mehr als achtzig Ländern der Welt gründen. Als der „ehrwürdige Vater", wie Escriva in Opus Dei-Kreisen genannt wurde, 1975 in Rom starb, hinterließ er eine kampfstarke Eliteorganisation, die Führungspositionen innerhalb wie außerhalb der katholischen Kirche innehatte.

Wertung: 1992 wurde der Ordensführer, der mehrfach seine Bewunderung für Hitler und Franco ausgesprochen hatte, selig gesprochen – der bis dahin schnellste Seligsprechungsprozess in der langen Geschichte der katholischen Kirche. 10 Jahre später wurde er bereits in die ehrenwerte Loge der „Heiligen" aufgenommen. Den Sachverständigen der Kongregation für Heiligsprechungen zufolge steht Escriva „in der Geschichte der Spiritualität auf einer Stufe mit den legendären Größen". Seinen ihm in blindem Gehorsam folgenden Anhängern gilt der „Vater", der selbst posthum manches Wunder bewirkt haben soll, bereits heute als der Retter der Kirche und der Menschheit schlechthin. Für diese Meisterleistung, die schlichtweg nicht zu überbieten ist (heiliger als heilig geht nun einmal nicht!), gibt es Traumnote 10.

Testkategorie 2: Die Lehre

„Thetanen und Engramme": Hubbards Science-Fiction-Religion

Die scientologische Geheimlehre, die den gläubigen Jüngern in vollem Umfang erst ab Stufe OT 3 präsentiert wird (zuvor haben sie bereits Abertausende von Dollars investiert, um die Stufen des „Clearings" und die ersten beiden Stufen zum „Operierenden Thetanen" hinter sich zu bringen), liest sich wie einer der vielen abenteuerlichen Science-Fiction-Groschenromane, die Hubbard in den dreißiger und vierziger Jahren auf den Markt geworfen hat:

Hubbard zufolge herrschte vor vielen Millionen Jahren ein böser Prinz namens „Xenu“ (der „Fremde“) über die „Galaktische Förderation“. Er verbannte die Mitglieder verschiedener planetarer Völker auf die Erde und ließ sie mit Wasserstoffbomben pulverisieren. Übrig bleiben die „Thetanen“, gottgleiche Geistwesen mit grenzenlosem Wissen und unbegrenzter Schöpferkraft, die nicht vernichtet werden konnten. Daher griff Xenu zu einer heimtückischen List: Mit Hilfe geschicktester Manipulationstechniken pflanzte er den unsterblichen Thetanen den Glauben an die eigene Sterblichkeit und Ohnmacht ein. Mehr noch: Auch die Bilder zukünftiger Gesellschaften und Religionen wurden in die thetanische Vorstellungswelt implantiert. Unter dem Druck dieser Manipulation vergaßen die Thetanen, dass sie Götter waren. Sie inkarnierten und begannen, sich als irdische, unvollkommene Wesen zu verstehen, d.h. als Mitglieder der uns hinreichend bekannten Gattung Homo sapiens.

Jeder von uns trägt also einen allmächtigen, allwissenden Thetanen in sich. Dieser Thetan ist unser „wahres Ich“, was wir jedoch nicht wahrnehmen können, da wir durch außerirdisch eingepflanzte „Irrlehren“ uns selbst und die Welt falsch interpretieren. Damit die „Illusion der endlichen menschlichen Existenz“ aufrechterhalten wird, haben die extraterrestrischen Unterdrücker eine Apparatur geschaffen, die den Thetanen nach Ableben des Körpers mit gigantischen Traktorstrahlen auf sogenannte „Implant-Asteroiden“ hinaufzieht, wo vormalige Erkenntnisse gelöscht und weitere Irrlehren eingepflanzt werden. Erst nach dieser Prozedur wird der Thetan wieder in einen neuen Körper geschossen.

Es ist davon auszugehen, dass dieses perfekte System extraterrestrisch gelenkter Reinkarnation selbst den glaubensbereiten Agenten Fox Mulder in maßloses Staunen versetzt hätte. Glücklicherweise aber gibt es einen Mann, der dieses schreckliche Komplott durchschaut hat: Ron Hubbard, der seine bewährten scientologischen Verfahren bereitstellt, mit deren Hilfe die falschen Einpflanzungen wieder gelöscht werden können.

Freilich ist das leichter gesagt als getan. Der Scientology-Lehrling muss viel Zeit und Geld investieren, um sich von den einengenden Engrammen zu befreien und zu jener „totalen Freiheit“ zu gelangen, die Hubbard vollmundig verspricht. Immerhin: Durch das Löschen der Engramme soll der Mensch zum „Clear“ werden, befreit von zwanghaftem Verhalten, Neurosen, Asthma, Sehschwäche, Schwerhörigkeit, Bluthochdruck, Migräne etc. Auch der IQ soll sich merklich steigern.

Wer es noch weiter bringen will, hängt eine mehrstufige Ausbildung zum „Operierenden Thetan“ hinten dran. Aus scientologischer Sicht lohnt sich das allemal, denn ein Operierender Thetan hat nicht nur den vollen Durchblick, er ist allwissend und allmächtig, ja er ist imstande, ohne einen Körper zu benötigen, auf verschiedenen Ebenen des Seins zu „operieren".

Selbstverständlich gibt es in dieser heilen Scientology-Welt auch Widersacher, sogenannte „suppressive Persönlichkeiten" (kurz: SP), die es darauf anlegen, das scientologische Projekt zu stören, die (gesteuert durch extraterrestrische Despoten?) nicht nur Scientology, sondern die ganze Menschheit vernichten wollen. In erster Linie sind hiermit natürlich die direkten Scientology-Aussteiger und -Kritiker gemeint. Ganz oben auf der Liste der Widersacher stehen zudem aber auch ausgebildete Psychologen und Psychiater, gegen die Hubbard und seine Gefolgsleute immer wieder scharf agitieren. (Einige von ihnen hatten es doch tatsächlich gewagt, die Dianetik als Humbug und ihren thetanischen Erfinder als „schizophrenen Paranoiker" zu bezeichnen! Hubbard vermutete sofort eine interplanetare Verschwörung...)

Wertung: Hubbards Glaubenslehre, die sich wunderbar für eine ganze Reihe von *Akte X*-Folgen eignen würde, bietet verunsicherten Menschen, die an der Sinnhaftigkeit der menschlichen Existenz zweifeln, ein in sich geschlossenes weltanschauliches Paralleluniversum, in dem sie sich als Privilegierte fühlen können. Nichts ist so, wie es scheint. In Wahrheit ist alles anders. Es gibt nur drei Kategorien von Menschen: die guten, die das scientologische Projekt vorantreiben, die bösen Widersacher, die es zerstören wollen, und die Unwissenden, die von Tuten und Blasen keine Ahnung haben. Kurzum: Eine hervorragende Voraussetzung für missionarisches und fanatisches Verhalten, daher 10 von 10 Punkten.

„Gesegnet sei der Schmerz": Escrivas „Kreuzestheologie"

Escrivas Glaubenssystem, das bis auf kleine Nuancen deckungsgleich mit der offiziellen katholischen Heilslehre ist, klingt in unserem Kulturraum vertrauter, wenngleich es bei genauerer Betrachtung kaum weniger absurd ist.

Hiernach erschuf ein allmächtiger, gütiger Gott Himmel und Erde, Pflanzen, Tiere, Menschen und Engel. Einige der Engel lehnten sich unter Führung Luzifers gegen Gott auf, wodurch das Böse entstand. Luzifer war es auch, der die ersten Menschen Adam und Eva dazu verführte, vom verbotenen Baum der Erkenntnis zu naschen, weshalb sie aus dem Paradies vertrieben wurden und die nachfolgenden Generationen an der sog. „Erbsünde" zu knabbern hatten. Diese wiederum hatte u.a. zur Folge, dass selbst die nach theologischen Maßstäben „guten" Menschen posthum nicht zu Gott kommen durften, sondern zum Teil Jahrhunderte in der Hölle auf ihre Erlösung warten mussten.

Glücklicherweise hatte der allmächtige und gütige Gott einen guten Einfall: Er pflanzte auf betont nichtsexuelle Weise einen Teil seiner Selbst in die Gebärmutter der unbefleckt empfangenen Jungfrau Maria ein. Der Junge, der aus dieser seltsamen Verbindung entstand, wuchs zu einem jungen Mann heran und wurde – wie von Gott von Anfang an bezweckt – von der in Jerusalem herrschenden römischen Besatzungsmacht hingerichtet, wodurch merkwürdigerweise der ehemalige Sündenfall gesühnt und der Weg in den Himmel für die Gläubigen wieder frei war. Wie der Erlöser, der drei Tage nach seiner Hinrichtung von den Toten wieder auferstand und später in den Himmel auffuhr, seinen Jüngern aufgetragen hat, feiern seine Anhänger in der Folge Woche für Woche ein merkwürdiges Ritual. Eigens dazu ausgebildete Zeremonienmeister sprechen geheimnisvolle Zaubersprüche, wodurch profane Teig-Oblaten in den sich anscheinend milliardenfach replizierenden Leib des hingerichteten Erlösers verwandelt werden, welcher von den Gläubigen verspeist wird. Der Zweck dieses rituell-kannibalischen Aktes ist ebenso obskur wie der Akt selbst: Angeblich soll er die Christen, wie sich die Anhänger dieses Kultes nennen, vor Todsünden und dem Einfluss Luzifers bewahren und verhindern, dass die Gläubigen nach ihrem Tod in dem ewigen Flammenmeer einer imaginären Hölle darben müssen.

Escriva, der diese abenteuerliche Geschichte mit voller Inbrunst glaubte, nahm den Auftrag des Erlösers, seinem Vorbild zu folgen, bitter ernst. Jesus zu folgen, das bedeutete für ihn, nicht nur bedingungslos zu glauben, sondern wie Jesus am Kreuz heroisch Schmerzen zu ertragen und den Verführungen des Teufels zu widerstehen. Der Schmerz wurde regelrecht zum Dreh- und Angelpunkt seiner Theologie. Über den Schmerz allein führte für Escriva der Weg zur Heiligkeit, zu Gott. In seinem Hauptwerk *Der Weg* heißt es in diesem Zusammenhang: „Ich nenne dir die wahren Schätze des Menschen auf dieser Erde, damit du sie dir nicht entgehen lässt: Hunger, Durst, Hitze, Kälte, Schmerz, Schande, Armut, Einsamkeit, Verrat, Verleumdung, Gefängnis. (...) Gesegnet sei der Schmerz. – Geliebt sei der Schmerz. – Geheiligt sei der Schmerz. – Verherrlicht sei der Schmerz!“

Überzeugt davon, dass es nur *einen* Weg zum Seelenheil gäbe, nämlich den katholischen, strebte Escriva eine vollständige Christianisierung aller Völker und Institutionen an. Sollte es mit der freiwilligen Missionierung nicht so recht klappen, so solle dies eben mit „heiligem Zwang“ geschehen.

Wertung: Escrivas Glaubenssystem ist nicht weniger paranoid als das des Ron Hubbard. Der Teufel lauert hier schier überall und das „Böse“ kann nur bekämpft werden, wenn man sich sklavisch an den von Escriva vorgegebenen Weg hält. Für jede Abweichung von diesem heiligen Weg muss der Gläubige im wahrsten Sinne Höllenängste durchstehen. Auch hierfür kann es nur eine Wertung geben: 10 von 10 möglichen Punkten.

Testkategorie 3: Mitglieder

Fanatisierte Yuppies: Die Mitglieder von Scientology

Die Scientology Church hat Schätzungen zufolge eine bis sieben Millionen Mitglieder, über vierzig Staaten verteilt (in Deutschland soll es zwischen zwanzig- und siebzigtausend Mitglieder geben). Die beträchtlichen Schwankungen in diesen Schätzungen rühren daher, dass die Mitgliedschaft bei Scientology schwer zu definieren ist. Die Gruppe der wirklich engagierten und eingeweihten Mitglieder ist weit geringer und dürfte sich im Zehntausenderbereich bewegen. Die meisten Mitglieder befinden sich auf den unteren Stufen des Clearings, einige haben sich nur den anfänglichen Prozessen unterzogen. Sie wissen wenig bis nichts vom Mythos der Thetanen und treten an Scientology eher aus praktischen als aus weltanschaulichen Interessen heran. Sie möchten beispielsweise ihre Drogensucht überwinden oder „größere Anteile ihres Hirns nutzen“. Manche sind nur darauf aus, innerhalb kürzester Zeit sehr viel Geld zu verdienen, denn auch hierzu bieten sich Scientology-Seilschaften – insbesondere in den USA – wunderbar an. Dazu passt auch, dass offenbar ein unverhältnismäßig hoher Mitgliederanteil in der Immobilien- und Unternehmensberatungsbranche arbeitet. Allerdings konnten auch Schauspieler, Musiker und bildende Künstler vom Hubbard-Clan angeworben werden. Die prominentesten Beispiele hierfür sind die Schauspieler Tom Cruise und John Travolta sowie der Jazz-Musiker Chick Corea.

Wertung: Die verhältnismäßig hohe Mitgliederzahl von Scientology führt zu Pluspunkten in dieser Kategorie – vor allem wenn man bedenkt, dass die Organisation erst seit knapp 50 Jahren existiert. Allerdings muss relativierend eingeräumt werden, dass nur eine winzig kleine Minderheit der Mitglieder voll in das Glaubenssystem eingeweiht ist. Insofern lässt die Glaubensfestigkeit doch sehr zu wünschen übrig. Selbst bei Hubbard und seinen engsten Mitarbeitern ist in diesem Punkt Zweifel angebracht, denn es steht nicht fest, ob die Scientology-Oberen wirklich ernsthaft an den ganzen Thetanen-Spuk glauben. Womöglich hat sich der phantasiebegabte Science-Fiction-Autor Hubbard nur einen bösen Scherz erlaubt und die Naivität seiner Mitmenschen auf wirkungsvolle und höchst lukrative Weise ausgebeutet. Alles in allem veranschlagen wir fünf Punkte in dieser Kategorie.

Heilige Masochisten: Die Mitglieder des Opus Dei

Weltweit hat das „Werk Gottes" knapp achtzigtausend Vollmitglieder, wobei die Zahl der Sympathisanten weit höher liegt. Die ordentlichen Mitglieder des Opus Dei, „Numerarier" genannt, sind in der Regel Vollakademiker. Sie leben in den Zentren des Opus Dei und unterliegen einem scharfen Reglement. Die Glaubensfestigkeit innerhalb des Ordens ist extrem hoch. Jede potentielle Abweichung von dem von Escriva vorgegebenen Weg wird strengstens unterbunden. Demzufolge verwundert es nicht, dass der Orden über hochgradig motivierte und neurotisierte Glaubensfanatiker verfügt, die allesamt mit einem starken Missionsdrang ausgestattet sind.

Opus Dei-Mitglieder haben oftmals hohe Positionen in Politik und Wirtschaft inne. Innerhalb der katholischen Kirche besetzen sie zentrale Machtpositionen. Wie hoch die Zahl der Opus Dei-Sympathisanten unter römisch-katholischen Geistlichen mittlerweile ist, beweist die Tatsache, dass knapp ein Drittel aller Bischöfe weltweit sich für die schnelle Seligsprechung Escrivas eingesetzt hat.

Wertung: Die geringe Mitgliederzahl des Ordens wird durch die hohe Glaubensfestigkeit der Numerarier und ihre große Bedeutung innerhalb wie außerhalb der Kirche massiv aufgewertet. Ergebnis: 5 von 10 Punkten in dieser Kategorie.

Testkategorie 4: Interne Struktur

Mehrstufiges Hirnwaschprogramm: Scientology von innen

Scientology rekrutiert einen Großteil seiner potentiellen Anhänger auf der Straße oder per Anzeigen mit Hilfe eines kostenlosen Persönlichkeitstests. Dieser Test, der darauf angelegt ist, dass er für den Klienten in der Regel negativ ausfällt, versorgt Scientology mit detaillierten persönlichen Informationen, die später systematisch genutzt werden. Der Testauswerter hat die Aufgabe, der Person mit Hilfe der Testergebnisse aufzuzeigen, wodurch ihr Leben scheinbar ruiniert wird und wie Scientology sie vor dem drohenden Elend retten kann.

Gelingt diese Überzeugungsarbeit, beginnt der Scientology-Aspirant in der Regel mit den Kommunikationskurs-Trainingsroutinen, den „TRs", die starke Elemente von Hypnose aufweisen. Nach dem sich daran anschließenden „Reinigungsprogramm", das u.a. darin besteht, dass der Student hohe Vitamindosen zu sich nimmt und sich durch ständige Saunagänge regelrecht das Hirn aus dem Leib schwitzt, wird dem Geworbenen angeboten, den „Hubbard Key To Life"-Kurs zu absolvieren. Hier werden die Klienten wie kleine Kinder behandelt und durch diese systematische Retardierung noch empfänglicher für das Glaubenssystem der Scientology Church gemacht. Danach ist der Weg frei für die sogenannten „Auditingprozesse", in denen der nun „Preclear" genannte Klient den Anweisungen seines Auditors wie eine Marionette in den Händen des Puppenspielers folgen muss.

Viele kostenintensive Sitzungen und mühsam erworbene „Befreiungsgrade" später werden die Preclears dazu gebracht, vermeintliche Ereignisse aus „vergangenen Leben" wieder zu erleben. Haben sie dieses Stadium erst einmal erreicht, sind sie bestens für die Fortgeschrittenen-Kurse von Scientology vorbereitet. Der nun sorgenfreie und IQ-optimierte „Clear" kann die sogenannten „OT-Stufen" durchlaufen, an deren Ende er oder sie zu einem gottgleichen „operierenden Thetan" mutiert.

Das absurde Schulungsprogramm Hubbards hat selbst innerhalb der Organisation Kritiker auf den Plan gerufen. Um diese möglichst schnell ausfiltern zu können, führte Hubbard 1959 sogenannte „Sicherheitsüberprüfungen" ein. Standardmäßig werden Scientologen verhört und müssen endlose Listen von Fragen über etwaige moralische Verfehlungen beantworten, wobei das sogenannte „E-Meter" als Lügendetektor eingesetzt wird. Später perfektionierte Hubbard das scientologische Kontrollsystem durch die sogenannten „Ethik"-Verfahren. Ergänzend entwickelte er die *Rehabilitation Project Force*, kurz: *RPF.* Der RPF werden Mitglieder, die Fehler machen, Befehle nicht befolgen etc., zugeteilt. Von ihnen wird in der Rehabilitationsphase erwartet, dass sie sich von Tischabfällen ernähren, noch weniger Stunden als die anderen Mitarbeiter schlafen und sofort jeden Befehl fraglos befolgen. Sie arbeiten den ganzen Tag, verrichten harte körperliche Arbeit und verbringen Stunden mit Beichten. Erst wenn sie die Autorität ihrer Vorgesetzten wieder vollständig akzeptieren, wird ihnen erlaubt, die RPF zu verlassen.

Wertung: Das scientologische Hirnwaschprogramm ist wohl durchdacht und wird durch systematische Kontrollen gut abgesichert. Dennoch zeigen die hohen Austrittszahlen, dass das System nicht perfekt ist. Ein Grund hierfür mag in der mangelhaften Glaubensfestigkeit innerhalb der Organisation liegen. Darüber hinaus lässt auch die Alltagskontrolle der Mitglieder zu wünschen übrig, da sie in der Regel in ihren eigenen vier Wänden leben und keiner vollständigen Zensur unterworfen sind. Zudem sind die zu befürchtenden Folgen eines Austritts vergleichsweise harmlos. Bei Verlassen der Organisation verliert man zwar jeglichen Kontakt zu den ehemaligen Glaubensgenossen und öffentliche Kritik dürfte auch hinreichend angstbesetzt sein, allerdings muss man nicht mit schwerwiegenden Folgen für das Seelenheil (ewige Höllenqualen etc.) rechnen. Aufgrund dieser nicht zu unterschätzenden Systemfehler gibt es in dieser Kategorie nur 6 von 10 möglichen Punkten.

Gewissenserforschung und Lebensplan: Leben im Opus Dei

Josemaria Escriva stellte peinlich genaue Vorschriften auf, an die sich die Vollmitglieder des Ordens sklavisch zu halten haben. Im sogenannten „Lebensplan“ ist der gesamte Tagesablauf eines Opus Dei-Mitglieds nahezu auf die Minute genau festgelegt: Der Orden regelt, wann aufgestanden, gefrühstückt, der Bußgurt angelegt, gebetet, gegeißelt, gelernt wird. Die Vorstellungen Escrivas, die für die Gläubigen schlichtweg den Willen Gottes repräsentieren, werden kritiklos in die Praxis umgesetzt. Die Opus Dei-Pädagogik setzt hier auf ein „lebenslanges Lernen“ von Demut, Gehorsam und Abtötung.

Dieser Lernprozess beginnt meist bereits im Alter von 14 Jahren. Die offizielle Aufnahme ins Opus Dei erfolgt zwar erst mit 17 Jahren, zuvor hat der/die KandidatIn jedoch meist eine dreijährige Eingliederungszeit als „AspirantIn“ hinter sich. Auf die „anfängliche Formung“ der vierzehn- bis siebzehnjährigen Jugendlichen legt das „Werk Gottes“ besonderen Wert. In diversen Jugendclubs und auf Jugendfahrten werden geeignete Jugendliche gezielt angelockt und durch geschickte Manipulationstechniken langsam auf den von Escriva vorgezeichneten Weg gebracht. Ist der oder die AspirantIn dann ordentliches Mitglied, wird es in speziellen Schulungen und durch die täglichen Unterweisungen von Seiten der Zentrumsleiter weiter im Sinne der Opus Dei-Ideologie geformt.

Das Eindringen von Pluralismus und Meinungsvielfalt wird durch strenge Zensur verhindert. So dürfen beispielsweise keine Bücher gelesen werden, die zweideutig und verwirrend (und darum gefährlich) im Hinblick auf Glauben und Moral sind. Widerspruch ist im Orden nicht erlaubt, Kritik im höchsten Maße angstbesetzt, denn – wie der Opus Dei-Aussteiger

Klaus Steigleder betont: „Zu der Ausbildung des Opus Dei gehört neben vielem anderen die Vermittlung großer Angst vor ewiger Verdammnis und Hölle. [...] Wer ... den sicheren Weg des Gehorsams im Opus Dei, wer seine Berufung verlässt, begibt sich in eine große Gefährdung, in die Gefahr ewiger Verdammnis. Er gibt einen sicheren Weg auf und beginnt höchst unsichere und heikle Wege zu beschreiten."

Um vollkommene Kontrolle über die Mitglieder zu haben, finden in den Opus Dei-Zentren, dem obligatorischen Wohnort der Vollmitglieder, Abend für Abend sogenannte Gewissenserforschungen statt, während der die Numerarier ihre innersten Gefühle preisgeben müssen. So können Zweifel an der eigenen Berufung im Keim erstickt und der Zusammenhalt der Gemeinschaft nachhaltig gefestigt werden.

Wertung: Nur sehr wenigen Opus Dei-Mitgliedern ist es gelungen, sich den Fängen des Ordens zu entziehen. Da jedes kritische Argument zensiert wird, gibt es für Glaubenszweifler keine Hilfestellungen von außen. Im Normalfall würden die Mitglieder auch völlig mittellos dastehen, da nicht nur ihr Gehalt, sondern auch etwaige Erbschaften in die Taschen des Ordens fließen. Zudem verbleiben beim Austrittswilligen die nicht unerheblichen Zweifel, ob ein Verlassen des Ordens nicht doch durch diabolische Kräfte veranlasst wird und als Lohn für den Verrat an Escriva das ewige Höllenfeuer winkt. Für die auf diese Weise gewährleistete Festigkeit der internen Struktur gibt es die volle Punktzahl (10 von 10 möglichen Punkten).

Testkategorie 5: Einfluss auf die Gesellschaft

Money makes the world go round: Geldmacht Scientology?

Über die wirtschaftlichen Strategien von Scientology ist viel geschrieben und spekuliert worden. Fakt ist: Die Organisation verfügt über ein großes Vermögen, u.a. erworben über Schulungsprogramme, Lizenzen, Immobilien- und Spekulationsgeschäfte, sogenannte „Hubbardartefakte" (beispielsweise handsignierte Fotos des Gründers, die zu horrenden Preisen angeboten werden) sowie private Spenden.

Immer wieder wurde herausgestellt, dass Scientology durch geschickte Infiltrierung von Wirtschaft und Politik den Boden für eine Welteroberung bereiten wolle. Dies mag sein. Fraglich ist jedoch, wie weit Scientology mit diesem Anliegen vorangekommen ist. Zwar gibt es (vor allem in Amerika) einzelne Marktsektoren, in denen sich Scientology gut positionieren konnte (insbesondere in der Immobilien- und Unternehmensberatungsbranche). Auch gelang es ihr, die amerikanische Regierung zu einem Einschreiten gegen die überhasteten deutschen Anti-Scientology-Programme zu motivieren. Daraus ist aber nicht abzuleiten, dass Scientology eine wirklich gefährliche Machtposition innehat. Salopp formuliert: Wenn Scientology in Amerika wirklich so mächtig wäre, dürfte es dort kaum noch Psychoanalytiker geben. (Dass dem nicht so ist, dürfte jedem klar sein, der auch nur *einen* Woody Allen-Film gesehen hat...)

Wie ohnmächtig Hubbards Organisation in Wirklichkeit ist, zeigt die Tatsache, dass sie in Amerika wie in Europa eine Reihe von vernichtenden Niederlagen vor Gericht einstecken musste. Die Organisation versuchte das ramponierte Image mit sozialen Tarnorganisationen wieder herzustellen (u.a. NARCONON, einem Rehabilitationsprojekt für Drogensüchtige, und „Cry Out", einem sich ökologisch gebenden Umweltprojekt), was aber nur mäßig gelang.

Wertung: Die u.a. von kirchlichen Sektenbeauftragten geschürte Hysterie um Scientology scheint schlecht begründet zu sein. Auch wenn man die finanziellen Ressourcen dieses religiösen Unternehmens nicht unterschätzen sollte, kann momentan von einer durch Scientology bedingten, akuten Gefährdung der Demokratie weder in Amerika noch in Europa gesprochen werden. Fazit: 3 Punkte.

Die katholische Mafia: Wirtschaft und Politik in den Fängen des Oktopus Dei?

Auch Opus Dei verfügt über beträchtliche finanzielle Mittel, die der Orden durch Spenden sowie durch geschickte Investitionen und Kooperationen erwirtschaftet hat. Kaum jemand ist noch in der Lage, die weit verzweigten Geschäftsbeziehungen des Ordens nachzuvollziehen. Die zentrale Rolle, die Opus Dei in den Plänen des Vatikans spielt, soll es sich nicht zuletzt auch über seine enorme Finanzkraft erworben haben. Nachdem es dem Orden gelungen ist, seinen schärfsten innerkirchlichen Gegner, den Jesuitenorden, in die zweite Reihe zu verweisen, hat das Werk Gottes seine Vormachtstellung im Vatikan ausbauen können.

Vor allem in den Ländern der Dritten Welt, wo Befreiungstheologen zunehmend durch Opus Dei-Mitglieder oder Opus Dei-Sympathisanten ersetzt wurden, beginnt die fundamentalistische Reformulierung des katholischen Lehrgebäudes erste Früchte zu tragen. In Europa hingegen kann der Orden, der seine Leute geschickt in wichtige wirtschaftliche und politische Institutionen einschleust, meist nur verdeckt operieren. Zu sehr unterscheiden sich die Glaubensinhalte der Ordensmitglieder von der doch weitgehend säkular geprägten Weltanschauung der westeuropäischen Mehrheitskultur.

Wertung: Angesichts der Tatsache, dass nur noch rund 10 Prozent der Deutschen an die Existenz des Teufels glauben (und sich daher kaum noch redlicherweise als Christen bezeichnen können), fällt der theologische Samen des Ordens auf sandigen Boden. Weltweit gesehen aber hat die Bedeutung der fundamentalistischen Theologie des Ordens in den letzten Jahren massiv zugenommen. Ein Faktor, der in die Berechnung miteinbezogen werden muss. Daher 5 Punkte.

Abschließendes Urteil

Sowohl Scientology als auch Opus Dei verfolgen Ziele, die mit dem Projekt einer offenen Gesellschaft nicht zu vereinbaren sind. Beide Organisationen zeichnen sich aus durch charismatische Gründerfiguren, paranoide Heilslehren, geschickte Manipulationstechniken, scharfe Kontrollmechanismen und ein jenseits aller Kritik stehendes Führerprinzip, das absoluten Gehorsam verlangt.

Was das Demokratiegefährdungspotential der untersuchten Glaubenszirkel angeht, so hat Opus Dei mit 40 Fanatismuspunkten gegenüber Scientology mit 32 Punkten die Nase vorn. Insofern kann man durchaus verstehen, dass sich die Scientologen vom deutschen Staat ungerecht behandelt fühlen. Es ist in der Tat ein nur durch kulturelle Vorurteile zu erklärender Skandal, dass Hubbards Jünger vom Staat überwacht werden, während Escrivas Anhänger unbehelligt hohe Posten in Politik und Wirtschaft innehaben können.

Das oftmals vorgebrachte Argument, die Gefährlichkeit von Scientology bestehe darin, dass es nicht aus religiösen, sondern aus wirtschaftlichen Interessen heraus agiere, ist absurd. Wie u.a. die Selbstmordattentate auf das World Trade Center in New York gezeigt haben, ist die religiöse Mitarbeitermotivation der kapitalistischen weit überlegen. Kein Chef der Welt könnte seine Mitarbeiter dazu bringen, sich für den Erfolg des eigenen Betriebs auf diese finale Weise aufzuopfern. In Anbetracht der höchst unerquicklichen Geschichte der Religionen wäre also eher zu hoffen als zu befürchten, dass Scientology nur wirtschaftliche Interessen verfolgt, denn im Falle einer unterstellten Machtübernahme durch die Scientology Church würde dies die Wahrscheinlichkeit unseres Überlebens deutlich erhöhen...

Fazit: Angesichts des hier präsentierten Testergebnisses stehen die deutschen Ordnungshüter vor einer unbequemen Alternative: Entweder sie lassen die Scientologen (und all die anderen sogenannten „Sekten“!) in Ruhe (was dem viel beschworenen „Konzept der wehrhaften Demokratie“ womöglich schaden würde) oder aber sie nehmen Opus Dei samt der dieses stützenden marianischen Bewegung genauer unter die Lupe (was erboste Proteste von Seiten der katholischen Kirche provozieren würde). Auch wenn es unbequem ist: Wer A sagt, muss auch B sagen. Die Sonderbehandlung außerkirchlicher Gemeinschaften durch Staat und Medien widerspricht entschieden den Prinzipien der offenen Gesellschaft.

Testkategorie	Scientology	Opus Dei
1. Gründer	8 Punkte	10 Punkte
2. Lehre	10 Punkte	10 Punkte
3. Mitglieder	5 Punkte	5 Punkte
4. Interne Struktur	6 Punkte	10 Punkte
5. Einfluss auf die Gesellschaft	3 Punkte	5 Punkte
Endergebnis	**32 Punkte**	**40 Punkte**

Literaturauswahl

a) Scientology:

Pro:

Scientology Church: *Ursprung, geistliches Amt, Zeremonien und Predigten.* 2000
Ron Hubbard: *Handbuch für den Ehrenamtlichen Geistlichen.* 1980
Ron Hubbard: *Einführung in die Ethik der Scientology.* 1989
Ron Hubbard: *Was ist Scientology? Aus den Werken von L. Ron Hubbard.* 1998
Church of Scientology International: *Scientology: Lehre und Ausübung einer modernen Religion. Ein Überblick aus religionswissenschaftlicher Sicht.* 1998

Contra:
Friedrich-Ebert-Stiftung u.a. (Hrsg.): *Sekten und Sondergemeinschaften in den Neuen Bundesländern. Ergebnisse einer Tagung.* 1992
Friedrich-Wilhelm Haack: *Scientology – Magie des 20. Jahrhunderts.* 1995
Liane von Billerbeck / Frank Nordhausen: *Der Sekten-Konzern. Scientologen auf dem Vormarsch.* 1993
Friederike Valentin / Horand Knaup (Hrsg.): *Scientology – Der Griff nach Macht und Geld.* 1992

b) Opus Dei

Pro:
Peter Berglar: *Autorität – Wohltat oder Übel?* 1977
Peter Berglar: *Opus Dei. Leben und Werk des Gründers Josemaria Escriva.* 1984
Josemaria Escriva: *Der Weg.* 1982

Contra:
Peter Hertel: *„Ich verspreche euch den Himmel". Geistlicher Anspruch, gesellschaftliche Ziele und kirchliche Bedeutung des Opus Dei.* 1991
Peter Hertel: *Geheimnisse des Opus Dei. Geheimdokumente – Hintergründe – Strategien.* 1995
Robert Hutchison: *Die heilige Mafia des Papstes. Der wachsende Einfluss des Opus Dei.* 1996
Matthias Mettner: *Die katholische Mafia. Kirchliche Geheimbünde.* 1995
Klaus Steigleder: *Das Opus Dei. Eine Innenansicht.* 1995

Die wundersame Welt des Karol Wojtyla
Nachruf auf einen Mann von vorgestern, der die Welt von heute geprägt hat

Zumindest *eines* kann man dem verstorbenen Karol Wojtyla wohl nicht vorwerfen: dass er *ein Heuchler* gewesen sei. Anders als viele seiner Untergebenen glaubte der polnische Papst tatsächlich an den Spuk, den er verkündete. Für ihn waren Himmel und Hölle, Gott und Teufel, Engel und Dämonen keinesfalls antiquierte Begriffe, die man bloß symbolisch zu deuten habe, nein, er sah darin *unbestreitbare Realitäten.* Paradoxerweise war es gerade diese Fähigkeit zum ungefiltert vormodernen Denken, die Johannes Paul II. in die Lage versetzte, der modernen Welt seinen Stempel aufzudrücken.

Geboren wurde Karol Wojtyla am 18. Mai 1920 in der polnischen Kleinstadt Wadowice.[1] 1938 zog er mit seinem Vater (die Mutter war schon 1929 verstorben) nach Krakau, wo er sich im selben Jahr zum Studium von Philosophie und Literatur einschrieb. Während der deutschen Okkupation wurde Wojtyla für schwere Arbeit in einem Steinbruch sowie einer Chemiefabrik zwangsverpflichtet. In seiner Jugend schrieb er nicht nur Gedichte und Theaterstücke, er war offensichtlich auch ein durchaus fähiger Schauspieler. Dass ihm dieses Talent später in seiner Lebensrolle als Pontifex Maximus der katholischen Kirche nutzte, ist kaum zu bezweifeln, allerdings geht die von manchen Kritikern geäußerte Vermutung,[2] er habe auch im Papstamt vornehmlich „geschauspielert", sicherlich an der Wirklichkeit vorbei. Wie sein langjähriger Kooperationspartner aus dem Weißen Haus, US-Schauspieler-Präsident Ronald Reagan, übernahm Wojtyla nicht bloß die *Rolle* des von Gott gesandten „Weltmissionars wider das Reich des Bösen", beide glaubten *tatsächlich*, von „höheren Mächten" für diese „heilige Mission" auserwählt worden zu sein. [3]

Den Entschluss, Priester zu werden, traf Wojtyla 1942. Er trat dem Untergrundseminar der Erzdiözese Krakau bei und wurde 1946 zum Priester geweiht. 1949 promovierte er in Krakau mit einer Arbeit zum „Humanismus des heiligen Johannes vom Kreuz“. Danach ließ sich Wojtyla vom Priesteramt beurlauben, um sich habilitieren zu können. Die Idee einer universitären Karriere gab er jedoch spätestens 1958 wieder auf, als er überraschend zum Weihbischof von Krakau ernannt wurde. Von da an war sein Aufstieg innerhalb der Ständehierarchie der katholischen Kirche schier unaufhaltsam. 1964 erfolgte die Ernennung zum Erzbischof, schon 1967 wurde er in den Kardinals-Rang erhoben. Am 16. Oktober 1978 wurde er als Nachfolger des nach 33 Tagen Amtszeit verstorbenen Johannes Paul I.[4] zum Papst der katholischen Kirche gewählt – ein Ereignis mit welthistorischer Bedeutung, wie sich bald herausstellte.

Der polnische Papst und der Zusammenbruch der Sozialismus

Dass mit Karol Wojtyla der erste nichtitalienische Papst seit dem Niederländer Hadrian VI. (gestorben 1523) das Amt antrat, verblüffte die Öffentlichkeit, war aber zweifellos eine strategisch kluge Entscheidung der Kardinalsversammlung. Die kommunistischen Machthaber im Osten erkannten die Zeichen der Zeit sofort. General Kiszczak, der damalige Chef des polnischen Geheimdienstes, meinte später, die Papstwahl sei der entscheidende Moment gewesen, der den Niedergang des kommunistischen Regimes besiegelte: „Das war der Anfang vom Ende. Ich hatte eine denkwürdige Begegnung, 1978, am Tag, als der sogenannte 33-Tage-Papst plötzlich in Rom gestorben war. Nur wenige Stunden später traf ich in Warschau zwei Mitglieder des polnischen Episkopats und fragte sie so nebenbei: Wer wird denn der nächste? Ich dachte mir nichts dabei, es war so eine Art Spielerei. Die beiden, ich weiß es wie heute, schauten mich erstaunt an und erwiderten: Wie, das wissen Sie nicht? Nein, sagte ich, wie sollte ich? Und dann sagten sie mit großem Ernst und absoluter Sicherheit: Das wird unser Wojtyla aus Krakau. Ich lachte sie aus und ließ sie stehen. Wenn ich ihre Aussage auch nur einen Moment lang ernst genommen hätte, hätten wir mit unseren Mitteln noch gegensteuern können. Schließlich kannten wir ja unseren Wojtyla.“[5]

Ob die CIA wirklich die Wahl Wojtylas gefördert hatte, wie Kiszczak vermutete, sei einmal dahingestellt, da es für einen solchen Vorgang keine stichhaltigen Belege gibt. Dass seine Wahl von den Verantwortlichen in den USA jedoch enthusiastisch begrüßt wurde, ist ohne Zweifel. Der ehemalige CIA-Vizedirektor Vernon Walters kommentierte die Papstwahl folgendermaßen: „Da hatten die Sowjets eine Schlacht verloren. Ein Mann des Ostens – aus dem größten katholischen Land – kennt das System besser als jeder von uns aus dem Westen. Und so sahen es wohl auch seine polnischen Bischöfe: Statt einer Gratulation zur Papstwahl schickten sie Wojtyla das Gedicht eines berühmten Polen aus dem Jahr 1839: 'In Zeiten großer Verwirrung in der Welt und Zerrissenheit in der Kirche wird Gott einen Mann schicken, der der Wahrheit Gottes zu ihrem Recht verhilft'. [...] Und da war er gekommen: der slawische Papst. Schon diese Tatsache hat die Dinge verändert."[6]

Im Juni 1979 besuchte Wojtyla das erste Mal als Papst sein Heimatland Polen. Kurze Zeit später (1980) wurde dort die Gewerkschaft Solidarnosc gegründet, an deren Spitze der glühende Papstverehrer Lech Walesa stand. Ab Frühjahr 1981 entwickelte sich ein enger Informationsaustausch zwischen dem Vatikan und Washington. CIA-Direktor William Casey und Vernon Walters besuchten in meist geheimen Missionen den Papst, um mit ihm vor allem über die Entwicklungen in Polen zu korrespondieren. Am 7. Juni 1982 kam es zu einem Treffen zwischen US-Präsident Ronald Reagan und dem Papst im Vatikan, der vorläufige Höhepunkt der sog. „Heiligen Allianz" zwischen den USA und dem Vatikan. Einen Tag später hielt Reagan in London einen Vortrag über die Grundzüge westlicher Politik. Dabei stand Polen im Mittelpunkt der Rede. Reagan sprach von einer „großen revolutionären Krise" in Osteuropa, einem „Kreuzzug der Freiheit", sagte „explosionsartige Unruhen" voraus und kündigte das Ende des Sowjetregimes an.[7]

Wie wir mittlerweile wissen, unterstützte Johannes Paul II. den Umbruch in seinem Heimatland nicht nur mit Worten, sondern auch mit harter Währung. Die verdeckte Finanzierung von Solidarnosc musste damals natürlich unter größter Geheimhaltung erfolgen, heute, nach dem Zusammenbruch des Realsozialismus, ist die Operation allerdings kein Staatsgeheimnis mehr. Prälat Henryk Jankowsky, Beichtvater Walesas und wichtigster Kampfgefährte des Papstes in Polen schilderte das vatikanische Engagement folgendermaßen: „In der Situation, in der sich Polen damals befand, wäre es kaum vorstellbar gewesen, dass der Papst seine eigenen Nächsten, seine armen, gequälten Landsleute, die im Gefängnis saßen und interniert wurden, im Stich gelassen hätte. Er hat alles unterstützt, was auch der Expansion der Kirche diente. [...] Wenn man Kriege führen will, muss man Geld dafür haben. Wenn man sie fortsetzen will, braucht man ebenfalls Geld. Und wenn man einen Krieg gewinnen will, braucht man noch mehr Geld."[8]

Der Vatikan heiligt die Mittel

Fragt man nach den Quellen des Geldes, das der Vatikan so generös unter die polnischen Aktivisten brachte, stößt man fast unweigerlich auf einen Finanz- und Politik-Skandal, der die italienischen Gerichte über Jahrzehnte hin beschäftigte, die Affäre um *Roberto Calvi und die Banco Ambrosiano*. Am 18. Juni 1982, zu dem Zeitpunkt, als die vatikanische Polenhilfe ihren ersten Höhepunkt erreichte, fand man unter der Londoner Blackfriars Bridge (höchst symbolträchtig: die „Brücke der schwarzen Brüder/Mönche"!) die Leiche des einst mächtigen Bankiers Roberto Calvi. Die englischen Ermittler kamen nach der ersten Autopsie zu dem Ergebnis, es habe sich um Selbstmord gehandelt. Die Motive schienen auf der Hand zu liegen: Calvi hatte als Chef der katholischen Banco Ambrosiano *den größten Bankchrash der europäischen Geschichte* zu verantworten. In der Kasse seiner Bank klaffte ein Loch von 1,3 Milliarden Dollar. Der einstige „Bankier Gottes" war wenige Tage vor seinem Tod aus Italien geflohen, um sich – wie es schien – der drohenden Verhaftung zu entziehen. Vergeblich habe er versucht, sich und die Bank noch zu retten. Als er einsah, dass es keinerlei Aussicht auf Rettung gab, soll er sich das Leben genommen haben.

Im Laufe der Jahre häuften sich allerdings die Hinweise, die diese Selbstmordthese arg in Frage stellten. Dabei war ein mehr oder weniger zufälliger Fahndungserfolg von besonderer Bedeutung: Bei einer routinemäßigen Hausdurchsuchung bei einem bekannten Mafioso fanden sich zur Überraschung der Ermittler zahlreiche Briefe, Schecks und Tonbandaufzeichnungen, die belegten, dass der Vatikan einige Milliarden Lire für den Erwerb jener mysteriösen Dokumente zahlte, die Roberto Calvi in seiner Aktentasche verstaut hatte.[9] (Bischof Hnilica, der den Deal mit den Mafialeuten einfädelte, wurde später wegen Hehlerei verurteilt.) Der Inhalt der Dokumente aus Calvis Aktentasche, die – so sie nicht vernichtet wurden – heute irgendwo in den Geheimarchiven des Vatikans lagern, muss höchst explosiv gewesen sein. Calvi, der sie wie seinen Augapfel hütete, sah in ihnen die beste Lebensversicherung. Gegenüber seiner Frau erklärte er kurz vor seinem Tod: „Wenn sie mich umbringen, wird der Papst abdanken müssen."[10]

Was Calvi damit gemeint haben könnte, ahnten die Ermittler, als sie auf der Suche nach dem Verbleib der verschwundenen Banco Ambrosiano-Gelder einem Netz von vatikanischen Briefkastenfirmen auf die Spur kamen. 1987 erließ die italienische Staatsanwaltschaft Haftbefehle gegen die Verantwortlichen der Vatikanbank Luigi Mennini und Erzbischof Paul Marcinkus wegen „betrügerischen Bankrotts". Allerdings kam es nicht zur Verhaftung. Dank der Intervention des „großen Paten der italienischen Politik", Giulio Andreotti, wurden sie als „Leiter einer ausländischen Bank" in Italien für straffrei erklärt.[11]

Die italienischen Staatsanwälte ließen aber nicht locker. Angesichts der neuen Indizien war im Mai 1991 der Weg frei, ein neues Untersuchungsverfahren zum „Mord an Roberto Calvi" zu eröffnen. Im Dezember 1998 – also 16 Jahre nach dem grausigen Fund unter der Londoner Blackfrias Bridge – wurde die Leiche von Roberto Calvi exhumiert und einer erneuten Autopsie unterzogen. Das Ergebnis war diesmal eindeutig: Roberto Calvi war das Opfer eines Gewaltverbrechens.[12]

Wer aber hatte Interesse an der Ermordung des Bankiers Gottes? Sobald man dieser Frage nachgeht, wird aus dem Mordfall Calvi eine Affäre mit weltpolitischen Dimensionen. Calvi hatte zusammen mit dem Leiter der Vatikanbank Erzbischof Paul Marcinkus ein hochkomplexes Netzwerk an Scheinfirmen aufgebaut. Diese von höchsten Vatikankreisen abgesegneten und auch vom immer mächtiger werdenden Opus Dei unterstützten Unternehmungen dienten vor allem *einem* Ziel – dem „heiligen Kreuzzug" gegen den „gottlosen Kommunismus", der damals noch weitgehend unangefochtenen Staatsideologie des Ostblocks.

Folgt man den Nachforschungen der investigativen Journalisten Robert Hutchison und vor allem Heribert Blondiau und Udo Gümpel, die die letzten Tage Calvis mit bewundernswerter Akribie rekonstruiert haben, beging der Bankier Gottes kurz vor seinem Tod einige verhängnisvolle Fehler: So war für den 31. Mai 1982 ein Treffen mit einer Gruppe hochrangiger Kardinäle vereinbart worden, auf dem Calvi dem Vatikan klarmachen wollte, dass dieser sich am Abtragen der enormen Schuldenberge der Banco Ambrosiano beteiligen müsse. Doch der Versuch schlug fehl. Calvi tauchte vor dem Treffen mit der Kardinalskommission in der Vatikanbank IOR auf und geriet in Streit mit Luigi Mennini. Er drohte, einen Riesenskandal zu produzieren, falls das IOR seine Schulden nicht bezahlen würde. Mennini ließ Calvi hinauswerfen, das Versöhnungstreffen am Nachmittag wurde abgesagt.[13]

Am 5. Juni 1982 schrieb Calvi einen Brief an Johannes Paul II., in dem er diesen bzw. den Vatikan unter Druck setzte. Calvi beklagte sich beim Pontifex bitterlich: „Auf das ausdrückliche Ersuchen Eurer verfügungsberechtigten Vertreter hin habe ich Finanzierungen für viele Länder und politisch-religiöse Gruppierungen im Osten wie im Westen zur Verfügung gestellt. Ich war es, der auf Wunsch der vatikanischen Behörden in ganz Süd- und Mittelamerika die Schaffung zahlreicher Bankunternehmen koordinierte – mit dem Ziel, neben allem anderen das Vordringen und die Ausweitung marxistischer Ideologien einzudämmen. Nach all dem bin ich nun derjenige, der hintergangen und fallengelassen worden ist von eben jenen Instanzen, denen ich stets den größten Respekt und Gehorsam erwies."[14]

Im Vatikan stieg die Befürchtung, dass Calvi über die unsauberen Geschäfte der Vatikanbank sowie insbesondere die Finanzierung von Solidarnosc auspacken würde. Der Bankier selbst tat sein Möglichstes, um diesen Eindruck noch zu verstärken. So erklärte er gegenüber dem zwischen Vatikan und Mafia vermittelnden „Geschäftsmann" Flavio Carboni: „Wenn der Vatikan nicht zahlt, dann nach mir die Sintflut."[15] Keine zwei Wochen später fand man seine Leiche unter der Londoner Brücke.

Ein Zufall? Wohl kaum. Man muss bedenken, was damals auf dem Spiel stand: Der Papst enttarnt als konspirativer Partner von CIA und Solidarnosc – finanziell und logistisch unterstützt von der Mafia, Opus Dei und der faschistischen Geheimloge P2, der u.a. Calvi angehörte – wäre diese Konstellation Anfang der 80er Jahre bekannt geworden, hätte sich hieraus ein bedrohlicher weltpolitischer Konflikt entwickeln können. Gegen die Zufallsthese spricht zudem, dass nur wenige Jahre nach der Ermordung Calvis ein zweiter wichtiger Berater der Vatikanbank, Michele Sindona, ebenfalls unter mysteriösen Umständen ums Leben kam. Als dieser 1986 in Hoffnung auf Strafmilderung auspacken wollte – Sindona hatte die Geschäfte zwischen Vatikan und Mafia eingefädelt –, wurde ihm im Gefängnis eine Tasse Zyankali-Kaffee serviert.[16] Auf diese Weise nahm auch Sindona seine Geheimnisse mit ins Grab.

Wie detailliert Johannes Paul II. in die Machenschaften seiner Untergebenen eingeweiht war, lässt sich im Nachhinein schwerlich ermitteln. Klar ist jedoch *erstens*, dass er es war, der die grobe Zielrichtung der vatikanischen Politik „absegnete", sowie *zweitens*, dass die über illegale Kanäle erwirtschafteten und weitergeleiteten finanziellen Spritzen für Solidarnosc ihr Ziel nicht verfehlt haben. Wenn Experten wie der ehemalige

US-Außenminister Alexander Haig heute in Wojtyla (bzw. dem Vatikan) den entscheidenden Faktor für den Zusammenbruch des Ostblocksozialismus sehen,[17] so ist dies wahrscheinlich nicht einmal arg übertrieben. Allerdings muss man einschränkend hinzufügen, dass sämtliche vatikanischen Bemühungen wohl wirkungslos verpufft wären, wenn sich damals der Ostblock im Allgemeinen und die polnische Wirtschaft im Besonderen nicht in einer schweren Krise befunden hätten.

Dies wusste auch Wojtyla – und so antwortete er auf die Frage, inwieweit er persönlich den Untergang des Kommunismus beeinflusst habe, mit einem treffenden Bild: „Der Baum war schon in seinem Inneren verfault. Ich habe ihn nur noch ordentlich geschüttelt, und dabei sind die verfaulten Äpfel heruntergefallen.“[18] Nach allem, was heute bekannt ist, gehörte auch der ehemalige Schüttelgehilfe Roberto Calvi zu den „verfaulten Äpfeln“, die die vatikanische Ernteaktion nicht heil überstanden haben.

Die wundersame Welt des Karol Wojtyla

Im Zuge der Nachforschungen über die verdeckte Unterstützung politisch-religiöser Gruppen im Osten wurde immer wieder gemutmaßt, dass das Opus Dei die damalige prekäre finanzielle Situation der Kirche ausgenutzt habe, um seine Position innerhalb der katholischen Ranghierarchie aufzuwerten.[19] In der Tat hat das „Werk Gottes“ unter Johannes Paul II. eine Aufwertung sondergleichen erfahren. Nicht nur, dass Wojtyla den fundamentalistischen Ordensgründer Escriva im Eilverfahren erst selig und dann heilig sprach, er schuf für die Organisation zudem einen neuen, exklusiven Rechtsstatus („Personalprälatur“) und bemühte sich, frei werdende hohe Posten innerhalb der katholischen Amtshierarchie vornehmlich mit Opus Dei-Kandidaten zu besetzen.[20]

Es darf allerdings stark bezweifelt werden, dass der Papst mit diesen Aktivitäten bloß einem vorab verabredeten Tauschgeschäft nachkam, Escrivas Jünger also nur dafür belohnte, dass sie der Kirche enorme Geldquellen zur Verfügung gestellt hatten. Von mindestens ebenso großer Bedeutung dürfte der Umstand gewesen sein, dass das Weltbild Wojtylas nahezu deckungsgleich war mit dem der Opus Dei-Hardliner.

Auch in Wojtylas von Engeln und Dämonen bewohntem Kosmos kam das „Gute“ stets „von oben“, niemals „von unten“, weshalb er in dem naiv-basisdemokratischen „Kirchenvolksbegehren“ einen fundamentalen Anschlag auf die katholische Denktradition erkennen musste.[21] Sein Verständnis von Autorität, Gehorsam und Heiligkeit stand in völligem Einklang mit der Doktrin des von ihm heilig gesprochenen, zuvor bereits vom spanischen Diktator Franco geförderten Kleriko-Faschisten Josemaria Escriva: „Gehorchen ... sicherer Weg. Den Vorgesetzten mit rückhaltlosem Vertrauen gehorchen..., Weg der Heiligkeit. Gehorchen in deinem Apostolat..., der einzige Weg; denn in einem Werk Gottes muss dies der Weg sein: dass man gehorcht oder geht."[22]

Wie für Escriva war für Wojtyla der „Teufel", das „an sich Böse", keine bloße Metapher, sondern ein unbezweifelbarer Bestandteil der Realität.[23] Deshalb nahm der polnische Papst nicht nur selbst Teufelsaustreibungen vor, er sorgte auch dafür, dass das Regelwerk für den Exorzismus 1999 – erstmalig seit 1614! – aktualisiert wurde.[24] Ebenso zentral wie Wojtylas Glaube an die reale Existenz des „bösen Feinds" war seine ekstatische Marienfrömmigkeit – vielleicht die wichtigste Parallele zu Escrivas Heilslehre.[25] Insbesondere die vermeintlichen Marienerscheinungen in Fatima hatten Wojtylas Denken geprägt und es ist sicherlich nicht übertrieben, zu behaupten, dass das sog. „Wunder von Fatima" das zentrale Ereignis war, aus dem der polnische Papst seine besondere „Mission" ableitete. Wer das Handeln Johannes Paul II. wirklich verstehen will, tut daher gut daran, sich eingehender mit dieser nach Einschätzung katholischer Theologen „wichtigsten Privatoffenbarung des 20. Jahrhunderts" zu beschäftigen.[26]

Johannes Paul II. nahm die fantastischen Fatima-Prophezeiungen nicht nur für bare Münze, er war felsenfest davon überzeugt, dass er, der „slawische Papst", derjenige sei, den „Gott" dazu erkoren habe, die Umkehr Russlands einzuleiten und das Christentum vereint ins nächste Jahrtausend zu führen. Aus diesem Glauben leitete sich sein enormes Engagement für den Umsturz im Osten, aber auch für die Eliminierung der marxistisch geprägten (= vom „bösen Feind" infiltrierten) Befreiungstheologie in Lateinamerika ab. Die fixe Idee Wojtylas, von Gott zu dieser besonderen Mission berufen zu sein und dabei unter dem „besonderen Schutz der heiligen Jungfrau" zu stehen, wurde zusätzlich gefestigt, als er am 13. Mai 1981 von dem Türken Mehmet Ali Agca auf dem Petersplatz in Rom niedergeschossen wurde und „wie durch ein Wunder" (das freilich ausgeblieben wäre, wenn die Ärzte der Gemelli-Klinik gebetet hätten, statt ihn zu behandeln) überlebte.

Kaum genesen, ließ sich Wojtyla den versiegelten Umschlag bringen, der den Bericht über das bis dahin unveröffentlichte *dritte Geheimnis von Fatima* enthielt, den Lucia dos Santos am 3. Januar 1944 niedergeschrieben hatte.[27] Sie berichtete darin von einem „in Weiß gekleideten Bischof" und verschiedenen anderen Bischöfen, Priestern, Ordensmännern und Ordensfrauen, die einen steilen Berg hinaufsteigen. Wörtlich fährt sie fort: „Bevor er dort ankam, ging der Heilige Vater durch eine große Stadt, die halb zerstört war und halb zitternd mit wankendem Schritt, von Schmerz und Sorge gedrückt, betete er für die Seelen der Leichen, denen er auf seinem Weg begegnete. Am Berg angekommen, kniete er zu Füßen des großen Kreuzes nieder. Da wurde er von einer Gruppe von Soldaten getötet, die mit Feuerwaffen und Pfeilen auf ihn schossen. Genauso starben nach und nach die Bischöfe, Priester, Ordensleute und verschiedene weltliche Personen, Männer und Frauen unterschiedlicher Klassen und Positionen. Unter den beiden Armen des Kreuzes waren zwei Engel, ein jeder hatte eine Gießkanne aus Kristall in der Hand. Darin sammelten sie das Blut der Märtyrer auf und tränkten damit die Seelen, die sich Gott näherten."[28]

Obgleich Rom im Mai 1981 nun keineswegs „halb zerstört" war oder gar von Leichenbergen strotzte und obwohl die Fernsehbilder vom Attentat weder „Soldaten" zeigten, die Heerscharen von Menschen erschossen, noch „Engel", die mit blutgefüllten Kristallgießkannen hantierten, waren Wojtyla und seine Vertrauten (incl. der „Seherin" Lucia dos Santos) überzeugt, dass sich die vermeintlichen Prophezeiungen von 1917 nun erfüllt hätten.[29] Der „in Weiß gekleidete Bischof" war natürlich niemand anderes als *er* selbst, der slawische Papst, der vom Himmel geschickt worden war, um siegreich gegen die „verheerenden Irrtümer Russlands" anzutreten.

Die päpstliche Errettung, die der ursprünglichen Prophezeiung ebenfalls widersprach, wurde auf das direkte Einwirken der Jungfrau Maria zurückgeführt. Wojtyla erklärte das an ihm praktizierte „Wunder" gegenüber italienischen Bischöfen folgendermaßen: „Es war eine mütterliche Hand, die die Flugbahn der Kugel leitete und der Papst, der mit dem Tode rang, blieb auf der Schwelle des Todes stehen."[30] Angesichts solch schützender Gottesmutterliebe verstand es sich von selbst, dass Johannes Paul II. nicht lange zögerte, die Welt, alle Völker und Nationen, feierlich dem „Unbefleckten Herz Mariens" zu weihen.

Wie stark Wojtyla sein eigenes Schicksal innerhalb des Deutungsrahmens der „Fatimaoffenbarungen" verortete, zeigt der Umstand, dass die Kugel, die seinen Magen getroffen hatte, später in die Krone der Statue der Madonna von Fatima eingefasst wurde. Einen schöneren Beleg für die Richtigkeit des Deschnerschen Satzes „Dass Glaube etwas ganz andres sei als Aberglaube, ist unter allem Aberglauben der größte"[31] lässt sich wohl kaum finden.[32]

Das öffentliche Sterben des Papstes und der Hirntod der Kommentatoren

Wie sein geistliches Vorbild Escriva war auch Karol Wojtyla ein entschiedener Vertreter der sog. „Kreuzestheologie". Diese ganz besondere Spielart der theologischen Jammertals-Rhetorik zeichnet sich dadurch aus, dass sie „alle möglichen Lebensvollzüge unter dem Stichwort 'Opfer' subsumiert und den Schmerz – schon des Schmerzes wegen – als Nachahmung des Kreuzes Christi begreift".[33]

Erst vor *diesem* theologischen Hintergrund wird verständlich, warum Wojtyla so großen Wert darauf legte, *gerade als kranker und sterbender Papst öffentlich präsent zu sein*. Es ging ihm dabei keineswegs darum, mediale Aufmerksamkeit für die Not der Alten und Kranken zu erzeugen (wie Heerscharen von Journalisten bar allen Wissens vor sich hin spekulierten), er verstand sein öffentliches Leiden vielmehr als *notwendigen Beitrag zur Verwirklichung eines obskuren „göttlichen Heilsplans"*. Anders lässt sich jene kryptische Botschaft nicht interpretieren, die Wojtyla wenige Tage vor seinem Tod während der traditionellen Karfreitagsandacht am Kolosseum durch Kardinalvikar Ruini übermitteln ließ: „Auch ich opfere mein Leiden auf, damit sich der Plan Gottes erfülle und sein Wort zu den Völkern gehe."[34]

Als die französische Zeitung *Le Monde* das öffentliche Leiden des Papstes kritisierte, brachte Kardinal Roberto Tucci den kreuzestheologischen Standpunkt des Papstes folgendermaßen auf den Punkt: „Der Papst macht sich das Pauluswort zu eigen, das er immer wieder gepredigt hat: 'Ich freue mich der Leiden, die ich für euch erdulde, und ich ergänze dadurch, was an den Leiden Christi noch fehlt.' Ich bin sicher: Der Papst denkt ständig daran. Vielleicht kann der leidende Papst der Kirche sogar sehr viel mehr geben als vorher, als es ihm noch gut ging."[35]

Zumindest in *einer* Hinsicht ist man versucht, Kardinal Tucci Recht zu geben, denn ganz offensichtlich hat das langsame öffentliche Sterben des Papstes der Kirche *insofern* genutzt, als dass es zu einem *kollektiven Hirntod bei Hunderttausenden von Journalisten* geführt hat. Die Medien überschlugen sich derart darin, unkritische Lobpreisungen auf Johannes Paul II. abzusondern,[36] dass man den Eindruck gewinnen konnte, mit Karol Wojtyla sei der „geliebte Führer" einer Diktatur im Stile von Orwells *1984* gestorben.[37]

Wenn überhaupt kritische Aspekte am Rande erwähnt wurden, so bezogen sie sich meist nur auf Wojtylas doktrinäre Positionen auf dem Gebiet der Sexualethik (Verdammung „künstlicher" Verhütungsmittel, Zölibat, Ablehnung von Frauen im Priesteramt etc.). Doch Karol Wojtyla war keineswegs der nette fromme Onkel von nebenan mit der leider zu rigiden Sexualmoral, als der er vom Boulevardjournalismus verkauft wurde. Ebenso wenig war er der „löwenhafte Kämpfer für Freiheit und soziale Gerechtigkeit", den die vermeintlich seriöse Presse erkannt zu haben glaubte. Karol Wojtyla war vielmehr ein *beinharter katholischer Fundamentalist*, der, gleich, was er tat, keinen Deut von der dogmatisch vorgegebenen Tradition der katholischen Kirche abgewichen ist.[38]

Was den polnischen Papst bei allem Traditionalismus modern erscheinen ließ, war, dass er es meisterhaft verstand, die aus der wissenschaftlich-technischen Evolution erwachsenen Instrumente der Massenkommunikation zu nutzen, um sich weltweit als absoluten Herrscher mit charismatischen Zügen vermarkten zu können.[39] Zweifellos lieferte das einstige Schauspieltalent Wojtyla zur Untermauerung seiner Botschaft starke Bilder (erinnert sei beispielsweise an seine Besuche in Moschee und Synagoge). Ihn deshalb aber gleich als Vorreiter der Modernität zu verstehen, würde bedeuten, *das Medium mit der Botschaft zu verwechseln.*

Wer sich von der oberflächlichen Welt der Bilder nicht täuschen ließ, für den war klar: Wenn Wojtyla den Dialog mit Vertretern anderer Religionen oder Konfessionen suchte, so nicht, weil er von der Relativität der eigenen Glaubenssetzungen überzeugt war (das genaue Gegenteil war der Fall!), sondern weil er auf diese Weise Verbündete im Kampf gegen die „Gottlosigkeit" gewinnen bzw. die Idee der Einheit der Christenheit (selbstverständlich unter vatikanischer Führung!) vorantreiben wollte. Wenn er sich für Veränderungen im Osten stark machte, so tat er dies nicht, weil er ein großer Freund der „offenen Gesellschaft" war, sondern weil er (gerade vor dem Hintergrund der Fatima-Offenbarungen) glaubte, dies sei ein wesentlicher Schritt hin zur vollständigen Christianisierung aller Völker und Nationen. Wenn er den Kapitalismus geißelte, so hatte er dabei keinesfalls an *erster Stelle* das Problem der Verelendung im Blick (ein Aspekt, der nach Oswald von Nell-Breunings Beschäftigung mit Marx[40] zwar in den Fundus der katholischen Soziallehre einging,[41] aber kaum Einfluss auf die Politik und das Finanzgebaren des Vatikans[42] hatte), ihn beschäftigte vielmehr der unter kapitalistischen Vorzeichen angeblich voranschreitende „Verfall der Sitten". Wojtyla wünschte sich selbst, die Kirche und die Welt angesichts der Allgegenwart von Pop & Porno sowie der Dominanz des kalten

Tauschwertprinzips zurück in die „guten alten Zeiten“ (die freilich nur für die wenigsten „gut“ gewesen waren). Genau genommen beanstandete er in seiner Kapitalismuskritik vor allem jenen Rationalisierungsprozess, den Marx und Engels einst als historischen Fortschritt des Kapitalismus gegenüber dem Feudalismus gefeiert hatten: „Die Bourgeoisie [...] hat die heiligen Schauer der frommen Schwärmerei, der ritterlichen Begeisterung, der spießbürgerlichen Wehmut in dem eiskalten Wasser egoistischer Berechnung ertränkt. Sie hat die persönliche Würde in den Tauschwert aufgelöst und an die Stelle der zahllosen verbrieften und wohlerworbenen Freiheiten die eine gewissenlose Handelsfreiheit gesetzt. Sie hat, mit einem Wort, an die Stelle der mit religiösen und politischen Illusionen verhüllten Ausbeutung die offene, unverschämte, direkte, dürre Ausbeutung gesetzt.“[43]

Doch kommen wir zurück zu den offenkundigen Fehlinterpretationen der Medien: Diese waren und sind darauf zurückzuführen, dass die meisten Kommentatoren keine Ahnung von den theologischen Hintergründen hatten, die Wojtylas Denken und Handeln bestimmten. Deshalb zimmerten sie sich – aus der Not geboren – ein menschlich-allzumenschliches Papstbild zurecht, das mit dem Original nur sehr wenig zu tun hatte. Wojtyla selbst wird man das allerdings kaum ankreiden können, denn er hat in seinen vielen Reden und Schriften stets deutlich gemacht, worum es ihm ging.

Ohnehin wird man dem bis zum Ende unverzagt kämpfenden Papst *in einem streng moralischen Sinne* wenig vorwerfen können. Denn unterstellt man für einen Moment, dass Wojtylas Grundannahmen richtig gewesen *wären*, nämlich a) dass die Welt trotz Hitler, Hunger, Haarausfall tatsächlich von einem allwissenden, allmächtigen, allgütigen Gott geschaffen wurde, b) dass dieser Gott seine Liebe zur Menschheit ausgerechnet dadurch bezeugte, dass er einen Teil seiner selbst (Gottessohn) von einer antiken Besatzungsmacht hinrichten ließ, c) dass sich in der Tradition der katholischen Kirche exklusiv der Heilsplan dieses Gottes widerspiegelt und d) dass jede Abkehr von diesem heiligen Weg mit ewigen Höllenqualen bestraft wird – so müsste man tatsächlich zu dem Schluss kommen, dass der polnische Pontifex in seinem Leben alles bestens gemacht habe![44] Vor *diesem* Hintergrund hätte er sich seinen Heiligenstatus, der ihm gewiss bald schon zugesprochen wird, in der Tat redlich verdient.

Der Haken an der Sache ist natürlich, dass man selbst bei größter Willensanstrengung keinerlei *vernünftige* Argumente finden wird, die für die Richtigkeit der päpstlichen Grundannahmen sprechen würden. Im Gegenteil: Legt man die wissenschaftlichen Wahrheitskriterien „Logik“ und „Empirie“ an,[45] müssen Wojtylas Grundannahmen heute als ähnlich absurd erscheinen wie die einst von religiöser Seite so hartnäckig verteidigte Vorstellung, die Erde sei eine Scheibe.[46]

Insofern darf man es vielleicht als eine „Gnade der Natur" werten, dass Johannes Paul II., als er am Abend des 2. April 2005 die Schwelle zum Tod übertrat, nicht mehr registrieren konnte, dass sein lebenslanges Kämpfen und Ringen für die vermeintliche „Sache des Herrn", umgangssprachlich formuliert, „für die Katz" gewesen ist. Wir dürfen annehmen, dass er im Tod von eben jener Tatsache profitierte, die er zeitlebens mit größtem Nachdruck leugnete, jene Tatsache nämlich, für die schon Epikur (rund 300 Jahre vor der Geburt des vermeintlichen „Erlösers") eine treffende Formulierung gefunden hatte: „Wenn wir da sind, ist der Tod nicht da, aber wenn der Tod da ist, sind wir nicht mehr."[47]

Soll man es bedauern, dass Wojtyla die empirische Falsifikation seines Glaubens nicht mehr wahrnehmen konnte bzw. musste? Ich meine: Nein. So scharf die Kritik am intellektuell wie politisch verheerenden Spuk des Christentums im Allgemeinen und der wundersamen Welt des Karol Wojtyla im Besonderen auch immer ausfallen muss – als Humanisten sollten wir auf Rachegefühle gegenüber anders denkenden, anders fühlenden und handelnden Personen verzichten (schließlich ist jeder von uns notwendigerweise in seiner eigenen Erlebniswelt gefangen). Deshalb sei es dem frommen Karol Wojtyla von Herzen gegönnt, dass er die Gewissheit des Todes anstelle der „ewigen, himmlischen Freude" nicht hat „erleben" müssen. Eine derartig katastrophale Enttäuschung aller Hoffnungen am Ende des Lebens hat niemand verdient – auch nicht der abergläubische alte Mann aus Wadowice…

Anmerkungen

1 Zu den biographischen Angaben siehe u.a. Karol Wojtyla: Erziehung zur Liebe. 1981 sowie Carl Bernstein/Marco Politi: Seine Heiligkeit Johannes Paul II. 1998

2 siehe etwa Hubertus Mynarek: Das Vermächtnis des Papstes? In: Aufklärung und Kritik 1/2005

3 zu den Gemeinsamkeiten zwischen Reagan und Wojtyla siehe Bernstein / Politi, Seine Heiligkeit Johannes Paul II., S. 425-434

4 Der Umstand, dass der Vatikan die Obduktion des Leichnams untersagte, nährte Gerüchte, Johannes Paul I. sei nicht eines natürlichen Todes gestorben (siehe

beispielsweise: David Yallop: Im Namen Gottes? 1988). Kritisch äußerte sich dazu der Pathologe Hans Bankl in seinem Buch *Viele Wege führten in die Ewigkeit. Schicksal und Ende außergewöhnlicher Persönlichkeiten*. 1992.

5 Zitiert nach Heribert Blondiau / Udo Gümpel, Der Vatikan heiligt die Mittel. Mord am Bankier Gottes.1999, S. 165

6 Blondiau / Gümpel, Der Vatikan heiligt die Mittel, S. 150

7 siehe Blondiau/Gümpel: Der Vatikan heiligt die Mittel, S. 145f., vgl. auch Bernstein / Politi, Seine Heiligkeit Johannes Paul II., S. 380-393, 425-434

8 Blondiau / Gümpel, Der Vatikan heiligt die Mittel, S. 167f.

9 Blondiau / Gümpel, Der Vatikan heiligt die Mittel, S. 82ff.

10 Zeugenaussage Clara Calvis im Oktober 1982, zitiert nach: Robert Hutchison, Die heilige Mafia des Papstes, 1996, S. 315

11 vgl. Blondiau / Gümpel, Der Vatikan heiligt die Mittel, S. 225

12 Blondiau / Gümpel, Der Vatikan heiligt die Mittel, S. 23.

13 vgl. Blondiau / Gümpel, Der Vatikan heiligt die Mittel, S. 25f.

14 Hutchison, Die heilige Mafia des Papstes, S. 314

15 Blondiau / Gümpel, Der Vatikan heiligt die Mittel, S. 26.

16 Blondiau / Gümpel, Der Vatikan heiligt die Mittel, S. 234

17 siehe das Interview mit Haig in Blondiau/Gümpel, Der Vatikan heiligt die Mittel, S. 154

18 Bernstein/Politi, Seine Heiligkeit Johannes Paul II., S. 426

19 vgl. etwa Hutchison, Die heilige Mafia des Papstes

20 siehe hierzu u.a. Peter Hertel: „Ich verspreche euch den Himmel". Geistlicher Anspruch, gesellschaftliche Ziele und kirchliche Bedeutung des Opus Dei. 1991; Peter Hertel: Geheimnisse des Opus Dei. Geheimdokumente – Hintergründe – Strategien. 1995; Matthias Mettner: Die katholische Mafia. Kirchliche Geheimbünde greifen nach der Macht. 1995

21 Wer noch leise Zweifel am autoritären Führungsstil Wojtylas und seines Mannes für die unfeinen Angelegenheiten, Kardinal Ratzinger, gehabt haben sollte, wurde spätestens durch die „Instruktion über die kirchliche Berufung des Theologen" (Donum Veritatis vom 24. Mai 1990) eines Besseren belehrt. Die kritische Kommentierung dieser zutiefst undemokratischen und wissenschaftsfeindlichen Schrift durch Johannes und Ursula Neumann (Ursula Neumann / Johannes Neumann, Theologie als Glaubensgehorsam. 1990) ist auch heute noch höchst lesenswert. Vor allem macht sie deutlich, warum Theologie an Universitäten nichts zu suchen hat. (Vielen Dank in diesem Zusammenhang an Prof. Dr. Johannes Neumann, der mir viele aufschlussreiche Materialien zum Pontifikat Johannes Paul II. zusandte, auch wenn ich in diesen Überblicksartikel längst nicht alles einarbeiten konnte. Allein das Thema „Der Papst und die Frauen", mit dem sich Ursula Neumann zeitweise intensiv beschäftigt hat, wäre einen eigenen Artikel wert gewesen.)

22 Josemaria Escriva, Der Weg, Spruch 941

23 Dies fand auch seinen Ausdruck in dem 1992 erschienenen, für alle katholischen Gläubigen verbindlichen Katechismus der katholischen Kirche.

24 Wer sich einen Eindruck von der Vorstellungswelt derer, die an den Teufel glauben, verschaffen will, findet zahlreiche Originalzitate auf der Webseite www.exorzismus.net.

25 zur politischen Bedeutung der marianischen Strömungen siehe u.a. Karlheinz Deschner: Morden mit Maria. In: Deschner: Opus Diaboli. 1987

26 Nachfolgende Darlegungen und Zitate beruhen auf dem offiziellen Dokument des Vatikans vom 26. Juni 2000, das der „Heilige Stuhl" auf seinen Internetseiten in sechs Sprachen zur Verfügung stellt: Kongregation für die Glaubenslehre (Hrsg.): Die Botschaft von Fatima. 2000.

27 Das dritte Geheimnis von Fatima wurde erst im sog. „Heiligen Jahr" in dem entsprechenden Dokument der Kongregation für die Glaubenslehre weltweit veröffentlicht, siehe Kongregation für die Glaubenslehre, Die Botschaft von Fatima.

28 ebenda

29 ebenda

30 ebenda

31 Karlheinz Deschner: Ärgernisse. 1994, S. 73

32 Wie wundersam-abergläubisch die Welt des Karol Wojtyla war, verrät allein die Zahl seiner 1820 Selig- und Heiligsprechungen. Rund zweitausend Mal müssen hierfür supranaturalistische Ereignisse, also „Wunder", stattgefunden haben, was umso beachtlicher ist, wenn man bedenkt, dass die *James Randi Educational Foundation* seit Jahren vergeblich darauf wartet, das Preisgeld von einer Million Dollar für den Beweis eines *einzigen*, wissenschaftlich dokumentierten, paranormalen Ereignisses auszugeben…

33 Jozef Niewiadomski: „Wohl tobet um die Mauern…" Fundamentalistische katholische Gruppierungen. In: Hermann Kochanek: Die verdrängte Freiheit. 1991, S. 168

34 zitiert nach dem Newsletter von Radio Vatikan vom 29.3.2005

35 Newsletter von Radio Vatikan vom 31.3.2005

36 Selbst bei den Kommentatoren vermeintlich kritisch-distanzierter Zeitungen und Magazine fielen in Folge des päpstlichen Siechtums anscheinend zentrale Hirnregionen aus. So veröffentlichte Matthias Matussek im *Spiegel* (vor allem *Spiegel online*) eine dümmliche Papst-Kantate nach der anderen. Den Höhepunkt aber bildete jener taz-Kommentar von Robin Alexander, in dem Karol Wojtyla als unverstandener Modernist verkauft und die Aufklärung für Auschwitz verantwortlich gemacht wurde (siehe hierzu den Offenen Brief der *Giordano-Bruno-Stiftung* an die taz-Redaktion vom 3.5.2005).

37 Vielen Dank an Max Kruse, der diesen treffenden Vergleich in einer Mail an den Verfasser heranzog, um die mediale Berichterstattung zum Papst-Tod zu charakterisieren.

38 Mit welchem Recht hätte er auch fundamentale Dogmen der Kirche in Frage stellen können? Wer derartiges von irgendeinem Papst fordert, beweist nur, dass er die fundamentalen Prinzipien des katholischen Glaubens offenkundig nicht verstanden hat.

39 Insofern ist es durchaus symptomatisch, dass sich sein letztes apostolisches Schreiben „Die schnelle Entwicklung“ vom Januar 2005 an die „Verantwortlichen der sozialen Kommunikationsmittel“ wendete.

40 siehe beispielsweise Oswald von Nell-Breuning: Unbequeme Grenzziehungen. Streitschriften von Oswald von Nell-Breuning. 1990

41 Von besonderer Bedeutung ist hier die von Nell-Breuning verfasste, als Enzyklika Pius' XI. erschienene Schrift *Quadragesimo anno* von 1931.

42 siehe hierzu die bereits zitierten Bücher von Hutchison, Blondiau/Gümpel sowie Werner Raith: Eiszeit im Vatikan. 1993 bzw. Jürgen Roth / Berndt Ender: Geschäfte und Verbrechen der Politmafia. [3]1995

43 Karl Marx / Friedrich Engels: Manifest der Kommunistischen Partei. In: Marx-Engels-Werke (MEW), Bd. 4, S. 464f.

44 Freilich: Aus dem unterstellten Wissen um die tatsächliche Existenz Gottes und seines menschenfresserischen „Heilsplans“ ließe sich auch das genaue Gegenteil ableiten, nämlich die Notwendigkeit einer radikalen Revolte gegen einen solchen Tyrannengott. Allerdings ist eine derartig prometheische Haltung wohl allein Romanhelden wie Jan Stollberg (*Stollbergs Inferno*) vorbehalten.

45 vgl. Michael Schmidt-Salomon: Was ist Wahrheit? Das Wahrheitskonzept der Aufklärung im weltanschaulichen Widerstreit (in diesem Band)

46 Auch wenn Gläubige solche Erkenntnisse gerne ausblenden: Die wissenschaftliche Kosmologie hat uns ein Bild des Universums geliefert, das mit der Annahme eines allmächtigen, allwissenden und allgütigen Schöpfergottes nicht mehr in Einklang zu bringen ist. Zudem wurden im Zuge der historischen Forschung der Jesusmythos radikal entzaubert, die kirchliche Heilsgeschichte als Kriminalgeschichte entlarvt und der biblische Höllenglaube auf historische Vorläufermodelle zurückgeführt. Der christliche Glaube kann in jeglicher Hinsicht als *theoretisch widerlegt* betrachtet werden. Allerdings wäre es ein verhängnisvoller rationalistischer Fehlschluss, würde man annehmen, dass er damit auch *praktisch erledigt* sei.

47 Epikur: Philosophie der Freude. 1988, S. 55

AUFKLÄRUNG
Tilly

2. Teil

Interventionen

Wie blind sind unsere Politiker eigentlich? Kommentar zur Rede des Bundespräsidenten Christian Wulff

Christian Wulff hat es zweifellos gut gemeint: Er wollte sich am „Tag der Deutschen Einheit“ als „Präsident aller Deutschen“ erweisen. Leider aber verfehlte er dieses Ziel in einem Ausmaß, das erschreckend ist. Es begann damit, dass Wulff in seiner Rede zwar von Juden, Christen und Muslimen sprach, jedoch die zahlenmäßig größte Bevölkerungsgruppe in Deutschland, die Konfessionsfreien, übersah. Man fragt sich: Hat noch niemand den Herrn Bundespräsidenten darüber aufgeklärt, dass die Kirchenmitgliedschaft in Deutschland auf einen historischen Tiefstand gesunken ist? Dass nur noch 29,7 bzw. 29,6 Prozent der Bevölkerung der Katholischen bzw. Evangelischen Kirche angehören, jedoch die Gruppe der Konfessionsfreien auf 34,6 Prozent angewachsen ist? Weiß das Bundespräsidialamt wirklich nicht, dass es in Deutschland mehr konfessionsfreie Menschen gibt als Katholiken oder Protestanten? Wo also blieben die konfessionsfreien Menschen in der Rede des Bundespräsidenten? 28 Millionen Menschen, mehr als ein Drittel der Bevölkerung, sind doch keine Peanuts, die man so einfach übersehen könnte!

Aber auch in anderer Hinsicht zielte Wulff kolossal an der Realität vorbei. So ging er stillschweigend davon aus, dass die in Deutschland lebenden „Juden“, „Christen“ und „Muslime“ sich mehrheitlich auch als solche religiös definieren würden. Doch was bedeuten die Label „Jude“, Christ“, „Muslim“ tatsächlich? In der Regel nicht mehr als das: „Jude“ ist, wer von einer jüdischen Mutter geboren wurde, „Christ“, wer als unmündiger Säugling in eine Konfession hineingetauft wurde, „Muslim“, wer von einem muslimischen Vater abstammt. Dies sagt nichts darüber aus, was die so etikettierten Menschen wirklich denken. Die religiöse Etikettierung verzerrt die Realität vielmehr in dramatischer Weise: Schließlich wissen wir, dass die Mehrheit der Juden (weltweit wie auch in Deutschland) säkular ist, also: ungläubig im Sinne der jüdischen Religion. Das Gleiche gilt für die Mehrheit der in Deutschland lebenden Kirchenmitglieder. (Fragt man das Glaubensbekenntnis ab, so stellt man fest, dass weniger als 20 Prozent der Kirchenmitglieder die fundamentalen Überzeugungen des christlichen Glaubens teilen. Die „Entchristlichung“ ist in unserer Gesellschaft also bereits viel weiter vorangeschritten als die „Entkirchlichung“.) Selbst bei den Muslimen kommt man in Sachen Glaubensfestigkeit zu überraschenden Ergebnissen: Etwa die Hälfte der in Deutschland lebenden Muslime ist faktisch nichtgläubig und müsste eigentlich zur Gruppe der Konfessionsfreien hinzugezählt werden, die somit auf einen Bevölkerungsanteil von über 36 Prozent käme.

Deutschland ist ein säkularer Staat

Worüber sich die Kommentatoren der Bundespräsidentenrede am meisten ereiferten, war Wulffs Aussage, der Islam gehöre zu Deutschland. Auch das war zweifellos gut gemeint. Wulff wollte die Muslime nicht als Bürger zweiter Klasse verstanden wissen. Tragischerweise unterschied er aber nicht zwischen den real existierenden Muslimen und „dem Islam“ (was immer „der Islam“ auch sein soll). Offensichtlich hat der Bundespräsident noch niemals einen Gedanken daran verschwendet, was die Aussage „Der Islam gehört zu Deutschland“ für all die „Muslime“ bedeutet, die aus islamischen Ländern geflohen sind, um hier in einer offenen, d.h. religiös nicht gemaßregelten Gesellschaft zu leben. Werden sie sich nach Wulffs Ansprache wirklich heimischer in Deutschland fühlen? Ganz bestimmt nicht! Ebenso wenig werden sie sich darüber freuen, dass einige scheuklappenblinde SPD- und Grünen-Politiker die Wulffsche Vorlage dazu nutzten, um für islamische Gruppierungen die gleichen absurden Privilegien zu fordern, die eine vernünftige Politik den Kirchen längst schon (!) entzogen hätte.

Denn Deutschland ist ein säkularer Staat. Die Werte, die diesen Staat konstituieren, entstammen weder dem Judentum, noch dem Christentum, noch dem Islam, sondern der reichen Tradition von Humanismus und Aufklärung, die Christian Wulff in seiner Rede peinlicherweise übersehen hat. Vergessen wir nicht, dass die Demokratie im antiken Griechenland erfunden wurde und nach der Machtübernahme des Christentums für ein Jahrtausend von der politischen Bühne verschwand. Vergessen wir auch nicht, dass die Werke der modernen Demokratietheoretiker, etwa die Schriften Rousseaus zur Volkssouveränität oder Montesquieus zur Gewaltenteilung, bald nach ihrem Erscheinen auf dem Index der verbotenen Schriften der katholischen Kirche landeten.

Angesichts der katastrophalen Unbildung, die in der Politikerkaste offensichtlich vorherrscht, muss man hier zudem noch auf die triviale Tatsache hinweisen, dass auch die Idee der Menschenrechte nicht auf religiösem Fundament, sondern im Zuge der Amerikanischen und Französischen Revolution entstand und dabei maßgeblich von dezidierten Freigeistern wie Thomas Paine und Thomas Jefferson geprägt wurde. Von Seiten der religiösen Führer Europas gab es in dieser Hinsicht keinerlei Unterstützung. Im Gegenteil: Bis ins 20. Jahrhundert hinein taten sie sich insbesondere dadurch hervor, dass sie die Menschenrechte als „gotteslästerliche Anmaßung des Menschen" verunglimpften.

Gleich welchen Aspekt des modernen Rechtsstaats wir auch fokussieren, ob die Freiheit der Meinungsäußerung, die Frage der sexuellen Selbstbestimmung oder die Gleichberechtigung von Mann und Frau: *Die Religionen waren summa summarum keine Motoren, sondern Bremsklötze des kulturellen Fortschritts – und sie sind es bis zum heutigen Tage geblieben!* Das heißt nicht, dass Juden, Christen und Muslime nichts zum Erfolg der Aufklärung beigetragen hätten. Nur: Wie gläubig waren jene, die an vorderster Front im Dienst der Aufklärung standen? Waren Spinoza, Marx, Freud oder Einstein fromme Juden? War Immanuel Kant, der in frommen Ritualen bloß „Religionswahn und Afterdienst Gottes" sah, ein wirklicher Christ? War der große persische Gelehrte Al-Razi, der den Koran als „befremdendes Gemenge von absurden und unzusammenhängenden Fabeln" bezeichnete, ein gläubiger Muslim? Mitnichten! Die Mär von der angeblich bis heute positiv prägenden Kraft der Religionen bricht wie ein Kartenhaus in sich zusammen, wenn man sich die Mühe macht, etwas genauer hinzuschauen.

Bürger wollen die offene Gesellschaft

Wer heute noch die Rede vom „christlichen Abendland" strapaziert oder wie Wulff vom „jüdisch-christlichen Abendland" spricht (was ideologisch übertüncht, dass Christen über Jahrhunderte hinweg nichts Besseres zu tun wussten, als die vermeintlichen „jüdischen Gottesmörder" zu lynchen), beweist damit nur eines: seinen akuten Bildungsnotstand. Zugegeben: „Christlich“ war das Abendland tatsächlich einmal – in der Zeit der Kreuzzüge, der Hexen- und Ketzerverfolgungen, zur Zeit des Dreißigjährigen Krieges, ja, selbst noch zur Zeit des Nationalsozialismus, als Bischöfe beider Konfessionen „ewige Treue zu Gott und dem Führer“ von den Kanzeln predigten. Doch diese Zeiten des „christlichen Abendlandes“ sind schon lange vorbei – und das ist auch gut so!

Denn für die Entwicklung des modernen Rechtsstaates war nicht der *Einfluss* des Christentums entscheidend, sondern vielmehr die *Befreiung* von ihm. Es war ein kluger Schachzug der Aufklärungsbewegung, den Herrschaftsbereich des Glaubens mehr und mehr aus der Öffentlichkeit zu verbannen und Religion zur Privatsache zu erklären. Hinter diesen Stand der kulturellen Entwicklung dürfen wir heute keineswegs zurückfallen. Vielmehr gilt es, die unvollendete Trennung von Religion und Politik weiter ausbauen. Die meisten Bürgerinnen und Bürger in Deutschland haben dies längst begriffen (weshalb sie sich mit guten Gründen gegen den politischen Islam wehren – und nicht gegen Muslime!). Leider haben die meisten Politiker die Zeichen der Zeit nicht erkannt. Sie verhalten sich tatsächlich so, als sei Deutschland „keine zivile, säkulare Republik freier Bürger, sondern die Summe seiner Religionsgemeinschaften, eine Art multikulturelle Glaubenskongregation, ein einziger fortwährender Kirchentag unter dem gemeinsamen Vorsitz von Margot Käßmann, Kardinal Meisner, Charlotte Knobloch und dem Zentralrat der Muslime“ (so Henryk M. Broder und Reinhard Mohr in ihrem lesenswerten „Offenen Brief an den Bundespräsidenten“).

Von Christian Wulff, der dem prämodernen Kreationistenclub von *ProChrist* nahesteht, darf man wohl nicht mehr erwarten. Aber kann es denn wirklich sein, dass die deutsche Politik fast ausschließlich von Leuten bestimmt wird, die ideologisch so verblendet oder wissenschaftlich-philosophisch so ungebildet sind, dass sie einfachste historisch-politische Zusammenhänge nicht begreifen? Will denn tatsächlich niemand einsehen, dass die meisten Bürgerinnen und Bürger heute jede Form religiöser Bevormundung ablehnen? Ist es so schwer zu verstehen, dass die Mehrheit der Deutschen weder in einer christlichen noch in einer islamischen, sondern in einer offenen Gesellschaft leben möchte?! Darf man in diesem Zusammenhang, wenn schon keine Einsicht vorhanden ist, nicht wenigstens ein bisschen Bauernschläue von unseren politischen Vertretern erwarten? Oder glauben sie allen Ernstes, dass eine mehrheitlich säkular denkende Wählerschaft es auf Dauer tolerieren wird, dass die Politik archaische Kulte hofiert und Steuergelder in Milliardenhöhe für innerreligiöse Angelegenheiten verschleudert?

Die unsägliche Rede des Bundespräsidenten zum Tag der Deutschen Einheit sollte, wie ich meine, von säkular denkenden Menschen als Weckruf verstanden werden: Wir dürfen es nicht länger hinnehmen, dass Politik über unsere Köpfe hinweg gemacht wird. Sorgen wir also dafür, dass Politiker an die Macht kommen, die den Herausforderungen des 21. Jahrhunderts gewachsen sind! Dass die momentane Führungsriege der politischen Parteien dazu nicht in der Lage ist, hat die an Niveaulosigkeit kaum zu überbietende Debatte um die Bundespräsidentenrede in aller Deutlichkeit gezeigt.

Ursula von der Leyens gedankliche Entgleisungen

Plädoyer für eine zeitgemäße Bildungs- und Erziehungsoffensive

Anlässlich der Vorstellung des „Bündnisses für Erziehung“ durch Bundesfamilienministerin Ursula von der Leyen sowie die Vertreter der beiden christlichen Großkirchen haben kritische Kommentatoren zu Recht angemerkt, dass das „Bündnis“ von seiner ideologischen Anlage her dem Verfassungsprinzip der weltanschaulichen Neutralität des Staates widerspricht. Leider aber wurde der eigentliche Skandal dieses konservativen Vorstoßes kaum thematisiert: Von der Leyens Erklärungen vor der Presse stellen nämlich nicht nur eine Beleidigung der aufklärerischen Vernunft dar, sondern auch eine Verhöhnung der Opfer christlicher (Heim-) Erziehung.

Während im katholischen Irland derzeit eine Milliarde Euro ausgeschüttet werden, um die misshandelten und missbrauchten Zöglinge christlicher Erziehungsanstalten für das erlittene Leid zu entschädigen, halten sich die christlichen Kirchen im weitgehend säkularisierten Deutschland bislang trotz identischer pädagogischer Verbrechen (!) nicht nur schadlos, sie werden sogar mit einer Spitzenposition in einem angeblich zeitgemäßen „Bündnis für Erziehung“ belohnt. Wer diese und andere Fakten zur Kenntnis nimmt, muss den gedanklichen Entgleisungen der deutschen Familienministerin in schärfster Form entgegentreten.

Die Legende von den „christlichen Werten“

Als Bundesfamilienministerin Ursula von der Leyen am 20.4.2006 gemeinsam mit Kardinal Georg Sterzinsky und der evangelischen Landesbischöfin Margot Käßmann den Start der Initiative „Bündnis für Erziehung“ verkündete, begründete sie die enge Verzahnung der Initiative mit den beiden christlichen Großkirchen damit, dass „auf christlichen Werten“ angeblich „die gesamte hiesige Kultur“ basiere. In einer pluralen Gesellschaft müsse „zunächst die eigene Position klar sein“, erst dann könne „man sich gegenüber anderen Werten öffnen“.

Letzteres ist nicht einmal so falsch, doch leider muss man mit guten Gründen bezweifeln, dass der deutschen Familienministerin „die eigene Position“ tatsächlich besonders „klar“ ist. Ganz offensichtlich nämlich hat sie in der Schule nicht sonderlich gut aufgepasst oder aber sie ist – wie man durchaus befürchten muss – in den Genuss eines einseitig manipulativen, nämlich christlich parteiischen, allen wissenschaftlichen Grundlagen entbehrenden Geschichtsunterrichts gekommen. Auf andere Weise lässt sich kaum erklären, dass von der Leyen so vollkommen die Tatsache ignorierte, dass die fundamentalen Werte, die für moderne Rechtstaaten konstitutiv sind – die Menschenrechte, die Freiheit der Meinungsäußerung, der Wissenschaft, der Kunst, die demokratische Gewaltenteilung etc. –, keineswegs dem Christentum entstammen, sondern in einem erbitterten, Jahrhunderte währenden Widerstandskampf gegen die Machtansprüche dieser Religion durchgesetzt werden mussten.

Wie stark der Widerwille gegen das neuzeitliche, freie, humane Denken in christlichen Kreisen ausgeprägt war, zeigt kaum ein Dokument so deutlich wie der berühmt-berüchtigte Syllabus von Pius IX. aus dem Jahr 1864. Der im „Heiligen Jahr“ 2000 von Johannes Paul II. selig gesprochene Pontifex verdammte in dieser Sammlung vermeintlicher „Irrtümer“ nahezu alle Errungenschaften der Moderne: Rationalismus, Naturalismus, Liberalismus, Demokratie, Trennung von Staat und Kirche. Erst 1961 (!) konnte sich Papst Johannes XXIII. in der Enzyklika *Mater et Magistra* zu einer halbgaren Anerkennung der Menschenrechte durchringen. Allerdings geschah dies nicht aus religiösen Gründen, sondern als Reaktion auf den gesellschaftlichen Druck der bereits stark fortgeschrittenen Säkularisierung. Je genauer man hinschaut, desto klarer zeigt sich, dass die Idee der Menschenrechte auch heute noch mit einem ernst gemeinten christlichen Glauben nicht zu vereinbaren ist. Deshalb ist es auch nur konsequent, dass der Vatikan bis heute die Europäische Menschenrechtskonvention nicht ratifiziert hat.

Im evangelischen Lager sah (und sieht) die Situation kaum besser aus. Für einen halbwegs aufgeklärt denkenden Protestanten dürfte es kaum eine peinlichere Erfahrung geben als die Lektüre der Texte Martin Luthers. Auch wenn man die Bedeutung Luthers für die Entwicklung einer lebendigen deutschen Schriftsprache bzw. seine Leistungen in Bezug auf die Überwindung römisch-katholischer Machtansprüche nicht unterschätzen darf, so war der Reformator doch keineswegs ein Vorreiter der Emanzipation. Im Gegenteil! Im blinden Vertrauen auf die ewige Wahrheit der Bibel forderte Luther u.a. die Ermordung sog. „Hexen" (von deren Teufelsbesessenheit er, der sich zeitlebens von dem „bösen Feind" verfolgt fühlte, überzeugt war), die vollständige Vertreibung der Juden (kein Haus dieser vermeintlichen Gottesmörder sollte nach Luthers Überzeugung stehen bleiben!) sowie die gnadenlose Eliminierung der aufständischen Bauern (denen er ebenfalls vorwarf, vom Teufel besessen zu sein, weil sich diese im scharfen Widerspruch zu den Geboten der „Heiligen Schrift" gegen die angeblich von Gott eingesetzten weltlichen Herrscher aufgelehnt hatten).

Es ist nicht verwunderlich, dass Luthers Nachfolger meist ins gleiche Horn stießen – nicht nur in der Vergangenheit, sondern auch in der Gegenwart. So sind es vor allem evangelische Christen, die gegen die Evolutionstheorie und den Sexualkundeunterricht anrennen und für die Wiedereinführung der Prügelstrafe in der Schule plädieren (entsprechend dem alttestamentarischen Buch der Sprichwörter: „Wer die Rute spart, hasst seinen Sohn, wer ihn liebt, nimmt ihn früh in Zucht" bzw. dem neutestamentarischen Brief an die Hebräer: „Denn wen der Herr liebt, den züchtigt er; er schlägt mit der Rute jeden Sohn, den er gern hat. Haltet aus, wenn ihr gezüchtigt werdet. Gott behandelt euch wie Söhne. Denn wo ist ein Sohn, den sein Vater nicht züchtigt?").

Dass die von Bundesfamilienministerin von der Leyen für das „Bündnis für Erziehung" herangezogene evangelische Landesbischöfin Käßmann und wohl auch der katholische Kirchenfürst Sterzinsky eine solche christliche „Zucht-und-Ordnung-Pädagogik" kaum befürworten dürften, ist keineswegs ein Beleg für die Humanität „christlicher Werte", es beweist nur, wie weit der Zähmungsprozess der christlichen Religion durch die Aufklärung in Europa bereits vorangeschritten ist. Die Werte, die von der Leyen als „christliche" begreift, sind in Wirklichkeit Werte der Aufklärung, Werte, die dem Christentum in einem höchst opferreichen – man denke nur an die blutigen Hexen- und Ketzerverfolgungen –, doch letztlich erfolgreichen Emanzipationskampf abgetrotzt werden konnten.

Der verdrängte Skandal der christlichen Erziehung

Wie die Menschenrechte im Allgemeinen, so mussten auch die Prinzipien einer halbwegs menschenfreundlichen, aufgeklärten, liberalen Pädagogik erst gegen den Widerstand der christlichen Religion erkämpft werden. Zuvor wurden Generationen von Christen zu bedingungslosem, blindem Gehorsam gegenüber der vermeintlich höchsten Autorität (Gott) und den jeweils herrschenden religiösen und weltlichen Stellvertretern erzogen. Stilbildend in diesem Zusammenhang war der Gründer des Jesuitenordens, Ignatius von Loyola, der seinen Ordensbrüdern befahl, sich von der göttlichen Vorsehung durch die Ordensoberen so führen zu lassen, „als wären sie ein Leichnam, der sich überall hintragen und auf jede Weise behandeln lässt". Solch sprichwörtlicher „Kadavergehorsam" – nicht der „Mut, sich des eigenen Verstandes zu bedienen" (Kant) – galt über Jahrhunderte hinweg als christliche Tugend. Nicht umsonst landeten die Werke Kants – im Unterschied etwa zu Hitlers *Mein Kampf* – auf dem Index der für katholische Christen verbotenen Schriften.

Im Zuge der gesellschaftlichen Aufbruchsstimmung der 50er, 60er und 70er Jahre des 20. Jahrhunderts wurde die traditionelle, christlich-autoritäre „Zucht-und-Ordnung-Pädagogik" zwar zunehmend zurückgedrängt, doch diese Liberalisierungswelle erreichte tragischerweise längst nicht alle Kinder und Jugendlichen. Hunderttausende von Heimkindern, die das Pech hatten, in einem christlichen Erziehungsheim oder in einem christlichen Internat zu landen, mussten weiterhin „den besonderen Segen" christlicher Fürsorge erfahren. Dort gab es nicht nur in Einzelfällen für die Übertretung rigider lebensfeindlicher Moralvorstellungen „Schläge im Namen des Herrn". Die „barmherzigen" Brüder und Schwestern sorgten vielmehr dafür, dass die Heimkinder über Jahre hinweg systematisch ausgebeutet, gedemütigt, weggesperrt, seelisch wie körperlich missbraucht wurden – das „vielleicht größte Unrecht, das jungen Menschen in der Bundesrepublik angetan wurde", wie der *Spiegel*-Autor Peter Wensierski in seiner Dokumentation über die „verdrängte Geschichte der Heimkinder in der Bundesrepublik" formulierte.

Wohlgemerkt: Diese verheerenden Erziehungsverbrechen, die nicht nur in Deutschland, sondern weltweit an hilflosen Kindern und Jugendlichen im Namen des Christentums begangen wurden (und zum Teil auch heute noch begangen werden!), sind keineswegs bloß auf individuelle Fehlleistungen der jeweiligen Erzieher zurückzuführen, sie sind vielmehr Ausdruck eines authentischen, d.h. aufklärerisch ungezähmten christlichen Glaubens, der in seiner pädagogischen Auslegung durch die „heilige Schrift" bestens begründet ist. Wer dies ernsthaft bestreiten mag, dokumentiert damit nur, dass er die Bibel – abgesehen von ein paar handverlesenen Passagen der Bergpredigt – nicht gründlich genug gelesen hat. Johann Hinrich Wichern, der viel gepriesene Begründer der evangelischen „Rettungshäuser", hatte völlig Recht, als er zur Legitimation seiner harten, Körper und Seele beschädigenden Züchtigungsmaßnahmen darauf hinwies, dass die Strafe „so wesentlich in die christliche Erziehung hinein" gehöre, „als der Unterschied zwischen gut und böse vorhanden ist und Strafe und Lohn wesentliche Handlungen und Offenbarungen der göttlichen Gerechtigkeit sind".

Angesichts des unermesslichen Leids, das die autoritäre „schwarze Pädagogik" des Christentums ganzen Generationen von Kindern zufügte, kann man in der Entscheidung der deutschen Familienministerin, ihr „Bündnis für Erziehung" ausgerechnet mit Vertretern der beiden Großkirchen aus der Taufe zu heben, kaum etwas anderes sehen als eine nachträgliche Verhöhnung der Opfer. Dass die evangelische Landesbischöfin (mit Sicherheit) und der katholische Kardinal (mit einiger Wahrscheinlichkeit) aufgeklärt genug sind, um eine Neuauflage der „schwarzen Pädagogik" nicht gutheißen zu können, ändert hieran nichts. Solange die von ihnen repräsentierten Institutionen sich nicht bei den heute lebenden Opfern ihrer Pädagogik entschuldigt und entsprechende finanzielle Entschädigungen gezahlt haben, solange sie sich nicht in allerdeutlichster Weise von den menschenverachtenden pädagogischen Ratschlägen ihrer „Heiligen Schrift" distanzieren, unterlaufen sie die Grundvoraussetzungen, die erfüllt sein müssen, damit sie legitimerweise als gleichberechtigte (geschweige denn: als tonangebende) Partner des Staates in Erziehungsfragen auftreten können.

Um im 21. Jahrhundert anzukommen, müssen die christlichen Kirchen allerdings nicht nur der Gewalttätigkeit und der bedingungslosen Autoritätsfixierung ihres Glaubens eine klare Absage erteilen, die aufklärerische Entzauberung der Religionspädagogik muss einige Schritte weiter gehen. So haben Traumaforscher längst erkannt, welche emotionalen Verunsicherungen selbst durch eine freundliche, behutsam erscheinende Vermittlung authentischer christlicher Glaubensinhalte ausgelöst werden können. Man stelle sich nur vor, wie ein sensibles, intelligentes Kind emotional darauf reagieren muss, wenn es erstmals zuhause, im Kindergarten oder in der Grundschule hört, dass der „liebe Gott“ mit bewusstem Vorsatz (!) nahezu alle Menschen und Tiere im Zuge der Sintflut ertrinken ließ oder dass er seinen eigenen Sohn „für unsere Sünden“ blutig am Kreuze hinrichten ließ. Und wie soll dieses sensible Kind, um alles in der Welt, mit der Information umgehen, dass seine Eltern Woche für Woche „den Leib“ dieses erbärmlich Abgeschlachteten verspeisen, um sich auf diese Weise mit jenem zu „vereinigen“? Es zeigt, wie sehr wir uns bereits an diese blutrünstigen Glaubensabsurditäten gewöhnt haben, dass wir diesen „heiligen Akt“, den Sigmund Freud zu Recht als eine Variante des archaischen „rituellen Kannibalismus“ beschrieb, gar nicht mehr als den Skandal registrieren, den er eigentlich verkörpert. Es ist bei genauerer Betrachtung eine Ungeheuerlichkeit sondergleichen, dass große Teile der Bevölkerung, inklusive der Familienministerin, es im 21. Jahrhundert (!) als eine pädagogisch unverzichtbare Angelegenheit verstehen, unmündige Kinder im Rahmen des „Kommunionsunterrichts“ in einen solchen „rituellen Kannibalismus“ hinein zu sozialisieren!

Gewiss: Der überwiegende Teil der Eltern und selbst der Erzieherinnen und Erzieher in kirchlichen Erziehungseinrichtungen nehmen das „Wunder des Abendmahls“ und andere zentrale Glaubenssätze des Christentums kaum noch ernst. Meist wissen sie nicht einmal, was sie „als gute Christen“ eigentlich glauben müssten. Doch eben damit können die Familienministerin und deren christliche Mitstreiter kaum zufrieden sein. Denn welchen pädagogischen Sinn sollte schon die von der Ministerin so heftig geforderte Vermittlung christlicher Rituale haben, wenn diese inhaltlich völlig ausgehöhlt sind, also für die Menschen keinerlei existenzielle Bedeutung mehr haben?! Die Initiative der Familienministerin kann nur dahin gehend interpretiert werden, dass den christlichen Ritualen wieder ihre ursprünglichen Sinngehalte eingehaucht werden sollen. Dies jedoch kann nur auf Kosten jener emotionalen Verunsicherung bzw. Verrohung geschehen, die mit einer frühzeitigen Vermittlung authentischer christlicher Glaubensvorstellungen beinahe zwangsläufig einhergehen muss.

Neben dieser Gefahr der emotionalen Verrohung muss man im Rahmen einer kritischen Überprüfung der christlichen Erziehung noch ein zweites Problem herausstellen, nämlich die Gefahr, dass eine frühe Konfrontation mit obskuranten Glaubenssätzen schwerwiegende Konsequenzen für die intellektuelle Entwicklung eines Kindes haben kann. Auch auf diesen Tatbestand hat bereits Sigmund Freud in aller Deutlichkeit hingewiesen. Wer schon in seiner Kindheit die Absurditäten der religiösen Lehren geschluckt habe, meinte Freud, über dessen spätere „Denkschwäche" brauche man sich nicht arg wundern. Vielleicht mag dies die gedanklichen Entgleisungen der deutschen Familienministerin erklären bzw. entschuldigen. Gutheißen kann man sie deshalb allerdings noch lange nicht.

Die Sackgasse der interreligiösen Erziehung

Auf die vielfach geäußerte Kritik, von der Leyen privilegiere die christlichen Großkirchen, entgegnete die Familienministerin, im weiteren Prozess seien natürlich „auch andere religiöse Gruppen herzlich eingeladen, sich in das neue Bündnis einzubringen". Wollen wir einmal unterstellen, dass die Ministerin diese Einladung ernst meinte, so wird dadurch das zugrunde liegende Problem jedoch keineswegs gelöst, vielmehr verschärft es sich. Denn erstens sind die Pädagogiken der anderen Glaubensgemeinschaften nun keineswegs progressiver als die kirchlichen (die ja in Deutschland immerhin einigermaßen aufklärerisch gezähmt sind) und zweitens führt die Übertragung ethischer und pädagogischer Aufgaben an Religionsgemeinschaften zu einer höchst bedenklichen religiösen Gettoisierung der Gesellschaft.

Ethische Werte und darauf basierende pädagogische Konzepte müssen in einer entwickelten modernen Gesellschaft notwendigerweise auf säkularem Fundament fußen, nicht nur weil sie nur auf solch säkularem Wege solide begründet werden können, sondern weil dies auch für ihre Durchsetzung in pluralen Gesellschaften von entscheidender Bedeutung ist. Dies haben mittlerweile auch einige maßgebliche Verantwortliche der Kirchen erkannt. So erklärte der Kirchenpräsident von Hessen-Nassau, Peter Steinacker, in einer Podiumsdiskussion, dass die säkulare Begründung der Menschenrechte deshalb notwendig sei, damit alle Menschen auf sie ansprechbar seien und auf sie verpflichtet werden könnten: „Der Geltungsbereich der Menschenrechte muss den einer Religion überschreiten können, sonst wären sie nur für die Anhänger dieser Religion verbindlich."

Angesichts der Tatsache, dass in Deutschland mittlerweile die Konfessionslosen die größte weltanschauliche Gruppe sind (es gibt hierzulande mehr Konfessionslose als Katholiken oder Protestanten!), wäre eine nichtsäkulare Fundierung von Ethik, Bildung und Erziehung ohnehin absurd. Hält der gesellschaftliche Trend an, wird in absehbarer Zeit die Mehrheit der deutschen Bevölkerung nominell keiner religiösen Gruppierung mehr angehören. Schon jetzt gehen nach einer Emnid-Studie aus dem Jahr 2005 nur noch 37 Prozent der Deutschen davon aus, dass Religion notwendig sei, um unterscheiden zu können, was richtig und was falsch ist. Vor dem Hintergrund dieser statistischen Belege, die mühelos erweitert werden könnten, sollte sich die Familienministerin fragen, was sie eigentlich mit einer religiösen Fundierung ihres „Bündnisses für Erziehung" bezwecken möchte. Die real existierenden Menschen hierzulande wird sie damit kaum erreichen können und für eine religiöse Umerziehung der Massen ist es wahrscheinlich zu spät.

Plädoyer für eine zeitgemäße Bildungs- und Erziehungsoffensive

Unbestritten ist – hier darf man der Familienministerin ausnahmsweise zustimmen –, dass heute eine breite gesellschaftliche Debatte zu den fundamentalen Werten des Zusammenlebens in unserer Gesellschaft erforderlich ist. In diesem Zusammenhang sollten allerdings die folgenden zehn Aspekte berücksichtigt werden:

1. In der öffentlichen Diskussion müssen notwendigerweise weltliche Kriterien gelten, nämlich die humanistische Orientierung an den Selbstbestimmungsrechten des Menschen sowie die aufklärerische Orientierung an den Idealen der intellektuellen Redlichkeit. Wenn Klein-Erna mit Segen des Staates von Vertretern der katholischen Kirche, Klein-Mehmet von Muslimen, Klein-Philipp von Zeugen Jehovas etc. fürs Leben geschult werden, so entsteht darüber keine weltanschauliche Vielfalt, sondern bloß potenzierte Einfalt. Mit der bisher gewählten Strategie, die Vermittlung und Diskussion von Werten und Weltanschauungen ausgerechnet den religiösen Gemeinschaften zu überlassen, hat der Staat den Bock zum Gärtner gemacht. Dass unter dieser Voraussetzung das zarte Pflänzchen einer offenen Gesellschaft nicht gedeihen kann, sollte niemanden verwundern.

2. Ein „Bündnis für Erziehung" ist nur dann sinnvoll, wenn es eng mit einem breit angelegten „Bündnis für Bildung" verzahnt ist. Wohlgemerkt: Die gegenwärtige kulturelle Misslage ist keineswegs dadurch geprägt, dass die Menschen nicht zwischen „gut" und „böse" zu unterscheiden wüssten. Im Gegenteil. Der sich zuspitzende Kampf der Kulturen erhält seine

Brisanz gerade dadurch, dass hier rigide Moralsysteme, die allesamt nach einem einfachen Schwarz-Weißmuster von „Gut und Böse“ gestrickt sind, unvermittelt aufeinander treffen. Was fehlt, ist das umfassende Wissen um die Lebenslagen, Vorstellungen, Perspektiven der „Anderen“ sowie – vor allem! – eine kritische, faktenbasierte Aufarbeitung der eigenen Denktradition.

3. Wir brauchen auf pädagogischem Terrain weniger den neokonservativ geforderten „Mut zur Erziehung“, sondern eine engagierte, weitreichende Bildungsoffensive, die endlich all das entschieden umsetzt, was an fruchtbaren Erkenntnissen im Bereich der Didaktik, der Lern- und Motivationspsychologie und der modernen Hirnforschung seit geraumer Zeit vorliegt. Klar ist, dass die Orte des Lernens nicht weiter Orte des Vollstopfens mit Inhalten sein dürfen, die den Lernenden existenziell nichts bedeuten. Die bisherige Praxis, Lernende auf das „Erbrechen unverdauter geistiger Nahrung zum jeweiligen Prüfungstermin“ hinzukonditionieren, schafft nur totes Schein-Wissen (im doppelten Sinne des Wortes), das meist schon kurze Zeit nach der finalen Bildungs-Transaktion (dem Austausch von entfremdetem Wissen gegen Zensuren) vergessen ist. Was heute erforderlich ist – vom Kindergarten bis zur Universität –, sind „Abenteuerspielplätze des Wissens“, Orte, die die Freude am Lernen wecken, die die Kinder individuell nach ihren jeweils vorhandenen Talenten fördern, die das existenziell Sinnvolle mit dem Sinnlichen verbinden, die die Kreativität, den Mut, den eigenen Verstand zu gebrauchen, wirklich herausfordern. Würden die bahnbrechenden Erkenntnisse beispielsweise der Hirnforschung in entsprechende pädagogische Konzepte umgesetzt, könnte die intellektuelle und emotionale Entwicklung der Kinder bereits im Kindergarten auf spielerische Weise gefördert werden. Wer seine Empathiefähigkeit von Kindesbeinen an auf spielerische Art und Weise trainiert hat, braucht später keine religiösen Umerziehungsprogramme zu den angeblich so bedeutsamen „guten alten Werten“ (wann waren diese denn für wen „gut“?!), damit er sozial verantwortlich handeln kann. Dies wären Projekte, die unsere Gesellschaft wirklich voranbringen würden. Auf die Inanspruchnahme archaischer Mythen können wir in diesem Zusammenhang getrost verzichten.

4. Eine zeitgemäße pädagogische Initiative müsste in ethischer Hinsicht auf die Vermittlung von „Fairnesskriterien“ sowie in intellektueller Hinsicht auf die Vermittlung kritischer Mündigkeit abzielen. Die bisherige Konzentration der Initiative „Bündnis für Erziehung“ auf bloße „Sekundärtugenden“ zeigt, dass sich die vollmundig angekündigte Initiative in

pädagogischer Perspektive auf Stammtischniveau bewegt. „Respekt“ etwa muss man autoritär erzogenen türkischen Jugendlichen nun ganz gewiss nicht beibringen. Es sind gerade solche „Tugenden“ wie „Gehorsam“, „Ehre“ und „Respekt“, die manche Migrantenkinder dazu bringen, sich auf „Zwangsehen“ und „Blutfehden“ einzulassen oder gar „Ehrenmorde“ zu begehen. „Respekt“ und „Toleranz“ sind solange hohle Begriffe, solange nicht angegeben wird, was aus welchem Grund denn nun zu respektieren oder zu tolerieren ist und was eben nicht (beispielsweise „Ehrenmorde“). Dies verlangt umfassende Bildung, kritisch reflektiertes Wissen, eine Beschäftigung mit den realen Tatsachen und eine konsequente Aufhebung ideologischer Denkmuster – kurzum all das, was die Familienministerin selbst in ihren Stellungnahmen vermissen ließ.

5. „Weltanschaulich neutral“ kann und darf sich der Staat nur dort verhalten, wo weder die humanistischen, auf den Menschenrechten beruhenden ethischen Prinzipien des Grundgesetzes noch die Seriosität des Bildungsauftrags (Stichwort: Kreationismus) auf dem Spiel stehen. Um überhaupt in den Genuss staatlicher Förderung kommen zu können, müssten die Religions- und Weltanschauungsgemeinschaften – vor allem wenn sie im pädagogischen Bereich tätig sind – zunächst ihre „Hausaufgaben“ erledigen, d.h. aus ihren Weltbildern all jene Elemente entfernen, die entweder mit den Kriterien einer humanen Ethik oder aber mit hinreichend gesicherten wissenschaftlichen Erkenntnissen kollidieren.

6. Eine solche kritische Aufarbeitung des eigenen Denkens und der eigenen Geschichte muss im Falle der Kirchen angesichts der dokumentierten Menschenrechtsverletzungen in christlichen Erziehungsanstalten nicht nur zu einer öffentlichen Entschuldigung gegenüber den Opfern christlicher Heimerziehung führen. Um in einem (Werte-!) „Bündnis für Erziehung“ als gleichberechtigte Partner teilnehmen zu können, ist es unabdingbar, dass sich die Kirchen ihrer ethischen Verantwortung stellen und die christlich betreuten „Heiminsassen“ für das ihnen zugefügte Leid angemessen entschädigen. Legt man in diesem Zusammenhang den Maßstab Irlands zugrunde, so müsste von den Kirchen für den noch zu bildenden „Deutschen Entschädigungsfonds für ehemalige Heimkinder“ ein Beitrag in Milliardenhöhe aufgebracht werden. Anders als in Irland, wo der Staat die verhältnismäßig arme Kirche unterstützte, kann und sollte die Entschädigung hierzulande vor allem von den direkt Verantwortlichen, den beiden christlichen Großkirchen, gezahlt werden. Immerhin haben diese – nicht zuletzt

aufgrund staatlicher Privilegierung – mittlerweile ein kapitalisierbares Vermögen von jeweils mehreren hundert Milliarden Euro zusammengerafft.

7. Wenn die evangelische Landesbischöfin Käßmann auf der Pressekonferenz zum Start der Initiative „Bündnis für Erziehung" formuliert, „wo evangelisch drauf steht, sollte auch evangelisch drin sein", so ist dem nichts entgegenzusetzen – allerdings nur unter der Voraussetzung, dass die Institutionen, die unter evangelischer Flagge segeln, auch tatsächlich evangelisch finanziert werden. In Wirklichkeit aber wird zurzeit keine der evangelisch oder katholisch etikettierten Sozial- oder Bildungseinrichtungen von diesen maßgeblich finanziell getragen. Während die Krankenhäuser, Altenheime, Sozialstationen etc. zu hundert Prozent durch Staat und Gesellschaft finanziert werden, tragen die Kirchen für Kindergärten oder Kindertagesstätten nur einen kleinen (und dank ihres Verhandlungsgeschicks immer kleiner werdenden, mancherorts bereits völlig verschwundenen) Anteil an der Finanzierung mit. Die unkritische und über weite Strecken verfassungswidrige Subventionierung der Kirchen incl. ihrer „Werke", die den Staat insgesamt mehr kostet, als sie einbringt, muss ein Ende haben. Dies nicht zuletzt auch deshalb, weil diese Kirchenprivilegien in der Regel auf Verträge aus vor- bzw. undemokratischen Zeiten zurückgehen. Die katholische Kirche etwa sicherte sich einen Teil ihrer Privilegien im „Dritten Reich", als sie mit Hitler das sog. „Reichskonkordat" abschloss, nachdem sie zuvor die notwendigen Stimmen zur Durchsetzung des sog. „Ermächtigungsgesetzes", der rechtlichen Legitimation der Nazidiktatur, beschafft hatte.

8. Die konsequente kritische Infragestellung der eigenen Denkposition, die als unbedingte Voraussetzung für eine gleichberechtigte Teilnahme an einem „Bündnis für Erziehung und Bildung" verstanden werden muss, muss selbstverständlich für alle Weltanschauungsgemeinschaften gelten – keineswegs nur für jene, die sich selbst als „religiös" definieren. Auch die „aufklärerischen Alternativen zur Religion" können sich schnell zu „Ersatzreligionen" entwickeln, die dieselben dogmatischen Eigenschaften besitzen, die wir an den bestehenden Offenbarungsreligionen zu Recht kritisieren. (Die Geschichte des Marxismus mag in diesem Zusammenhang als warnendes Beispiel gelten!) Als wirksames Gegengift gegen eine solche Ideologisierung der Aufklärung hilft allein ein konsequenter Kritizismus. Nur durch das stete Anwenden des „Prinzips der kritischen Prüfung" werden wir in die Lage versetzt, falsche Ideen sterben zu lassen, bevor Menschen für falsche Ideen sterben müssen. Diese kritische Grundhaltung gilt

es allen jungen Menschen zu vermitteln. Dies verlangt jedoch, dass die Erzieher, Lehrer, Eltern etc. selbst in der Lage sind, den eigenen Verstand auf kritische Weise zu gebrauchen. Damit zeigt sich, dass ein echtes, um Erfolg bemühtes „Bündnis für Bildung und Erziehung" nicht nur Kinder und Jugendliche erreichen, sondern auch die Erwachsenen als Klientel mit einbeziehen muss.

9. In den politischen Auseinandersetzungen unserer Tage darf die zahlenmäßig stärkste gesellschaftliche Gruppe, die Konfessionslosen, die bei Beibehaltung des seit Jahren stabilen Trends der Entkirchlichung in absehbarer Zeit die Mehrheit der deutschen Bevölkerung stellen werden, nicht mehr übergangen werden, wie dies bis heute noch üblich ist. Das Vorurteil, diese Gruppe sei in sich viel zu heterogen, um in der politischen Debatte berücksichtigt zu werden, ist mittlerweile empirisch hinreichend entkräftet. In Wirklichkeit ist die Gruppe der Konfessionslosen in allen wichtigen weltanschaulichen Items in sich homogener als die Gruppe der evangelischen oder die Gruppe der katholischen Kirchenmitglieder. Mehr noch: Betrachtet man die Gesamtbevölkerung unabhängig von nominellen Konfessionszugehörigkeiten, so zeigt sich, dass in Deutschland bereits heute eine stabile Mehrheit mit humanistisch-aufklärerischem Profil existiert. Diese Mehrheit vertritt in wichtigen ethischen Fragen weit progressivere Einstellungen als die von kirchlichen Einflussnahmen immer noch allzu stark dominierte Politik. Die sich hierdurch bietenden Chancen zum Ausbau einer freieren, solidarischeren Gesellschaft sollten konsequent genutzt werden.

10. Es sollte unbedingt verhindert werden, dass gesellschaftliche Krisenphänomene, die nicht zuletzt auf ökonomischen Fehlentwicklungen beruhen, mithilfe religiöser Indoktrinationsversuche kaschiert werden. Diese Strategie hat noch nie zu einer Verbesserung, sondern stets zu einer Verschlechterung der menschlichen Lebensverhältnisse geführt. Wir müssen uns im Klaren darüber sein, dass weder das Projekt der Aufklärung vollendet ist noch die kulturellen Errungenschaften der Moderne, die uns in unseren Breitengraden allzu selbstverständlich geworden sind, nachhaltig gesichert sind. In dieser Situation sind wir alle aufgerufen, endlich Klartext zu reden, Irrtümer als Irrtümer und ethische Verfehlungen als ethische Verfehlungen zu kennzeichnen – auch wenn dies in den intellektuell weichgespülten, selten zu den Wurzeln der Probleme vorstoßenden Debatten unserer Zeit als „unschicklich" erscheinen mag. Halten wir fest: Wer aus Opportunitätsgründen Unsinn zu Sinn, Leid zur Freude und Verbrechen zu Heldentaten verklärt, der liefert damit weder Grundlagen für eine zeit-

gemäße Erziehungs- und Bildungsreform noch für eine Weiterentwicklung des Projekts einer offenen Gesellschaft. Wir sollten uns davor hüten, die Errungenschaften der Moderne durch Bequemlichkeit, Feigheit oder blanken Opportunismus leichtfertig zu verspielen…

Religion und Gewalt

Warum die Religionen keine „treibende Kraft für eine Kultur des Friedens“ sind

Mir ist die Aufgabe zugefallen, heute den „Gegenvortrag“ zum morgigen Referat von Hans Küng zu halten. Natürlich weiß ich nicht, was Herr Küng unter dem Titel „Eine gemeinsame Vision vom Frieden in der Welt? Religionen als treibende Kraft für eine Kultur des Friedens“ genau sagen wird, aber ich kann mir ungefähr ausmalen, worauf sein Referat hinauslaufen wird:

Herr Küng wird einräumen, dass es durchaus Probleme im interreligiösen Dialog gibt, aber er wird nicht müde werden, zu betonen, dass ein Weltfriede ohne Religionsfrieden unmöglich ist. Glücklicherweise weiß Hans Küng, wo die Lösung für die weltweiten Konflikte zu finden ist, nämlich im sogenannten „Humanum“. Denn Küng zufolge tragen alle Weltreligionen als „Kern“ das „wahrhaft Menschliche“ in sich, was unser Weltethos-Spezialist zweifelsfrei mit einem Potpourri der schönsten Verse aus den heiligen Schriften der Weltreligionen belegen wird.

Sicherlich wird Hans Küng auch mit einigem Stolz darauf hinweisen, wie weit der „interreligiöse Dialog“ in den letzten Jahren vorangekommen ist und wie enorm wichtig es ist, dass dieser Dialog konsequent fortgesetzt wird (was auch erklärt, warum die öffentliche Hand nicht nur den morgen beginnenden Kongress großzügig sponsert, sondern schon seit Jahren beachtliche Mittel bereitstellt, damit sich religiöse Experten und Laien aller Konfessionen an runden Tischen bzw. auf internationalen Konferenzen treffen können). Küng ist selbstverständlich davon überzeugt, dass ein verantwortungsvoller Politiker bei einer solch großartigen Vision wie der „Vision vom Frieden in der Welt“ einfach nicht geizig sein kann und darf. Und ich fürchte, dass nur die wenigsten seiner Zuhörer dabei an das schöne Wort unseres Alt-Bundeskanzlers Helmut Schmidt denken werden, der einmal sagte, dass derjenige, der Visionen hat, doch bitte zum Arzt gehen sollte – und nicht in die Politik.

Damit Sie mich nicht falsch verstehen: Ich wäre hoch erfreut, wenn Hans Küng mit seinem interreligiösen „Projekt Weltethos" Recht behalten würde. Wie viel besser sähe unsere Welt aus, wenn die Religionen tatsächlich „eine treibende Kraft für eine Kultur des Friedens" sein könnten! Doch allein: Mir fehlt der Glaube – oder genauer: ein belastbarer Beleg zur Annahme dieses Glaubens.

Ich bin von den Veranstaltern gebeten worden, meinen Vortrag möglichst kurz zu halten, so dass viel Zeit für die Diskussion bleibt. Deshalb möchte ich nun ohne weitere Vorrede zu meiner ersten These kommen. Sie lautet:

Der „wahre Kern" der Religionen ist nicht das „Humanum", sondern die konfliktträchtige Differenzierung zwischen Ingroup- und Outgroup-Mitgliedern

Man muss, wie ich meine, die „Heiligen Schriften" der Religionen schon höchst selektiv lesen, um in ihnen ausgerechnet die Idee des „Humanum", des „universal Menschlichen", zu entdecken. Denn diese Texte orientieren sich (was historisch nur zu verständlich ist) eben nicht am Leitgedanken der Menschenrechte, die universell, also für jede Person gelten. Sie differenzieren vielmehr zwischen frommen Mitgläubigen, denen man mit Milde, Freundlichkeit, Respekt und Fairness begegnen soll, und Andersdenkenden, Andersgläubigen, die derartige Rücksichtnahme nicht verdienen.

Während die humanistische Ethik notwendigerweise auf *alle* Menschen die *gleichen Prinzipien* anwendet, um auf diese Weise Diskriminierungen aufgrund von Hautfarbe, Geschlecht, Nationalität, Bildung, sozialer Herkunft, sexueller Präferenz, Religionszugehörigkeit etc. aufzuheben, sind die Religionen geradezu darauf ausgerichtet, weltanschauliche Diskriminierungen vorzunehmen. Deshalb ist es auch verkehrt, von *einer* christlichen oder muslimischen Ethik zu sprechen. Denn jede Religion kennt (unabhängig von allen innerreligiösen Streitigkeiten) mindestens zwei grundverschiedene Ethiken, nämlich eine *religiöse Binnenmoral*, die das Verhältnis zu den jeweiligen Glaubensbrüdern und -schwestern bestimmt, sowie eine *religiöse Außenmoral*, die den Umgang mit Nichtgruppenmitgliedern betrifft.

Es ist wichtig, diese beiden ethischen Systeme nicht durcheinanderzuwerfen. Denn für Gruppenmitglieder, die *Ingroup*, gelten völlig andere

Normen als für Außenstehende, die *Outgroup*. Da sich diese beiden Normsysteme radikal voneinander unterscheiden, hat es sich in der Wissenschaft eingebürgert, von einem „Dualismus der Ethik“ zu sprechen.[1]

Schauen wir uns an, wie sich dieser *Dualismus der Ethik* in den heiligen Schriften ausdrückt. Aus Zeitgründen will ich mich hier auf das Alte und Neue Testament sowie den Koran beschränken:

Beginnen wir chronologisch mit dem Alten Testament. Dort heißt es zwar: „Du sollst nicht morden“[2] und „Du sollst nicht stehlen“[3], doch wenige Zeilen später wird klar, dass solch noble Verhaltensweisen nur gegenüber den fest integrierten Mitgliedern der eigenen Gruppe erforderlich sind. Wer nämlich gegen die Gemeinschaftsregeln verstößt, der wird zum Outsider und muss eliminiert werden: „Eine Hexe sollst du nicht am Leben lassen… Wer einer Gottheit außer Jahwe Schlachtopfer erbringt, an dem soll die Vernichtungsweihe vollzogen werden.“[4] Bezogen auf den Umgang mit anderen Gruppen, verheißt Gott seinem auserwählten Volk: „Ich sende meinen Schrecken vor dir her, ich verwirre jedes Volk, zu dem du kommst, und alle deine Feinde lasse ich vor dir die Flucht ergreifen. Ich lasse vor dir Panik ausbrechen; sie wird die Hiwiter, Kanaaniter und Hetiter vor dir hertreiben… Nur allmählich will ich sie vor dir zurückdrängen, bis du so zahlreich geworden bist, dass du das Land in Besitz nehmen kannst.“[5]

Mit Mitgefühl dürfen „die Feinde“ nicht rechnen. Denn es steht geschrieben: „Du wirst alle Völker verzehren, die der Herr, dein Gott, für dich bestimmt. Du sollst in dir kein Mitleid mit ihnen aufsteigen lassen… Du wirst ihren Namen unter dem Himmel austilgen. Keiner wird deinem Angriff standhalten können, bis du sie schließlich vernichtet hast.“[6]

Ingroup-Outgroup-Denken ist auch für das *Neue Testament* charakteristisch. Zwar findet man hier das bemerkenswerte Gebot der „Feindesliebe“,[7] dies verhindert jedoch nicht, dass die Bestrafung „der Anderen“, „der Bösen“, immer wieder in schillerndsten Farben ausgemalt wird. So heißt es im Matthäus-Evangelium: „Der Menschensohn wird seine Engel aussenden, und sie werden aus seinem Reich alle zusammenholen, die andere verführt und Gottes Gesetz übertreten haben, und werden sie in den Ofen werfen, in dem das Feuer brennt. Dort werden sie heulen und mit den Zähnen knirschen.“[8]

Mit dem unablässig wiederholten Hinweis, dass diejenigen, die Jesus nicht folgen wollen (also Outsider jeder Art), dem ewigen Höllenfeuer anheimfallen werden, führt das *Neue Testament* eine Strafandrohung ein, die bei genauerer Betrachtung alles in den Schatten stellt, was im *Alten Testament* an Gräueln für „die Anderen“ vorgesehen war. Der Entwicklungspsychologe Franz Buggle hat hierin zu Recht den eigentlichen Skandal der neutestamentarischen Ethik erkannt: „Man versuche, sich von aller Gewöhnung durch religiöse Erziehung einmal frei und sich klarzumachen, was eine Drohung mit ewig andauernden extremen Qualen psychologisch bedeutet; dagegen verblassen alle sonst bekannten Folterungen und Strafen, weil diese immerhin zeitlich endlich sind.“[9]

Im Römerbrief des Apostel Paulus kommt die moralische Abgrenzung der „guten Gottgläubigen“ von den „bösen Anderen“ besonders deutlich zum Vorschein. Die, die sich weigern, (den christlichen) Gott anzuerkennen, sind, so der Apostel, „voll Ungerechtigkeit, Schlechtigkeit, Habgier und Bosheit, voll Neid, Mord, Streit, List und Tücke, sie verleumden und treiben üble Nachrede, sie hassen Gott, sind überheblich, hochmütig und prahlerisch, erfinderisch im Bösen und ungehorsam gegen die Eltern, sie sind unverständig und haltlos, ohne Liebe und Erbarmen… Wer so handelt, verdient den Tod.“[10]

Dass im *Neuen Testament* sympathischerweise nicht dazu aufgerufen wird, dieses Todesurteil selbst zu vollstrecken, liegt daran, dass die frühen Christen einem kolossalen Irrtum unterlagen: Sie gingen nämlich vom baldigen „Ende der Welt“ aus und meinten daher, die Verurteilung „der Bösen“ dem nahenden „Strafgericht Gottes“ überlassen zu können. Was sie sich darunter vorstellten, verrät die „Offenbarung des Johannes“, mit der die Bibel endet – eine atemberaubende Orgie der Gewalt: Ich kenne kaum ein Werk aus der gesamten Weltliteratur, das von solch grenzenlosem Hass gegenüber „den Anderen“ gekennzeichnet ist.

Angesichts der kolossalen Schwarz-Weiß-Zeichnung der *Johannes-Offenbarung* ist es nicht unverständlich, dass die zuvor recht zahme Christengemeinde, nachdem sie feststellte, dass das Jüngste Gericht doch auf sich warten ließ, die Sache mehr und mehr selbst in die Hand nahm, also bereits auf Erden „die Bösen“ richtete. Die dramatischen Folgen dieser (durch die „Konstantinische Wende“ forcierten) „Neubesinnung“ hat der Religions- und Kirchenkritiker Karlheinz Deschner in seiner *Kriminalgeschichte des Christentums* eindrucksvoll beschrieben.

Eine scharfe Differenzierung entsprechend des Ingroup-Outgroup-Schemas kennzeichnet natürlich auch den Koran. Barmherzig, gütig und milde zeigt sich Allah nur jenen gegenüber, die sich gehorsam seinen Geboten fügen. Alle anderen erwartet am „Jüngsten Tag“ nicht bloß das „ewige Feuer“, sie werden in der Hölle mit „Eiterfluss“ und „Jauche“ getränkt,[11] sie erhalten einen „Trunk aus siedendem Wasser“,[12] der ihnen die „Eingeweide zerreißt“,[13] werden mit „eisernen Keulen“ geschlagen,[14] müssen

Kleidungsstücke aus flüssigem Kupfer und Teer tragen[15] und vieles andere mehr.

Doch beschränkt sich Allah im Koran nicht bloß auf sadistische Jenseits-Verheißungen, er erteilt auch praktische Anweisungen fürs Diesseits, etwa: „Wenn ihr (auf einem Feldzug) mit den Ungläubigen zusammentrefft, dann haut (ihnen mit dem Schwert) auf den Nacken! Wenn ihr sie schließlich vollständig niedergekämpft habt, dann legt (sie) in Fesseln, (um sie) später entweder auf dem Gnadenweg oder gegen Lösegeld (freizugeben)."[16] Immer wieder wird im Koran betont, wie sehr Allah die Ungläubigen hasse,[17] dass es für jeden gläubigen Muslim eine heilige Pflicht sei, die Rache Gottes an den Ungläubigen zu vollziehen. Wer sich von dieser Pflicht zum Heiligen Krieg drücke (ausgenommen sind allein kranke, blinde, lahme oder schwache Männer sowie Frauen und Kinder[18]), der werde unweigerlich zur Hölle fahren und mit den schlimmsten Strafen Allahs belegt werden.[19]

Wer den Koran kennt, der weiß, dass Osama bin Ladens Terrordoktrin sich durchaus elegant über den moralischen Dualismus im Koran legitimieren lässt. Der al-Qaida-Chef selbst verweist in seinen Stellungnahmen besonders gern[20] auf den berühmten „Schwertvers": „Und wenn nun die heiligen Monate abgelaufen sind, dann tötet die Heiden, wo (immer) ihr sie findet, greift sie, umzingelt sie und lauert ihnen überall auf! Wenn sie sich aber bekehren, das Gebet verrichten und die Almosensteuer geben, dann lasst sie ihres Weges ziehen! Gott ist barmherzig und bereit zu vergeben."[21]

Dass in der Geschichte *Nächstenliebe* und *Fernstenhass* meist miteinander Hand in Hand gingen, muss uns angesichts des ethischen Dualismus in den heiligen Texten kaum verwundern. Schließlich lieferten sie ja beste Rechtfertigungsargumente für die Devise: „Willst du nicht mein Bruder sein, so schlag ich dir den Schädel ein!" Friedensfördernd ist dies sicherlich nicht. Wie also kommt Hans Küng auf die Idee, dass ausgerechnet die Religionen eine „treibende Kraft für eine Kultur des Friedens" sein könnten?

Nun, Küngs Hoffnung gründet auf dem Konzept der aufgeklärten Religiosität. Er wendet sich damit entschieden gegen vormoderne, fundamentalistische Formen von Religion. Das ist zweifellos zu begrüßen. Doch ist es wirklich gerechtfertigt, große Hoffnungen auf das Projekt der aufgeklärten Religiosität zu setzen? Ich meine: nein. Und damit komme ich zu meiner zweiten These:

Aufgeklärte Religiosität ist kein „Modell der Zukunft“, sondern ein vom Aussterben bedrohtes Phänomen der europäischen Kulturgeschichte. Künftige weltanschauliche Konflikte werden zunehmend vom Widerstreit von fundamentalistischer Religion und konsequentem Säkularismus bestimmt sein.

Aus der europäischen Vermählung von Aufklärung und Christentum ging eine merkwürdige Promenadenmischung hervor, die sog. „aufgeklärte Religion“. Liberal-muslimische Autoren wie Bassam Tibi hoffen, dass eine derartige Zivilisierung der Religion auch im Falle des Islam möglich sei, was natürlich zu einer Abmilderung des „Kampfes der Kulturen“ führen könnte. Die Frage ist allerdings, ob diese Hoffnung auf einen aufklärerisch infizierten „Euro-Islam“ berechtigt ist oder nicht.

Um diese Frage beantworten zu können, ist es sinnvoll, sich zu verdeutlichen, was der Begriff „aufgeklärte Religion“ bedeutet. Ich versuche es einmal mit einer einfachen grafischen Darstellung:

Wir können uns die Idealtypen von Religion und Aufklärung als die beiden Außenpole eines Kontinuums vorstellen. Wir alle befinden uns irgendwo auf diesem Kontinuum zwischen bedingungslosem Glauben auf der einen Seite und kritischer Rationalität auf der anderen. Person A etwa hat kaum Zweifel an ihrem Glauben, befindet sich also in der Nähe des Idealtypus der Religion (links), Person B wiederum glaubt an dieses, zweifelt jedoch an jenem, befindet sich also eher in der Mitte des Kontinuums, Person C hingegen hat den Glauben an höhere Mächte vollständig aufgegeben, nähert sich also stark dem Idealtypus der Aufklärung (rechts) an.

Je näher wir uns in die Richtung des Pols „Religion“ bewegen, desto geringer sind die aufklärerischen Anteile im jeweiligen Weltanschauungssystem (typisch für die diversen religiösen Fundamentalismen unserer Zeit, etwa für fundamentalistische Muslime, Hindus oder Christen). Je näher wir uns in die Richtung des Pols „Aufklärung“ bewegen, desto geringer werden die religiösen Anteile, möglicherweise gehen sie sogar gänzlich verloren. Irgendwo in der Mitte dieses Kontinuums finden wir das Konstrukt der „aufgeklärten Religion“.

Das Problem dieses Konstrukts ist, dass es trotz seiner noch immer vorhandenen Popularität in Europa höchst instabil ist. Warum? *Weil eine logisch konsistente Kombination von traditionellem Glauben und rationalem Denken angesichts des erreichten Wissenstands heute kaum noch möglich ist.* Salopp formuliert: Die aufgeklärte Religion ist bei genauerer Betrachtung so etwas wie ein „verheirateter Junggeselle“, ein Widerspruch in sich. Denn keine der bestehenden Religionen ist mit den Ergebnissen der wissenschaftlichen Forschung noch in Einklang zu bringen. Nie zuvor in der Geschichte der Menschheit trat die Unvereinbarkeit von religiösem Glauben und wissenschaftlichem Denken so deutlich zum Vorschein wie in unseren Tagen.

Das immer offensichtlicher werdende Auseinanderdriften von Wissen und Glauben setzt vor allem die Vertreter der aufgeklärten Religion unter Druck. Schließlich es ist gar nicht so leicht, *einerseits* zu wissen, dass man nur einer zufällig entstandenen Trockennasenspezies auf einem kleinen, unbedeutenden Planeten am Rande der Milchstraße angehört, *andererseits* jedoch an der größenwahnsinnigen Idee festzuhalten, dass es in der vermeintlichen „Schöpfung“ vor allem um unser Seelenheil gehen soll. Die *kognitive Dissonanz*, die sich hier widerspiegelt, ist einer der Gründe dafür, warum wir weltweit einen recht stabilen sozialen Trend feststellen können – und zwar einen Trend in Richtung eines konsequenteren Denkens und Handelns in Bezug auf die Religion. Während liberale Kirchen wie die EKD stetig an Mitgliedern verlieren, wird nicht nur das Heer der „Ungläubigen“, sondern auch die Zahl der Anhänger fundamentalistischer Gruppierungen größer. Die Menschen neigen offenkundig dazu, entweder auf konsequentere Weise zu glauben – und solche Menschen lassen sich nicht mit ein paar unverbindlichen Metaphern abspeisen! – oder aber sich aufgrund rationaler Argumente konsequenter gegen den Glauben zu entscheiden.

Wer dieses Faktum zur Kenntnis nimmt, dürfte sich schwer damit tun, allzu große Hoffnungen auf das Projekt einer „aufgeklärten Religion“ zu setzen. Auf Dauer nämlich wird ein solcher „weltanschaulicher Flickenteppich“ auf immer weniger Menschen attraktiv wirken. Denn ein aufgeklärter Glaube ist letztlich ein Glaube ohne Pointe. Beispielsweise ist die Erlösungstat Jesu ohne Voraussetzung von Hölle und Teufel so spannend wie ein Elfmeterschießen ohne gegnerische Mannschaft. Wenn der Teufel bei aufgeklärten Christen gar nicht erst zum Spiel antritt, so kann man sich eigentlich auch den Rest der religiösen Erzählung schenken. Man mag es vielleicht bedauern, dass die „aufgeklärte Religion“ ihre *Vermittlungsfunktion zwischen konsequenter Aufklärung und Fundamentalismus* verliert, dieses Phänomen zu ignorieren, wäre jedoch töricht.

Grafisch lässt sich der soziale Trend der letzten Jahre etwa wie folgt verdeutlichen: Wir bewegen uns immer mehr von einer gesellschaftlichen „Frühstücksei-Verteilung“ hin zu einer „Eieruhr“.

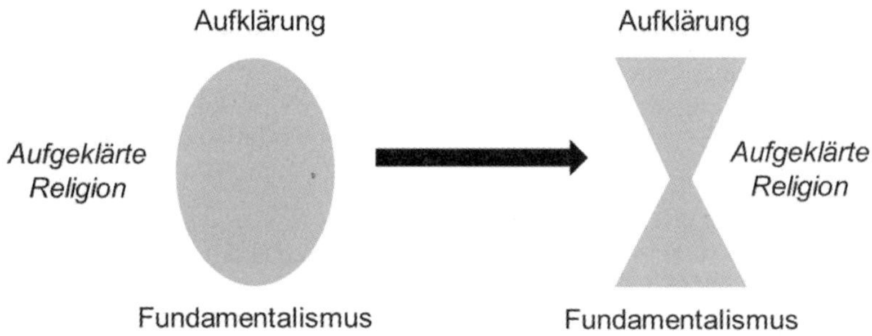

Zur Erklärung: Vor einigen Jahren gab es in Europa recht wenige Vertreter sowohl einer konsequenten Aufklärung als auch eines konsequenten religiösen Fundamentalismus, dafür jedoch eine breite Mittelschicht, die Aspekte beider Denkungsarten irgendwie miteinander verband. Zunehmend dünnt jetzt jedoch diese Mitte aus, während die beiden Pole „konsequente Aufklärung“ und „Fundamentalismus“ kräftig zulegen. Eine Folge dieser Veränderungsprozesse wird sein, dass der „Kampf der Kulturen“ in den nächsten Jahren wohl noch heftiger geführt werden wird als in der Gegenwart, und dies sowohl zwischen den jeweiligen fundamentalistischen Lagern als auch zwischen ihnen und den Vertretern einer dezidiert aufgeklärten Weltsicht.

Von Entwarnung kann im Kampf der Kulturen also nicht die Rede sein. Im Gegenteil: Wir werden mehr und mehr mit Formen fundamentalistischer Gewalt konfrontiert werden. Und dies gilt keineswegs nur für den islamischen Fundamentalismus. Vergessen wir nicht, dass die weltweit am stärksten wachsende Religionsgemeinschaft nicht der Islam ist, sondern das evangelikale Christentum. Die verheerenden Folgen dieses Wachstumsprozesses zeigen sich vor allem in den Ländern der Südhalbkugel. Beispiel Nigeria: In Nigeria hat im letzten Jahrzehnt eine neue Hexenverfolgung stattgefunden. Getreu der biblischen Maxime „Eine Hexe sollst du nicht am Leben lassen“ haben dort fanatisierte Christen Zehntausende Kinder als Hexen verfolgt, gefoltert, erstochen, gesteinigt, verbrannt.

Damit komme ich zu meiner dritten und letzten These:

Im politischen Einfluss der Religionen liegt ein Teil des Problems – nicht die Lösung des Problems. Die Werte des Zusammenlebens müssen auf einer säkularen Basis gefunden werden.

Selbstverständlich sind kriegerische Auseinandersetzungen nicht allein auf Religion zurückzuführen. Im Zentrum stehen meist ökonomische, ökologische und soziale Interessenskonflikte, was man beispielsweise am Nahost-Konflikt leicht aufzeigen kann. Durch ihre rigide Ingroup-Outgroup-Normierung tragen Religionen jedoch zu einer weiteren Eskalation solcher Interessenskonflikte bei. Denn wer sich selbst als Wahrer des „göttlich Guten“ wähnt, der neigt dazu, in Konfliktgegnern eben nicht Menschen mit menschlich-allzumenschlichen Eigenschaften zu sehen, sondern vielmehr „Agenten finsterer Mächte“, „diabolische Kräfte des Bösen“, die es mit aller Macht und ohne Rücksicht auf Verluste zu beseitigen gilt.

Es war daher ein kluger Schachzug der Aufklärungsbewegung, den Wirkungsbereich des Glaubens aus der Öffentlichkeit zu verbannen und Religion zur Privatsache zu erklären. Diese aufklärerische *Trennung von Religion und Politik* ist ein Projekt, das heute fortgeführt werden muss – und zwar nicht nur hier in Europa, sondern auch auf globaler Ebene.

Denn solange wir es zulassen, dass die Religionsfreiheit als Freibrief für Menschenrechtsverletzungen angesehen werden kann, solange ist die schöne UN-Menschenrechtserklärung keinen Pfifferling wert. Es muss heute daher dringend ein Bewusstsein dafür geschaffen werden, dass die Regeln des Zusammenlebens in einer pluralen Welt notwendigerweise diesseitig, also säkular, begründet sein sollten. Warum? Weil solche Regeln nun einmal *für alle gelten und daher auch für alle einsichtig sein müssen*, und zwar völlig unabhängig davon, ob man nun an Jahwe, Allah, Krishna, die Zahnfee oder die universelle Gültigkeit der Evolutionstheorie glauben mag.

Dies verlangt aber, *dass religiöse Begründungsmuster im politischen Bereich abgeschwächt werden müssen* – und nicht, wie es Hans Küng offenbar vorschwebt, noch stärker hervorgehoben werden. Denn nur wenn wir daran festhalten, dass Religion Privatsache ist, wird es uns gelingen, den gefährlichen Dualismus der Ethik zu überwinden. Lassen wir den Religionen hingegen zu großen Spielraum, so wird es noch häufiger zu Exzessen der inquisitorischen Logik kommen nach dem Motto: „Du wirst dran glauben oder: du wirst dran glauben".

Deshalb bin ich überzeugt: Ein dauerhafter Friede wird erst möglich sein, wenn wir uns nicht mehr vorrangig als Juden, Christen, Muslime, Hindus, Buddhisten oder Atheisten wahrnehmen, sondern als gleichberechtigte Mitglieder einer mitunter zu kolossaler Selbstüberschätzung neigenden affenartigen Spezies.

Anmerkungen

1 zum „Dualismus der Ethik" wie auch der gesamten Argumentation in diesem Text siehe: Michael Schmidt-Salomon: Jenseits von Gut und Böse. Warum wir ohne Moral die besseren Menschen sind. 2009

2 Exodus 20,13

3 Exodus 20,15

4 Exodus 22,17-19

5 Exodus 23,27-31

6 Deuteronomium, 7,16-24

7 Mt 5,43-45. Ähnliche Stellen gibt es vereinzelt schon im Alten Testament (etwa im Buch Leviticus 19,33-34), gegenüber der Vielzahl der Aufforderungen zur Abschlachtung anderer Völker gehen sie aber unter.

8 Mt 13,41-43

9 Franz Buggle: Denn sie wissen nicht, was sie glauben. 2004, S. 120

10 Römer 1,28-32

11 Suren 14,16 und 78,25. Die Koranzitate folgen der Übersetzung von Rudi Paret.

12 Sure 6,70

13 Sure 47,15

14 Sure 22,21

15 Sure 22,19f.

16 Sure 47,4

17 „Als die schlimmsten Tiere gelten bei Gott diejenigen, die ungläubig sind und (auch) nicht glauben werden (oder: und um alle Welt nicht glauben wollen)." (Sure 8,55)

18 siehe Sure 9,81ff.

19 So heißt es in Sure 8,15-16: „Ihr Gläubigen! Wenn ihr mit den Ungläubigen in Gefechtsberührung kommt, dann kehret ihnen nicht den Rücken! Wer ihnen alsdann den Rücken kehrt – und sich dabei nicht (nur) abwendet, um (wieder) zu kämpfen, oder abschwenkt (um) zu einer (anderen) Gruppe (zu stoßen und sich dort am Kampf zu beteiligen) –, der verfällt dem Zorn Gottes, und die Hölle wird ihn (dereinst) aufnehmen. Ein schlimmes Ende!"

20 Die nachfolgende Sure wird sowohl in bin Ladens erster Kriegserklärung von 1996 als auch in der zweiten Kriegserklärung von 1998 zitiert; vgl. Marwan Abou-Taam und Ruth Bigalke (Hrsg.): Die Reden des Osama bin Laden. 2006, S. 66 und 73.

21 Sure 9,5

Der sogenannte „neue Atheismus“
Rede in der Evangelischen Stadtakademie München

Ich bin gebeten worden, diese Podiumsdiskussion mit einem 20-minütigen Impulsreferat zu eröffnen, das verdeutlichen soll, was sich hinter dem viel strapazierten Modewort „Neuer Atheismus“ verbirgt. Wie Sie vielleicht wissen, handelt es sich um eine erstaunlich junge Wortschöpfung. Der Begriff „Neuer Atheismus“ tauchte erstmals Ende 2006 an prominenter Stelle auf, nämlich in einem Artikel von Gary Wolf, der in der November-Ausgabe des *Wired-Magazine* schrieb:

„Dies ist die Herausforderung der Neuen Atheisten: Wir sind dazu aufgerufen, wir lockeren Agnostiker, wir hingebungslosen Ungläubigen, wir unbestimmten Deisten, denen es peinlich wäre, antike Absurditäten wie die Jungfrauengeburt zu verteidigen (...), man fordert uns Unentschlossene auf, diesen lähmenden Fluch zu exorzieren: *Den Fluch des Glaubens*. Die neuen Atheisten werden uns nicht schon allein deshalb vom Haken lassen, weil wir keine dogmatischen Gläubigen sind. Sie verurteilen nicht nur den Gottesglauben, sondern auch den Respekt für den Gottesglauben.“

Meines Erachtens trifft Wolfs Umschreibung recht gut ein wesentliches Merkmal des sog. neuen Atheismus. In der Tat zeichnet er sich dadurch aus, dass er nicht nur den traditionellen *Gottesglauben ablehnt, sondern auch den voraussetzungslosen Respekt vor dem Gottesglauben.* Denn die neuen Atheisten sprechen Klartext – auch und gerade dann, wenn es um religiöse Themen geht. Religiöse Aussagen können und müssen nach ihrer Auffassung ebenso kritisiert werden wie nicht-religiöse Aussagen. Für die neuen Atheisten gibt es keine „Sphäre des Heiligen“, die per se von Kritik verschont werden sollte. Es ist für sie selbstverständlich, dass man einem Satz von Jesus, Mohammed, Ron Hubbard, Papst Benedikt, Herrn Huber oder Frau Käßmann von vornherein nicht mehr Glauben schenken sollte als der Aussage jeder anderen x-beliebigen Person.

Mit dieser kritischen Grundausrichtung begehen die neuen Atheisten aus *streng religiöser Sicht* einen Tabubruch: Sie tasten das angeblich „Unantastbare“ an, „entheiligen“ das sog. „Heilige“. Nicht zuletzt deshalb stehen die Vorreiter dieser neuen religionskritischen Bewegung im Ruf, „militante Atheisten“ zu sein. Besonders Richard Dawkins wird häufig mit diesem Etikett versehen, obgleich er nun wirklich ein Gentlemen mit untadeligen Oxford-Manieren ist, der niemals auch nur im Entferntesten auf den Gedanken käme, zu Gewalt aufzurufen oder sie gar selbst anzuwenden. Auch ich wurde in der Presse schon häufig zum „militanten Atheisten“ abgestempelt. Worin diese angebliche „Militanz“ begründet sein soll, hat sich mir allerdings bis heute nicht erschlossen. Denn was habe ich getan? Ich habe Argumente vorgebracht, die im Widerspruch zu tradierten Glaubensüberzeugungen stehen, und hin und wieder einige mir besonders absurd erscheinende Glaubensüberzeugungen satirisch auf die Schippe genommen. Ich habe aber weder zu einem Aufstand wider die Gläubigen aufgerufen noch habe ich Menschen, die nicht meiner Meinung sind, ewige Höllenqualen oder vergleichbare Übel angedroht.

In all den Jahren, in denen ich als Religionskritiker unterwegs bin, habe ich nicht einen einzigen „militanten Atheisten“ getroffen, wohl aber zahlreiche militante Gläubige. Immerhin erhalte ich schon seit gut fünfzehn Jahren Morddrohungen von Fundamentalisten, die das „Geschenk der Kritik“ offensichtlich nicht zu schätzen wissen. Ich bezweifle stark, dass Vertreter des Glaubens von nicht-religiöser Seite auch nur annähernd so massiv bedroht werden, wie wir Religionskritiker es von religiöser Seite gewohnt sind.

Und so lautet meine These zum Thema „Militanz“: *Der neue Atheismus ist nicht militant, er versucht vielmehr, die „Streitkultur der Aufklärung“ gegen die neue Militanz religiöser Fundamentalisten zu verteidigen.* Hätte es die Anschläge islamistischer Terrorgruppen, Bushs „Kreuzzug gegen die Achse des Bösen“, die Schüsse Evangelikaler auf Abtreibungsärzte, die vielen Opfer des Karikaturenstreits, all die Steinigungen, Ehrenmorde und so vieles andere mehr in den letzten Jahren nicht gegeben, so hätte sich der „neue Atheismus“ mit allergrößter Wahrscheinlichkeit gar nicht erst entwickelt.

Die neuen Atheisten versuchen, die Errungenschaften der Moderne gegen die Bedrohungen eines neuen Irrationalismus zu verteidigen. Und dieser Irrationalismus nimmt heute leider erschreckende Formen an – und dies nicht nur in islamischen Regionen. Vergangene Woche etwa meldete der *Spiegel*, dass einige christliche Kirchen in Nigeria den biblischen Auftrag „Eine Hexe sollst du nicht am Leben lassen!“ wieder allzu wörtlich nehmen. In den letzten zehn Jahren wurden in Nigeria Zehntausende Kinder als Hexen verfolgt, gefoltert, schrecklich entstellt, traumatisiert, einige Tausend Jungen und Mädchen kamen dabei ums Leben. Mitverantwortlich für diesen grausamen neuen Hexenwahn ist nicht zuletzt auch ein Deutscher: Reinhard Bonnke mit seinem Missionswerk *Christus für alle Nationen*, der insbesondere in Nigeria immer wieder vor einem Millionenpublikum predigt und dabei sehr wirkungsvoll die Angst vor „finsteren Dämonen“ schürt. Ich erwähne dies hier nur als *ein* Beispiel unter vielen, das erklärt, warum sich die neuen Atheisten so entschieden auf religionskritischem Gebiet betätigen. Ich versichere Ihnen: *Besäßen alle Religionsgemeinschaften das Reflexionsniveau der EKD, gäbe es heute keinen neuen Atheismus!* Doch davon kann leider überhaupt nicht die Rede sein – und selbst die EKD steht in diesem Zusammenhang, wenn ich mich nicht sehr täusche, vor gewaltigen internen Belastungsproben.

Damit zurück zum Begriff des „neuen Atheismus“: Zu fragen ist, was denn eigentlich so „neu“ an ihm sein soll, wenn man einmal von den historischen Umständen seiner Entstehung absieht. Ist es vielleicht die polemische Schärfe der neuen Religionskritik? Ganz gewiss nicht! Denn gegenüber den harten Verrissen des Christentums etwa von Friedrich Nietzsche wirken die Kritiken von Dawkins, Harris, Hitchens oder mir doch geradezu kuschelig! Sogar Immanuel Kant, der nun ganz sicher nicht im Verdacht steht, ein militanter Atheist gewesen zu sein, fand drastischere Worte als wir. So meinte er, dass alles, was über eine gute Lebensführung hinausgehe, also all die Rituale, die die Religionen ihren Gläubigen abverlangen, nichts weiter sei als „Religionswahn und Afterdienst Gottes“. Wer sich also darüber aufregte, dass Richard Dawkins den Begriff „Gotteswahn“ gebrauchte, der sollte sich auch gleich beim guten, alten Kant beschweren!

Was also ist neu am neuen Atheismus? *Neu am „neuen Atheismus“ ist nicht die Schärfe der Religionskritik, sondern die öffentliche Sichtbarkeit dieser Kritik.* Während Nietzsche zu Lebzeiten gerade einmal 900 Bücher absetzte, haben die sog. neuen Atheisten weltweit einige Millionen Bücher verkauft. Während früher nur in kleinen, elitären Zirkeln freigeistig gedacht wurde, ist dies heute ein Massenphänomen. Abertausende von Menschen outen sich Tag für Tag im Internet als Nichtgläubige, das Thema Religionskritik hat nach langem, zähem Ringen endlich auch die Massenmedien erreicht. Hieran haben die sog. neuen Atheisten einen wesentlichen Anteil.

Denn sie haben erkannt, *dass es der Aufklärung in der Vergangenheit nicht so sehr an guten Argumenten mangelte, sondern vielmehr an einer guten PR.* Also haben sie die Möglichkeiten der Mediengesellschaft genutzt und auf kreative Weise den öffentlichen Raum besetzt, wodurch sichtbar wurde, was zuvor verdeckt war, nämlich, dass sich sehr viele Menschen in den westlichen Industrienationen längst schon von traditionellen Glaubensvorstellungen verabschiedet haben, dass sie sich stärker an Wissenschaft, Philosophie und Kunst orientieren als an Religion, dass sie Wert darauf legen, ein Leben nach ethischen Maßstäben, frei von religiöser Bevormundung zu führen usw.

Das größte Verdienst des sog. neuen Atheismus ist es, dass er einer großen Öffentlichkeit bewusst machte, dass es eine tragfähige weltanschauliche Position jenseits der etablierten Religionen gibt und dass diese Position heute von mehr und mehr Menschen vertreten wird. Um dieses öffentliche Bewusstsein herzustellen, war der medienwirksame Begriff des „neuen Atheismus“ zweifellos hilfreich. Doch leider zielte er im Kern an den eigentlichen Zielen und Vorstellungen der Protagonisten dieser Bewegung vorbei, womit ich zum zweiten Teil meiner Ausführungen komme.

Der neue Humanismus – Was sich tatsächlich hinter dem „neuen Atheismus“ verbirgt

Meine Damen und Herren, es wird Sie vielleicht verwundern, aber schon seit vielen Jahren befällt mich großes Unbehagen bei diesem, bei genauerer Betrachtung arg unpräzisen Begriff „Atheismus“. Schließlich kann man logischerweise nur etwas bestreiten, was einigermaßen klar definiert ist. Dies jedoch ist bei dem Begriff „Gott“ nicht der Fall. Jeder Theologe, jeder Gläubige scheint seine ganz eigenen Vorstellungen davon zu haben, was sich hinter dem Begriff „Gott“ verbirgt. Manche dieser Vorstellungen erscheinen mir als absurd, manche auch als gefährlich, andere hingegen als harmlos oder gar als durchaus nachvollziehbar. Warum also sollte ich einen „atheistischen Blanko-Scheck“ unterschreiben, der besagt, „dass Gott nicht existiert“, wenn einige Gläubige unter „Gott“ offenbar nichts weiter verstehen als beispielsweise die „Unergründlichkeit des Kosmos“ oder „das wunderbare Geschenk der Liebe“?

Weder an der Existenz des Kosmos noch an der Existenz von Liebe auf diesem Staubkorn im Weltall hege ich irgendwelche Zweifel. Ich ziehe es zwar aus Gründen der Verständlichkeit vor, den Kosmos als „Kosmos“ zu bezeichnen und die Liebe als „Liebe“, doch warum sollte ich derartige Definitionen von „Gott“ darüber hinaus noch kritisieren? In mir regt sich auch kein religionskritischer Impuls, wenn jemand behauptet, Gott sei das schlichtweg „Unvorstellbare“. *Denn kein vernünftiger Religionskritiker hat je die mögliche Existenz eines „unvorstellbaren Gottes“ bestritten, ins Fadenkreuz der Kritik geriet allein der „vorgestellte Gott“.* Kritisiert wurde der Glaube an einen *personalen Gott*, dem bestimmte Eigenschaften zugeschrieben wurden – und zwar Eigenschaften, die entweder mit unseren Erfahrungen kollidieren (etwa mit den Erkenntnissen der Evolutionsbiologie) oder die ethisch problematische Konsequenzen nach sich ziehen (etwa die in den Heiligen Schriften dokumentierte Homophobie des abrahamitischen Gottes).

Während derartige Vorstellungen eines personalen Gottes teils heftig kritisiert wurden, trifft dies auf den unpersönlichen, den unvorstellbaren Gott der Mystiker nicht zu. Der Gott Meister Eckarts, Brunos, Spinozas, der Gott der negativen Theologie oder auch der metaphorische Gott Albert Einsteins, ein solcher „Gott“ ist niemals Gegenstand religionskritischer Angriffe gewesen! Im Gegenteil: Richard Dawkins bezeichnete sich selbst als „im Einsteinschen Sinne religiös“, Sam Harris verfolgt schon seit Jahren das Projekt einer religionsfreien Spiritualität, und ich selbst habe (u. a. in meinem Buch *Jenseits von Gut und Böse*) ausführlich über die Möglichkeiten einer „rationalen Mystik“ geschrieben.

Worauf ich hinaus will: *Im Unterschied zu Max Weber und Jürgen Habermas, die sich selbst als „religiös unmusikalisch“ definierten, sind die neuen Religionskritiker „religiös hochmusikalisch“.* Sie kennen diesen „Sinn und Geschmack für das Unendliche“, der nach Schleiermacher ein Wesensmerkmal des Religiösen ist. Und *gerade deshalb* reagieren sie wohl auch besonders empfindlich auf die Misstöne, die da gewöhnlich im „Wald-und-Wiesen-Konzert“ der Religionen erklingen. Denn wenn man sich die ungeheuren Dimensionen des Kosmos bewusst macht, so erscheinen die meisten religiösen Erzählungen (ich erinnere nur an den „Backe-backe-Kuchen-Mythos“ der Bibel) wie kindlich naive Karikaturen, die den „Geschmack für das Unendliche“ eher verderben, als dass sie ihn fördern.

Der Begriff „neuer Atheismus“ ist also insofern problematisch, als er die „Einsteinsche Religiosität“ verdeckt, die viele neue Religionskritiker miteinander verbindet. Ein weit größeres Problem jedoch ist, dass dieser Begriff gar nicht das widerspiegelt, worum es den meisten Autoren geht. Im Grunde interessiert uns die Frage nach Gott nämlich gar nicht so sehr, sie ist nur ein Randaspekt eines sehr viel größeren Themas. *Denn in Wahrheit ist der sog. neue Atheismus nur die religionskritische Spitze eines weltanschaulichen Eisberges.* Und das, was sich unterhalb der medialen Oberfläche des „neuen Atheismus“ befindet, ist weitaus interessanter als jene Teile, die bislang sichtbar wurden. Unter der Oberfläche zeigen sich nämlich die Konturen einer neuen Weltanschauung, die über bloße Religionskritik weit hinausgeht. Man kann diese alternative Weltanschauung in Analogie zum „neuen Atheismus“ als „neuen Humanismus“ oder (etwas präziser) als „naturalistischen Humanismus“ bezeichnen.

Insgesamt ist der neue, naturalistische Humanismus wohl eine noch größere Provokation als der neue Atheismus, denn er stellt nicht nur das tradierte Gottesbild in Frage, sondern darüber hinaus auch das tradierte Menschenbild. Dieses Menschenbild ist nämlich durch den wissenschaftlichen Fortschritt (insbesondere im Bereich der Hirnforschung und der Evolutionsbiologie) stark ins Wanken geraten. Die Folgen der jüngsten wissenschaftlichen Entzauberung des Menschen sind gravierend – nicht zuletzt für die ethische Debatte: Denn wenn der naturalistisch entzauberte Mensch, wie alle anderen Lebewesen auch, zwingend Naturgesetzen unterworfen ist, wenn er sich also nicht mehr auf eine angeblich „frei schwebende, autonome Vernunft“ berufen kann, welchen Sinn machen dann noch Begriffe wie „Freiheit“ und „Würde“, „Schuld“ und „Sühne“ , „gut“ und „böse“?

Auf solche Fragen versuchen die neuen Humanisten befriedigende Antworten zu finden, die im Einklang sowohl mit den wissenschaftlichen Erkenntnissen unserer Zeit als auch mit den Grundanforderungen einer humanen, an Freiheit und Gleichberechtigung orientierten Ethik stehen. Und so definiert sich der neue Humanismus keineswegs bloß als *Opposition*, sondern ganz bewusst als *Alternative* zur Religion. Er scheut sich in diesem Zusammenhang auch nicht davor, sich selbst als „Weltanschauung“ zu begreifen. Allerdings ist er eine „Weltanschauung unter Vorbehalt“, denn er geht nicht von unerschütterlichen Dogmen aus, sondern von Hypothesen, die jederzeit überprüft und verändert werden können. Für den neuen Humanismus gibt es keine heiligen Schriften und auch keine unfehlbaren Propheten, Priester oder Philosophen. Das kritisch-rationale Fundament, auf dem er gründet, macht den neuen Humanismus zu der wohl ersten Weltanschauung, die den Anspruch hat, sich selbst aufzuheben, wenn ihre grundlegenden Prämissen sich als falsch erweisen sollten. Damit komme ich zum letzten Teil meiner Ausführungen.

Eine Doppelstrategie der Aufklärung? Neuer Humanismus und innerreligiöse Reformbewegung

Religionen werden, wie Sie wissen, seit jeher von Religionskritik begleitet. Häufig kritisierten sich die Religionen untereinander, in einem beachtlichen Maße wurde Kritik jedoch auch innerhalb der religiösen Gruppen formuliert. Diese interne Religionskritik führte mitunter zu Abspaltungen (etwa der Trennung von Katholizismus und Protestantismus), aber auch zu allmählichen Reformprozessen innerhalb der religiösen Gemeinschaften.

Gegenüber dieser, über Jahrhunderte sich erstreckenden, religions*internen* Kritik ist religions*externe* Kritik von dezidiert nicht-religiösen Einzelpersonen oder Gruppierungen ein recht junges Phänomen, gerade einmal 250 Jahre alt. Jedoch hat diese neuzeitliche Kritik von außen eine besondere Dynamik in das religiöse Geschehen gebracht. Insbesondere das europäische Christentum scheint dabei von einer Art „aufklärerischen Doppelstrategie“ profitiert zu haben. Denn die scharfe externe Kritik schuf innerhalb der religiösen Institutionen Freiräume, die notwendig waren, damit sich innerkirchliche Reformkräfte entfalten konnten. Ohne Feuerbach, Nietzsche, Marx, Freud, Russell oder Deschner gäbe es, wie ich meine, keinen Küng, keinen Drewermann und auch keine „Kirchenvolksbewegung“.

Ich bin überzeugt, dass diese aufklärerische Doppelstrategie auch heute noch notwendig ist, damit das Christentum nicht fundamentalistisch verkrustet. Das heißt für Sie, ich meine nun die wirklich Gläubigen hier im Publikum, selbstverständlich nicht, dass Sie die Konzepte des neuen Humanismus kritiklos annehmen müssten. Aber vielleicht werden Sie doch hin und wieder erkennen können, dass diese neuhumanistische Kritik nicht nur eine unangenehme Belästigung ist, sondern dass sie durchaus auch ein paar kleine Geschenke für Sie enthält, die Sie nutzen können, um Ihren Glauben weiterzuentwickeln.

Auf jeden Fall scheint es mir notwendig zu sein, dass sich religiöse wie nicht-religiöse Menschen heute gemeinsam gegen den neuen Irrationalismus und Fundamentalismus engagieren, der das Projekt der offenen Gesellschaft zunehmend bedroht. Lassen Sie uns in dieser Hinsicht – trotz aller Widersprüche in unseren Positionen – gemeinsam streiten, damit unsere chronisch überspannte Primatenart künftig vielleicht etwas eher in der Lage sein wird, falsche Ideen sterben zu lassen, bevor Menschen für falsche Ideen sterben müssen…

Lehren aus dem Minarettverbot
Kommentar zum Schweizer Volksentscheid

58 Prozent der Wähler haben sich bei der Schweizer Volksabstimmung dafür entschieden, den Bau von Minaretten künftig zu verbieten. Was ist davon zu halten? Ist die Mehrheit der Schweizer fremdenfeindlich oder politisch so unbedarft, dass sie rechtspopulistischer Propaganda willfährig auf den Leim geht? In der medialen Berichterstattung über den Volksentscheid wird dieser Eindruck momentan erzeugt, doch eine solche Einschätzung zielt, wie ich meine, auf bedenkliche Weise am Kern des Problems vorbei.

Dass die Kampagne für das Minarettverbot mit fremdenfeindlichen Ressentiments arbeitete und damit auch einen Teil der Schweizer Bevölkerung ansprach, ist nicht zu bezweifeln. Doch dies alleine hätte niemals für eine Mehrheit beim Volksentscheid gereicht. Für das Verbot stimmten ganz offensichtlich auch Menschen, denen man Fremdenfeindlichkeit nicht vorwerfen kann. Doch wie ist das zu erklären?

Ich habe auf meinen Vorträgen in der Schweiz zahlreiche Menschen getroffen, die genau wussten, dass ein Minarettverbot in der Verfassung im Grunde grober Unfug ist und wohl auch gegen die „Europäische Menschenrechtskonvention“ verstößt. Dennoch haben sich einige von ihnen „mit schlechtem Gewissen“, wie sie sagten, für die Minarettverbots-Initiative ausgesprochen. Warum? Weil sie mit dieser Entscheidung ein Zeichen setzen wollten gegen den politischen Islam, gegen Kopftuchzwang und Ehrenmorde, gegen die Diskriminierung von Frauen und Homosexuellen, kurzum: gegen all die reaktionären Werte, die von einigen führenden Islamlobbyisten (und leider auch einer steigenden Anzahl von Muslimen in der Bevölkerung) tatsächlich vertreten werden und die so gar nicht mit den Leitideen einer modernen, aufgeklärten Gesellschaft in Einklang zu bringen sind.

Wenn sich Bürger gezwungen sehen, gegen ihre demokratischen Überzeugungen zu stimmen, so ist dies ein deutliches Anzeichen dafür, dass in der politischen Debatte etwas grundlegend schief läuft. Der Westen hat es bislang nicht geschafft, seinen eigenen Wertekanon, das heißt: die Kultur der Menschenrechte, der Aufklärung und des Humanismus, mit der notwendigen Entschiedenheit zu vertreten und Menschenrechtsverletzungen im Namen der Religion zu bekämpfen. Dies hat im Laufe der Zeit gehörigen Unmut in der Bevölkerung produziert, der in der Schweizer Volksabstimmung nun ein Ventil gefunden hat.

Es handelt sich hierbei allerdings keineswegs um ein Problem, das allein die Schweiz betrifft. In Deutschland wie in den anderen europäischen Ländern würde es ähnliche Abstimmungsergebnisse geben, sofern die Wähler dort ähnliche politische Rechte besäßen wie in der Urdemokratie der Schweiz. (In einer derzeit laufenden *Spiegel-Online*-Umfrage stimmen 77 Prozent für ein Minarettverbot in Deutschland – und unter diesen Befürwortern finden sich mit Sicherheit nicht nur Ausländerfeinde!) Politischen Handlungsbedarf gibt es also überall. Was aber müsste getan werden, damit die berechtigte Kritik am orthodoxen Islam nicht doch allmählich in fremdenfeindliches Ressentiment umkippt? Hierzu drei Vorschläge:

Erstens: Die westlichen Länder müssen ihre eigenen Spielregeln deutlicher als bisher definieren und beherzter durchsetzen – gerade auch gegenüber denjenigen, die sich zur Begründung ihrer reaktionären Vorstellungen auf angeblich „heilige Werte“ berufen. Es sollte klar sein, dass Menschenrechtsverletzungen weder innen- noch außenpolitisch toleriert werden dürfen. Darüber hinaus sollte der Staat endlich seiner Aufgabe nachkommen, durch eine verstärkte Integrationspolitik all jene Migranten und Migranteninitiativen aktiv zu fördern, die sich zu seinen Rahmenwerten bekennen. Die Handlungsspielräume derer, die dem notwendigen Grundkonsens einer offenen Gesellschaft widersprechen, sollten demgegenüber empfindlich begrenzt werden.

Zweitens: Da reaktionäre Wertvorstellungen meist Ausdruck mangelhafter Bildung sind, sollten die Schulen zu Lernorten werden, in denen traditionelle Vorstellungen kritisch hinterfragt werden. Hierzu bietet sich insbesondere ein für alle Schüler verbindlicher Ethikunterricht an. Der religiösen Gettoisierung der Gesellschaft sollte bereits in der Grundschule entgegengewirkt werden!

Drittens: Der Diskurs über den Islam krankt daran, dass liberale Muslime in der öffentlichen Debatte kaum auftreten. Progressiv denkende Muslime, die für die Gleichberechtigung von Mann und Frau eintreten, die

Ehrenmorde verurteilen und Homosexuelle ganz selbstverständlich akzeptieren, die ihre Kinder nicht verschleiern und die sich über Fatwas gegen Religionskritiker ebenso empören wie wir, müssen sich stärker als bisher zu Wort melden. Sie dürfen es nicht den konservativen Islamverbänden überlassen, die Gesamtheit der Muslime zu repräsentieren. Bislang sind die Aleviten hierzulande die einzige Gruppierung, die sich für einen aufgeklärten Islam öffentlich stark macht. Doch das ist bei Weitem nicht genug! Ein Verband liberaler Muslime ist dringend vonnöten! Wir von der *Giordano-Bruno-Stiftung* würden eine solche Vereinigung liebend gern unterstützen, so wie wir es auch im Fall des *Zentralrats der Ex-Muslime* tun und getan haben.

Fazit: Es wäre höchst bedenklich, würde das aktuelle Votum für das Minarettverbot als Anlass genommen werden, ausgerechnet den Schweizern (!) mangelhaftes Demokratieverständnis vorzuwerfen. Vielmehr sollte es als Warnsignal begriffen werden, das uns zu einem anderen Umgang mit dem politischen Islam auffordert. Sollte die Schweizer Volksabstimmung einen solchen Umdenkungsprozess einleiten, so hätte das Votum vom Sonntag tatsächlich etwas Positives bewirkt – auch wenn ich persönlich, wenn man mich gefragt hätte, „mit schlechtem Gewissen“ gegen das Minarettverbot gestimmt hätte…

„Wir haben abgeschworen!“ Hintergründe einer erfolgreichen Kampagne

Berlin, 28.2.2007, im Haus der Bundespressekonferenz: Mina Ahadi und Arzu Toker im Blitzlicht der Fotografen, umringt von Journalisten und Kamerateams. Endlich ist er da, der Tag, auf den wir so lange hingearbeitet haben, der Tag, an dem der *Zentralrat der Ex-Muslime* mit seiner Kampagne „Wir haben abgeschworen!“ offiziell an die Öffentlichkeit tritt. Schon am Morgen hatte ein CNN-Team Mina am Flughafen empfangen und in das Berliner Hotel begleitet, in dem Arzu, Mina und ich ein letztes Mal den Ablauf der Pressekonferenz absprachen. Der Raum für die Pressekonferenz, den wir kurz vor der Veranstaltung noch einmal erweitern mussten, weil sich letztlich doch weit mehr Journalisten angemeldet hatten als ursprünglich gedacht, ist randvoll gefüllt. Große Spannung liegt in der Luft. Nachdem ich die Pressekonferenz eröffnet, die Pressemappe und die Podiumsteilnehmerinnen vorgestellt habe, beginnen Mina und Arzu mit ihren Statements. Beide sprechen sehr konzentriert und engagiert, nehmen kein Blatt vor den Mund. Ich mustere die Journalisten, die vor mir sitzen. Sind sie auf eine derartig „drastische Aufklärungskampagne“ ausreichend vorbereitet? Ich bin noch skeptisch, doch zu meiner großen Überraschung geschieht nach beiden Statements etwas sehr Ungewöhnliches: Ein Großteil der Journalisten beginnt zu klatschen – etwas, was neutrale Berichterstatter auf Pressekonferenzen normalerweise tunlichst vermeiden.

Man kann in den Gesichtern von Arzu und Mina sowohl Verwunderung als auch Erleichterung erkennen. Wie viele Jahre mussten diese beiden mutigen Frauen, die sich erst im Rahmen dieser Ex-Muslime-Kampagne kennenlernten, vergeblich gegen die Mauern der Ignoranz ankämpfen? Wie oft wurden ihre Anliegen mit kulturrelativistischen Argumenten abgeschmettert? Wie oft hatten sie hören müssen, dass das, was sie zutiefst bewegt, in der großen Medienwelt angeblich niemanden sonderlich interessiert? Mit einem Schlag hat sich dies nun gewandelt. Mina Ahadi und Arzu Toker stehen jetzt im Mittelpunkt des medialen Interesses. Man hört ihnen zu, notiert aufmerksam, was sie zu berichten haben. Seit dem Bekanntwerden der Kampagne sind sie zu derartig gefragten Interviewpartnerinnen avanciert, dass sie große Mühe haben, all die Termine überhaupt noch wahrnehmen zu können. Und dabei sagen sie heute nichts anderes als das, was sie schon seit vielen Jahren immer wieder gesagt und geschrieben haben! Es ist klar: Die Medienwelt folgt eigenen Gesetzen, die mit der Rationalität der vorgebrachten Argumente in der Regel leider nur wenig zu tun haben.

Rückblende: Köln, 2.10.2005, Tagung „Leitkultur Humanismus und Aufklärung“: Der Titel dieser vom *Internationalen Bund der Konfessionslosen und Atheisten* (IBKA) in Kooperation mit der *Giordano-Bruno-Stiftung* und dem *Bund für Geistesfreiheit* (bfg) München veranstalteten Tagung zitierte eine Kapitelüberschrift meines Buches *Manifest des evolutionären Humanismus*. In einem Workshop am Nachmittag hatte ich versucht, darzulegen, warum es Säkularisten gut zu Gesichte stehen würde, sich dezidiert zu einer humanistisch-aufklärerischen Leitkultur zu bekennen, anstatt in der Auseinandersetzung mit den Religionen immer wieder die fragwürdige, weil dem kulturellen Relativismus Vorschub leistende, Vokabel der sog. „weltanschaulichen Neutralität des Staates“ zu bemühen. Meine Argumente waren im Workshop noch auf einigen Widerstand gestoßen, was ich darauf zurückführte, dass die meisten Anwesenden immer noch von der Perspektive der zwar notwendigen, in einer pluralen Gesellschaft jedoch keineswegs mehr ausreichenden Idee einer konsequenten Trennung von Staat und Kirche ausgingen. Doch nun am Abend, beim Vortrag von Collin Schubert über Zwangsheirat, Ehrenmorde und Parallelgesellschaften, kippte die Stimmung merklich. Vor allem, als sich in der anschließenden Diskussion eine uns allen damals noch unbekannte Frau zu Wort meldete, die sehr entschieden gegen kulturellen Relativismus argumentierte und deshalb engagiert für eine humanistisch-aufklärerische Leitkultur warb. Die Frau stellte sich als Mina Ahadi, Koordinatorin des *Internationalen Komitees gegen Steinigung*, vor. Was sie sagte, bewegte die meisten Kongressteilnehmer sehr. Nach der Veranstaltung sprachen wir eine Weile miteinander. Ich drückte ihr mein Buch in die Hand und sagte, dass ich mir etwas einfallen lassen würde, um ihr wichtiges Anliegen zu unterstützen. Doch, wie so häufig, standen zunächst andere Dinge auf der Agenda und so dauerte es eine Weile, bis wir uns wieder trafen.

Osnabrück, 21.4.2006, Internes Arbeitstreffen islamkritischer Säkularisten: Auf Einladung von Hartmut Krauss und Karin Vogelpohl, die die Kölner Tagung „Leitkultur Humanismus und Aufklärung" ebenfalls besucht und darüber ausführlich in der Zeitschrift *Hintergrund* berichtet hatten, trafen sich in Osnabrück etwa ein Dutzend Islamkritiker. Anwesend waren u.a. der Vorsitzende des IBKA, Rudolf Ladwig, Klaus Blees von der *Aktion 3. Welt Saar*, Mina Ahadi und ich als Vertreter der *Giordano-Bruno-Stiftung*. Wir stellten einen großen Konsens an Überzeugungen fest und verabredeten die Planung einer islamkritischen Konferenz. Zufällig ergab es sich, dass Mina und ich auf der Rückfahrt den gleichen Zug nahmen. Während der Fahrt schilderte sie mir noch einmal ihre Schwierigkeiten mit den deutschen Medien und fragte mich, was man denn da machen könne. Irgendwo auf der Mitte der Strecke von Osnabrück nach Köln schoss mir der Gedanke zu einer möglicherweise medienwirksamen Kampagne in den Kopf. Ich fragte Mina: „Was hältst du davon, wenn wir analog zu der alten 'Wir haben abgetrieben!'-Kampagne der deutschen Frauenbewegung eine 'Wir haben abgeschworen'-Kampagne mit Ex-Muslimen ins Leben rufen? Und sollten wir dazu nicht gleich auch einen 'Zentralrat der Ex-Muslime' gründen, um auf diese Weise den Alleinvertretungsanspruch der Islamverbände für die Migrantinnen und Migranten in Deutschland medienwirksam in Frage zu stellen?"

Mina war von dieser Idee sofort begeistert und meinte, dass sie genügend Menschen kennen würde, die liebend gerne für eine solche Aktion bereit stünden. Kaum zuhause angekommen, rief ich den Vorsitzenden der *Giordano-Bruno-Stiftung*, Herbert Steffen, an und fragte ihn, ob er eine solche Kampagne als sinnvolles gbs-Projekt erachte. Auch Herbert war von der Kampagnenidee sofort angetan, meinte aber, dass wir die Kampagne erst auf dem nächsten Stiftungstreffen vorstellen sollten, bevor wir uns in dieser Hinsicht endgültig festlegen könnten.

Mastershausen, 9.9.2006, Stiftungstreffen im Forum der Giordano-Bruno-Stiftung: Im September 2006 fand das dritte große Stiftungstreffen in Mastershausen statt, an dem neben dem Vorstand und dem Kuratorium zahlreiche Beiräte der Stiftung teilnahmen. Das wohl am stärksten diskutierte Projekt 2006 war – keineswegs überraschend – der *Zentralrat der Ex-Muslime*. Grundsätzlich befürworteten alle Beiräte die Kampagne, aber es gab auch starke Bedenken: War das Projekt nicht doch zu riskant – in erster Linie natürlich für die bekennenden Ex-Muslime, in zweiter Linie aber auch für die Stiftung?

Was die Ex-Muslime betraf, so erklärte ich, dass wir niemanden zu der Aktion hatten überreden müssen. Im Gegenteil: Alle Betroffenen hätten sich sehr bewusst für diese Kampagne entschieden und würden es wohl als Akt der Entmündigung empfinden, wenn wir in ihrem Interesse von der Aktion abrückten. Was die Stiftung selbst betraf, so war es jedem klar, dass eine Organisation, die den Namen Giordano Bruno im Namen führt, prinzipiell auch bereit sein muss, Risiken einzugehen. Die Frage war nur, ob sich das Risiko in diesem Fall auch lohnen würde. Daher mussten wir die Gründe bestimmen, die aus der Sicht der Stiftung für oder gegen die Ex-Muslime-Kampagne sprachen. Dabei zeigte sich, dass das Projekt ganz hervorragend in die bisherige Stiftungslinie passte. Die Beiräte gaben grünes Licht und von daher hätte die Vorbereitung der Kampagne eigentlich in die entscheidende Phase treten können, doch leider hatten wir ein wichtiges Problem noch nicht gelöst: Um die Kampagne erfolgreich platzieren zu können, fehlte uns eine Person, die zum einen stark genug war, um neben Mina Ahadi in den Medien bestehen zu können, und die zum anderen die größte (vermeintlich) „muslimische“ Community in Deutschland repräsentierte: Türkinnen und Türken.

Berlin, 21.10.2006, Tagung „Es gibt nichts Gutes, außer man tut es!“: Ich moderierte auf dieser Tagung einen Workshop zum Thema „Let’s talk about Sex“, bei dem neben der damaligen *pro familia*-Vorsitzenden Gisela Notz u.a. auch Mina Ahadi einen Vortrag hielt. In der Diskussion fiel uns schnell eine Frau auf, die ihre freigeistigen Vorstellungen sehr klar und mitunter auch bestechend provokativ zum Ausdruck brachte. Mina und ich sprachen sie gleich nach dem Workshop an. Es stellte sich heraus, dass es sich um Arzu Toker handelte, Schriftstellerin und Übersetzerin, die ursprünglich aus der Türkei stammte, sich schon viele Jahre intensiv mit Islamkritik beschäftigte und außerdem lange im Rundfunkrat des WDR vertreten war, kurzum: Sie war eine Idealbesetzung für die noch offene Stelle im geplanten *Zentralrat der Ex-Muslime*.

Da wir einige Zeit zuvor schon ein Treffen zum Thema „Islamkonferenz“ am Rande der Berliner Tagung vereinbart hatten, luden wir Arzu dazu ein, an den Gesprächen teilzunehmen. Schnell stellte sich heraus, dass sie dem Arbeitskreis wichtige Impulse geben konnte. Im Verlauf der Diskussion kamen wir auch darin überein, dass es strategisch sinnvoll wäre, die Kampagne der Ex-Muslime vorzuziehen, um die dadurch erhoffte Medienresonanz für die „Kritische Islamkonferenz“ zu nutzen. Entsprechend verteilten wir die anfallenden Aufgaben und vereinbarten ein weiteres Vorbereitungstreffen für Dezember 2006.

Köln, 21.1.2007, Gründungsversammlung des Zentralrats der Ex-Muslime: Dank der hervorragenden Vorarbeit von Rudolf Ladwig und Arzu Toker verlief die Gründungsversammlung, an der wegen der notwendigen Geheimhaltung des Projekts nur elf Ex-Muslime sowie weitere neun Sympathisanten teilnahmen, reibungslos. Die Versammlung wählte Mina Ahadi zur ersten Vorsitzenden, Arzu Toker zur Stellvertreterin und Nur Gabbari zum Finanzleiter. Damit waren im geschäftsführenden Vorstand Migranten aus dem Iran, der Türkei und dem Irak vertreten. Von der Stiftung aus hatten wir schon Anfang Januar unsere Grafikagentur damit beauftragt, das Logo des Zentralrats sowie das Layout der Broschüre des *Zentralrats der Ex-Muslime* zu entwickeln. Als ich den Entwurf des Kampagnenplakats während der Gründungsversammlung herumzeigte, lachte Mina laut auf: „Das wird eine Revolution!" In der Tat: So etwas hatte es nie zuvor gegeben…

Frankfurt, 11.2.2007, Veranstaltung „Nazanin Fatehi ist frei!": Die von Mina in Zusammenarbeit mit der kanadischen Schönheitskönigin, Sängerin und Menschenrechtsaktivistin Nazanin Afshin-Jam ins Leben gerufene Aktion zur Rettung der Iranerin Nazanin Fatehi – die zur Tatzeit noch minderjährige Frau hatte sich gegen drei Vergewaltiger zur Wehr gesetzt, dabei einen der Angreifer tödlich verletzt und war hierfür im Iran zum Tode verurteilt worden – hatte dank internationaler Medienarbeit im Februar 2007 ihre Ziele erreicht: Die Kampagne, die von über 350.000 Menschen unterstützt wurde, hatte nicht nur so viel Druck aufgebaut, dass die Todesstrafe aufgehoben wurde, sie brachte auch das sog. „Blutgeld" von rund 43.000 US-Dollar auf, um der jungen Iranerin die Freiheit zu schenken. Im festlichen Aulasaal der Frankfurter Universität berichteten Mina und Nazanin Afshin-Jam über die erfolgreiche Kampagne, eine sehr bewegende Veranstaltung, auf der ich als Vertreter der *Giordano-Bruno-Stiftung* auch ein paar Worte sprechen durfte. Im Anschluss an die Veranstaltung traf ich mich mit Mina und einigen anderen Ex-Muslimen in einer Frankfurter Gaststätte, um sie über den neusten Stand der PR-Arbeit zu informieren. Mit der Grafikagentur begann ich gerade, an der Website der Ex-Muslime zu arbeiten. „Werdet ihr rechtzeitig fertig?", fragte Mina besorgt. „Sicher!", meinte ich. „Wir haben noch mehr als zwei Wochen Zeit bis zur Pressekonferenz und können alles in Ruhe vorbereiten!“ Selten habe ich mit einer Einschätzung derartig danebengelegen.

Schon auf der Rückfahrt aus Frankfurt erreichten mich aufgeregte Anrufe: „dpa hat gemeldet, dass Focus in seiner morgigen Ausgabe über den *Zentralrat der Ex-Muslime* und seine Kampagne berichtet. Das wird morgen in vielen deutschen Zeitungen stehen!“ „Verdammt!“, dachte ich. War das Thema „Ex-Muslime“ damit schon verbrannt, wie manche befürchteten? Nicht unbedingt, meinte ich, aber nun mussten schnell Gegenmaßnahmen getroffen werden. Ich verbrachte die Nacht vor dem PC und lud unter www.ex-muslime.de eine provisorische Übergangsseite ins Internet hoch. Morgens in der Frühe kaufte ich den Focus, so dass wir wenig später auf dem Portal des *Humanistischen Pressedienstes* (hpd) ein Interview zu dem Artikel platzieren konnten. Mit Mina und Arzu vereinbarte ich, dass von nun an keine Mitteilungen mehr an die Presse rausgehen dürften, immerhin musste es uns ja irgendwie gelingen, die Zeit bis zur Pressekonferenz am 28. Februar – im schnelllebigen Nachrichtengeschäft eine halbe Ewigkeit! – zu überbrücken.

Unsere Strategie war, durch die Verknappung der Informationen die Spannung bis zum Tag der Pressekonferenz aufrechtzuerhalten. Diese Strategie ging zwar wunderbar auf, hatte allerdings Nebenwirkungen: Da keine neuen Informationen zur Verfügung standen, fingen einige Journalisten an, frei zu assoziieren. Bereits im *Focus*-Artikel war die damalige gbs-Beirätin Necla Kelek, die mit ihrem Buch *Die fremde Braut* die Themen „Zwangsheirat“, „Parallelgesellschaft“ und „falsche Toleranz“ ins öffentliche Bewusstsein gebracht hatte, spekulativ in einen Zusammenhang mit der Aktion der Ex-Muslime gebracht worden. Nach dem Prinzip „Stille Post“ avancierte sie nun zu einem Gründungsmitglied des Zentralrats der Ex-Muslime und zu einer der führenden Aktivistinnen der Kampagne. Das war nicht nur grundweg falsch – Necla hatte aufgrund anderer Termine nicht am Stiftungstreffen der gbs teilnehmen können und hatte daher erst viel später am Rande eines Gesprächs von der Kampagne erfahren –, sondern auch politisch gefährlich, schließlich war Necla Teilnehmerin von Schäubles „Islamkonferenz“ und verfolgte eine gänzlich andere politische Strategie als der *Zentralrat der Ex-Muslime*. Glücklicherweise wurde nicht zuviel politisches Porzellan zerschlagen. Selbst die türkischen Medien, die die Falschmeldung über Necla Keleks angebliche ZdE-Mitgliedschaft ausgeschlachtet hatten, nahmen unsere Richtigstellungen zur Kenntnis.

In der Zeit vor der Pressekonferenz gab es einige dramatische Momente. Ich erinnere mich an ein Telefongespräch mit Mina, kurz nach dem Erscheinen des *Focus*-Artikels. Während des Gesprächs klingelte es an ihrer Tür. Mina öffnete die Tür einen Spalt und sah einige Männer, die sie nicht kannte. Polizisten? Mina, die aufgrund ihrer Lebensgeschichte nicht gerade ein großes Vertrauen zu Staatskräften aufgebaut hat – ihr erster Mann und viele Freunde wurden von der iranischen Geheimpolizei inhaftiert und später hingerichtet, sie selbst wurde wegen ihres Engagements gegen das Mullahregime in Abwesenheit zum Tode verurteilt und steckbrieflich gesucht –, war sehr nervös. Ich versuchte, sie zu beruhigen: „Mina, diese Leute wollen dir ganz bestimmt nichts tun! Sie sind sicher gekommen, um dich zu beschützen!" Glücklicherweise lag ich diesmal mit meiner Einschätzung nicht daneben.

Wir hatten geplant, unsere PR-Strategie nach Aschermittwoch zu ändern und einzelnen Medienvertretern einige exklusive Infohäppchen anzubieten. Dieses „Anfüttern" funktionierte recht gut. Die Medienmaschinerie kam langsam wieder ins Rollen. Zunächst lüfteten wir das Geheimnis um den Ort der Pressekonferenz. Dass wir hierfür das Tagungszentrum der Bundespressekonferenz gebucht hatten, zeigte, dass wir es wirklich ernst meinten und professionelle Standards erfüllten. Der *Spiegel* brachte am Montag vor der Pressekonferenz nicht nur ein Interview mit Mina, sondern auch einen Vorabdruck des Kampagnenplakats. Durch diesen Artikel sowie durch einige weitere Medienberichte in der Presse, in Hörfunk, Fernsehen und Internet war der Boden für die Pressekonferenz bestens vorbereitet – und sie wurde ein voller Erfolg.

Sprung in die Gegenwart, Butzweiler, 29.3.2007: Nun, da ich diese Zeilen schreibe, liegt die Pressekonferenz des *Zentralrats der Ex-Muslime* rund vier Wochen zurück. Seither ist viel geschehen. Mina und Arzu haben sich u.a. stark in die Debatte um das sog. „Koranurteil" einer Frankfurter Richterin einbringen können. Die deutlichen politischen wie medialen Reaktionen auf dieses Skandalurteil sprechen meines Ermessens dafür, dass eine der zentralen Botschaften des Zentralrats der Ex-Muslime in der Gesellschaft angekommen ist: Wie es scheint, kann das Problem des kulturellen Relativismus nun auf andere Weise thematisiert werden als zuvor.

Es wird sich noch zeigen, ob der *Zentralrat der Ex-Muslime* künftig auch jene anderen Erwartungen erfüllen kann, die letztlich den Ausschlag dafür gaben, dass die *Giordano-Bruno-Stiftung* einen nicht unbedeutenden Teil ihres Budgets für die Unterstützung der Kampagne der Ex-Muslime aufbrachte. Ich möchte die Gründe, die aus Sicht der Stiftung für die Kampagne sprachen, hier zumindest stichwortartig auflisten:

Stärkung der Meinungsfreiheit: In einer offenen Gesellschaft muss jeder Mensch das Recht haben, seine Meinung frei zu artikulieren – und dies muss selbstverständlich auch für jene gelten, die zufälligerweise in eine islamische Familie hineingeboren wurden. Mit seiner Aktion macht der *Zentralrat der Ex-Muslime* dies unmissverständlich klar.

Stärkung der humanistisch-aufklärerischen Leit- und Streitkultur: Wir dürfen auf Menschenrechtsverletzungen und Demagogie nicht mit „falscher Toleranz“ reagieren. Ergo muss man, wie der *Zentralrat der Ex-Muslime* dies u.a. am Beispiel der negativen Religionsfreiheit zeigt, auch gläubigen Muslimen abverlangen, dass sie die grundlegenden Spielregeln des modernen Rechtsstaats akzeptieren.

Aufbrechen etablierter Denkschablonen: Islamkritiker konnten früher aufgrund vermeintlicher „Ausländerhetze“ leicht in die „rechte Ecke“ gedrängt werden. Diese Form von „Kritikimmunisierung“ sollte nach der Gründung des *Zentralrats der Ex-Muslime* so leicht nicht mehr möglich sein.

Aufbrechen falscher Wahrnehmungsmuster: Nur ein Teil der 3,4 Millionen in Deutschland lebenden „Muslime“ ist tatsächlich gläubig. Ein noch nicht genau zu beziffernder Anteil der vermeintlichen „Muslime“ müsste eigentlich zur Gruppe der „Konfessionsfreien“ gezählt werden und sollte daher durch einen säkularen Verband repräsentiert werden, nicht durch die Islamlobby.

Signalwirkung weit über Deutschland hinaus: Nie zuvor haben Muslime in solcher Offenheit ihrem Glauben abgeschworen wie im Rahmen der ZdE-Kampagne. Dies könnte dem notwendigen Prozess einer islamischen Aufklärungsbewegung wichtige Impulse geben.

Auf die Frage, ob der *Zentralrat der Ex-Muslime* die Fronten im „Kampf der Kulturen“ nicht zusätzlich noch verhärten wird, erklärte ich auf der Pressekonferenz in Berlin, dass wir mit heftigen Gegenreaktionen rechnen würden. Allerdings sei ein solcher Prozess notwendig, damit die Aufklärungsbewegung den Islam überhaupt erreichen kann. Zur Erinnerung: Auch das europäische Christentum konnte nur dank einer aufklärerischen Doppelstrategie gezähmt werden: Es bedurfte schon der deutlichen Absage an die Religion von außen, damit die innerkirchlichen Reformkräfte die Chance hatten, sich durchzusetzen. Analog gilt: Wenn das Projekt eines aufklärerisch gezähmten „Euro-Islam“ erfolgreich sein soll, so braucht es dazu dezidierter Ex-Muslime wie Mina Ahadi und Arzu Toker, die den Mut haben, die überkommenen Normen des Islam in aller Deutlichkeit anzuprangern. Aus sich heraus werden die religiösen Kräfte diesen Zähmungsprozess nicht anstoßen. Er muss ihnen von außen abverlangt werden.

PHILOSOPHIE
RELIGION
Tilly

3. Teil

Hintergründe

Was ist Wahrheit?
Das Wahrheitskonzept der Aufklärung im weltanschaulichen Widerstreit

Es ist vielleicht bezeichnend, dass die wohl fundamentalste Frage der Philosophie – nämlich die Frage nach der „Wahrheit" – nicht mit dem Namen eines bedeutenden Philosophen verknüpft ist, sondern mit dem Namen eines politischen Funktionärs: mit *Pontius Pilatus*. Der Statthalter des Römischen Reiches hatte – folgt man dem Text des Neuen Testamentes – erhebliche Schwierigkeiten, die Ausführungen seines posthum berühmt gewordenen Gefangenen Jesus von Nazareth nachzuvollziehen.

Dieser behauptete doch allen Ernstes, als König eines jenseitigen Reiches in die Welt gekommen zu sein, um für „die Wahrheit" Zeugnis abzulegen. In der wohl rhetorisch gemeinten Frage des Pilatus „Was ist Wahrheit?" spiegelt sich ein gehöriges Maß an Skepsis wider – nicht nur gegenüber den konkreten Ausführungen des vor ihm erschienenen Gefangenen, sondern auch (zumindest wird die Pilatusfrage heute meist in diesem weiterführenden Sinn verstanden) gegenüber dem *Wahrheitsbegriff im Allgemeinen*. Schauen wir uns die entsprechende Passage des Johannes-Evangeliums (Joh 18,33-40) etwas genauer an:

> *Pilatus […] ließ Jesus rufen und fragte ihn: Bist du der König der Juden? […]*
> *Jesus antwortete: Mein Königtum ist nicht von dieser Welt. Wenn es von dieser Welt wäre, würden meine Leute kämpfen, damit ich den Juden [sic!] nicht ausgeliefert würde. Aber mein Königtum ist nicht von hier.*
> *Pilatus sagte zu ihm: Also bist du doch ein König?*

Jesus antwortete: Du sagst es, ich bin ein König. Ich bin dazu geboren und dazu in die Welt gekommen, dass ich für die Wahrheit Zeugnis ablege. Jeder, der aus der Wahrheit ist, hört auf meine Stimme. Pilatus sagte zu ihm: Was ist Wahrheit?
Nachdem er das gesagt hatte, ging er wieder zu den Juden hinaus und sagte zu ihnen: Ich finde keinen Grund, ihn zu verurteilen. Ihr seid gewohnt, dass ich euch am Paschafest einen Gefangenen freilasse. Wollt ihr also, dass ich euch den König der Juden freilasse?
Da schrieen sie wieder: Nicht diesen, sondern Barabbas! Barabbas aber war ein Straßenräuber.

Untersucht man die in dieser Erzählung enthaltenen Wahrheitsauffassungen, so muss man feststellen, dass Jesus hier in der Rolle des metaphysischen Wahrheits*dogmatikers* auftritt, als einer, der überzeugt ist, dass alles, was er sagt, einer „höheren Wahrheit" entspricht, und der betont, dass jeder, der es mit „der Wahrheit" ernst meine, auf seine Stimme hören müsse. Pilatus erscheint demgegenüber geradezu als toleranter Wahrheits*pragmatiker*, dem jenseitig begründete Wahrheitsansprüche schnuppe sind, solange sie nicht die Ordnung und Verfassung des Römischen Reiches gefährden. Ihm genügt es, zu hören, dass das Jesuanische Königreich „nicht von dieser Welt" ist. Damit ist für ihn der Fall eigentlich erledigt. Dass er sich schließlich doch noch dazu überreden lässt, den vermeintlichen „König der Juden" zum Kreuzestod zu verurteilen, hat ebenfalls pragmatische Gründe: Er folgt besänftigend dem Willen der aufgebrachten jüdischen Gemeinde, die angeblich den Gefangenen am Kreuz sehen will.

Nun ist die Bibel bekanntlich ein *von Menschen gemachtes* „Gottes-Wort". Sie gibt über weite Teile nicht das tatsächliche historische Geschehen wieder, sondern deutet die Geschichte im Interesse des Glaubens um. So auch in diesem Fall. Wie wir der historisch-kritischen Forschung entnehmen können,[1] besaßen die Juden niemals das Vorrecht, Gefangene am Paschafest freizubekommen. Die gesamte Jesus-Barabbas-Pilatus-Episode muss als eine historische Fälschung begriffen werden, und zwar als eine Fälschung, die vorrangig *einem* Zweck diente: der nachträglichen Reinwaschung der Römer, unter denen man weitere Anhänger der christlichen Lehre zu gewinnen hoffte. Die Rolle des Sündenbocks wurde auf „die Juden" übertragen, von denen sich zur argen Enttäuschung der frühen Christen nur wenige zum Christentum bekehren ließen. Wie wir heute wissen, verfehlte die Umdeutung der historischen Geschehnisse nicht das angestrebte Ziel: Mit ihrer Hilfe konnte sich das Christentum später zur römischen Staatsreligion aufschwingen, auf Kosten eines verheerenden Antijudaismus, der vom Richtplatz des Pilatus mehr oder weniger direkt bis nach Auschwitz führte.[2]

In Wirklichkeit wird sich der Disput zwischen Pilatus und Jesus – sofern er überhaupt stattgefunden hat – weit weniger freundlich abgespielt haben. Jesus, der unter seinen Jüngern auch Mitglieder der militanten Gruppe der Zeloten versammelt hatte, dürfte sich als der von Gott gesandte Befreier des jüdischen Volkes empfunden haben, schließlich war dies die verheißene Rolle des „Messias". Der totale Wahrheitsanspruch des jüdischen Gelehrten Jesus von Nazareth erstreckte sich im Gegensatz zur zitierten Stelle nicht nur auf das Jenseits, sondern vor allem auch auf das Diesseits und musste daher notwendigerweise mit den Interessen des römischen Statthalters kollidieren. Die durch Pilatus repräsentierte Besatzungsmacht zeigte zwar in der Regel durchaus Toleranz gegenüber den religiösen Gebräuchen der unterdrückten Völker (deshalb ließ sie auch Steinigungen vermeintlicher Ketzer zu, wie die Bibel berichtet), diese Toleranz hatte aber klare Grenzen: Aufwiegler gegen Rom waren dazu verdammt, wie entlaufene Sklaven am Kreuz zu enden – als deutliches Warnsignal für potentielle Nachahmer. Die emphatisch verkündete „Wahrheit" des jüdischen Rabbi hatte damals also keine allzu großen Überlebens-Chancen.

Hieran schließt sich ein weiterführender Gedanke an: Kann man aus der Pilatusgeschichte folgern, dass die *Frage nach der Wahrheit* letztlich eine *Frage nach der jeweiligen Definitionsmacht von Wahrheit* ist? Wenn dem so wäre, müsste man – konsequent gedacht – „Wahrheit" als eine bloß relative, historisch-soziale Größe verstehen. In diesem Fall gäbe es nicht die *eine* Wahrheit, die für alle verbindlich ist, sondern allenfalls von Gruppe zu Gruppe unterschiedlich konstruierte Wahrheit*en*, die sich mitunter sogar widersprechen könnten.

Ein gänzlich abwegiger Gedanke? Nicht unbedingt. In der Tat sind einige Philosophen für einen derartigen *Wahrheitspluralismus* eingetreten. Besonders deutlich kam dieser relativistische Ansatz im Werk von Paul Feyerabend zur Geltung, mit dem wir uns nachfolgend kurz beschäftigen möchten.

Ist Wahrheit relativ? Paul Feyerabends Wahrheitspluralismus

Paul Feyerabend war der große Dissident der modernen Wissenschaftstheorie, ein Rationalist, der den Rationalismus solange hinterfragte, bis dieser sich verflüchtigte, ein Popper-Schüler, der nach vielen Jahren erkenntnistheoretischer Bemühungen die erstaunliche Forderung erhob, Erkenntnistheorie durch „Bürgerinitiativen" zu ersetzen.

Feyerabend machte deutlich, dass es nicht möglich ist, irgendeine qualitative Bewertung einer Tradition vorzunehmen, die nicht ihrerseits selbst von Traditionen geprägt ist. Ob eine Tradition bzw. ein Aspekt einer Tradition wahr oder falsch, gut oder schlecht, vernünftig oder unvernünftig ist, lässt sich nach Feyerabend nicht objektiv (d.h. traditionsübergreifend) beurteilen. In Feyerabends Klassiker *Erkenntnis für freie Menschen* heißt es hierzu: „Traditionen sind weder gut noch schlecht; sie existieren einfach. 'Objektiv', das heißt unabhängig von Traditionen, gibt es keine Wahl zwischen einer humanitären Einstellung und dem Antisemitismus."[3] Er fährt fort: „Eine Tradition erhält erwünschte und unerwünschte Züge nur, wenn man sie auf eine Tradition bezieht, das heißt, wenn man sie als Teilnehmer einer Tradition betrachtet und aufgrund der Werte dieser Tradition beurteilt."[4] An die Stelle des rationalen Diskurses, in dem das Wechselspiel der Argumente zu verbesserten Einsichten führt, tritt somit der weltanschauliche „Widerstreit", in dem die unterschiedlichen Meinungen bestehen bleiben, weil keine für alle Seiten einsichtige Lösung des Problems möglich ist.[5]

Um diese unerquickliche Situation zu illustrieren, wollen wir nochmals zu dem Disput zwischen Jesus und Pilatus zurückkehren – und zwar dieses Mal in seiner historisch wahrscheinlicheren Variante:

Demnach vertritt Jesus die orthodoxe jüdische Tradition. Er versteht das Judentum als das „auserwählte Volk Gottes" und sich selbst als den lang verheißenen „Messias", der mit Gottes Hilfe das Volk von der römischen Besatzungsmacht befreien wird. Da Jahwe keinen anderen Gott neben sich duldet, kann Jesus den römischen Gottkaiserkult nicht anerkennen. Deshalb reagiert er überaus allergisch auf die Geldwechsler im Jerusalemer Tempel, ist doch auf diesen „blasphemischen" Münzen der römische Gottkaiser abgebildet. Für Jesus gibt es keinen anderen Gott als Jahwe, der römische Kaiser ist für ihn ein „Götze", ein Zeichen der Unwahrheit, das es zu beseitigen gilt.

Sein Kontrahent Pilatus hingegen vertritt die römische Tradition. Wenn es ein auserwähltes Volk der Götter gibt, dann ist es seiner Meinung nach das römische, schließlich ist dessen Erfolg als imperiale Großmacht schwer von der Hand zu weisen. Warum sollte er sich ausgerechnet von einem dahergelaufenen jüdischen Wanderprediger vom Gegenteil überzeugen lassen? Dessen Gott „Jahwe" ist offensichtlich nicht einmal in der Lage, sein ihm anvertrautes Volk in Freiheit leben zu lassen! Damit ist für Pilatus der jüdische Glaube hinreichend widerlegt. Mehr noch: Der Statthalter weiß, dass der Allmachtsanspruch des jüdischen Glaubens für die eigene Tradition gefährlich ist, denn dieser rüttelt – wie die vielen Aufstände in Jerusalem gezeigt haben – an den für Pilatus gerechtfertigten Ansprüchen Roms. Deshalb verfährt der Statthalter des Römischen Reiches im Fall Jesus genauso konsequent wie er es in all den anderen Fällen getan hat, in denen er jüdischen „Messiassen" (damals eine regelrechte Modeerscheinung) gegenübergestanden hat: Er verurteilt den Delinquenten eiskalt zum Tod am Kreuz, nebenbei: eine der grausamsten Hinrichtungsmethoden, die Menschen je erdacht haben.

Jesus und Pilatus, beide argumentieren folgerichtig *innerhalb ihrer eigenen Tradition*. Die Kritik an der Tradition des anderen ist nur verständlich, wenn man sie auf die jeweils eigene Tradition bezieht. Ein Konsens zwischen den beiden ist ausgeschlossen, schließlich sind beide Kontrahenten jeweils fest davon überzeugt, „die Wahrheit" auf ihrer Seite zu haben. Eben deshalb kann der Widerstreit der beiden auch nicht durch Argumente gelöst werden, sondern allein durch Gewalt, die Pilatus dann auch bedenkenlos einsetzt, um die Ziele seiner Tradition gegen die weltanschauliche Konkurrenz durchzusetzen.

Nehmen wir nun an, wir könnten uns in eine Zeitmaschine setzen und als „aufgeklärte Menschen" des 21. Jahrhunderts an dem Disput teilnehmen. Würden unsere Argumente, dass die Götter der Geschichte von Menschen geschaffen wurden, dass es keine auserwählten Völker gibt, dass wir allesamt gleichberechtigte Mitglieder der Gattung Homo sapiens sind usw., bei Jesus und Pilatus auf offene Ohren stoßen? Wohl kaum. Wir wären gut beraten, möglichst schnell zu unserer Zeitmaschine zurückzukehren, wollten wir nicht selbst am Kreuz landen bzw. einer Steinigung durch erboste Juden oder einer Dämonenaustreibung durch den „Heiland" persönlich zum Opfer fallen.

Müssen wir nun hieraus – wie Feyerabend uns nahelegen würde – tatsächlich schließen, dass „Wahrheit" relativ ist, dass sie nichts weiter ist als eine Konstruktion, die von wandelbaren historischen und sozialen Interessen bestimmt wird? Immerhin – so würden wir doch meinen – ist es schwerlich zu leugnen, dass wir in dem Diskurs die besseren Argumente zur Hand zu haben, oder etwa nicht?

Feyerabend würde hierauf antworten, dass uns unsere Argumente nur deshalb als die besseren Argumente erscheinen, weil sie unserer eigenen Tradition entstammten. Losgelöst von dieser Tradition seien unsere Argumente ebenso wenig überzeugend wie die Argumente unserer Kontrahenten. Hierauf könnten wir entgegnen, dass unsere Argumente im Unterschied zu den überholten Meinungen von Pilatus und Jesus auf präzisen wissenschaftlichen Urteilen aufbauen und dass der Erkenntnisfortschritt der Wissenschaften in den letzten Jahrzehnten doch von niemandem ernsthaft bestritten werden könne.

Auch hier würde uns Feyerabend energisch in die Parade fahren. Warum – würde er fragen – sollte Wissenschaft eine höhere Wahrheitsgewähr besitzen als zum Beispiel das Kartenlegen, die Zahlenmystik oder die Schlagzeilen der Boulevardpresse? Schließlich ist die Wissenschaft nur *eine* Tradition unter *vielen* Traditionen. Sie hat keinen Anspruch auf einen privilegierten Zugang zur Wirklichkeit und sie beeindruckt in Wirklichkeit auch nur denjenigen, der ohnehin von ihr geprägt ist.

> *Die Anwendung auf die Wissenschaften ist klar. Wir haben hier eine besondere Tradition, die gleichberechtigt an die Seite anderer Traditionen tritt [...]. Ihre Ergebnisse sind großartig, fast göttlich für gewisse Traditionen, abscheulich für andere, kaum ein Gähnen Wert für wieder andere Traditionen. Unsere wohltrainierten materialistischen Zeitgenossen bersten natürlich vor Begeisterung, wenn von Dingen wie den Mondfahrten, der Doppelhelix, der Einsteinschen Raumzeitlehre die Rede ist. Aber sehen wir die Sache von einem anderen Standpunkt aus an, und sie wird eine lächerliche Übung in Nutzlosigkeit. Milliarden von Dollars, Tausende von wohltrainierten Assistenten, Jahre harter Arbeit wurden eingesetzt, damit ein paar nicht zu intelligente und ziemlich beschränkte Zeitgenossen unbeholfene Sprünge an einem Ort ausführen konnten, den nie ein vernünftiger Mensch je würde besuchen wollen – auf einem ausgetrockneten, luftlosen, heißen Stein. Aber Mystiker haben ohne Geld, ohne Assistenten, ohne einen Stab von Wissenschaftlern mit Hilfe ihres Geistes allein das Universum durchkreuzt, bis sie schließlich Gott selbst in all seiner Herrlichkeit sahen, und sie brachten zurück nicht trockene Steine, sondern Trost für die Menschheit. Natürlich*

> *macht man heute solche Behauptungen lächerlich und nennt sie abergläubisch – aber das zeigt nur die geistige Unmündigkeit des allgemeinen Publikums und ihrer strengen Lehrer, der Intellektuellen. Eine freie Gesellschaft schließt eine solche Unmündigkeit nicht aus, gestattet ihr aber auch nicht, Erziehung, Geldmittel, Forschung allein zu beeinflussen.*[6]

Fragen wir uns, was von dieser radikalen und einigermaßen verwirrenden Position Feyerabends zu halten ist: Müssen wir wirklich hinnehmen, dass Wahrheit zu einem relativen und damit auch beliebigen Begriff wird? Ist es in irgendeiner Weise sinnvoll, davon auszugehen, dass jede Tradition (ja möglicherweise jeder einzelne Mensch!) eine eigene Definition von „Wahrheit" besitzt?

Es ist nicht zu bestreiten, dass Feyerabends Ansatz durchaus Vorteile in sich birgt. So kann er uns helfen, nachzuvollziehen, wie es möglich ist, dass manche Menschen mit vollem Ernst und Engagement Sachverhalte für wahr halten, die uns auf der Basis wissenschaftlicher Erkenntnis als völlig irrsinnig erscheinen müssen (beispielsweise die Determination des Schicksals durch die Sternenkonstellation zum Zeitpunkt der Geburt oder die Himmelfahrt der „Gottesmutter" Maria).

Ein weiterer Pluspunkt des Feyerabendschen Relativismus ist darin zu sehen, dass er unseren Blick dafür schärft, dass auch unsere eigene Vorstellung von Wahrheit einer spezifischen Tradition entspringt, d.h. dass es sich hier um eine *spezifische Konstruktion von Wahrheit* handelt, also um eine Wahrheit *für uns* – nicht um eine *prinzipiell* für alle Menschen verbindliche Wahrheit *an sich*.

Allerdings: Selbst wenn wir auf diese Weise anerkennen wollen, dass unsere auf wissenschaftlicher Methodik beruhende Konzeption von Wahrheit möglicherweise nicht die einzig mögliche Version „der Wahrheit" darstellt, sondern dass sich diese Konzeption *nur innerhalb unserer Tradition* als zweckmäßig erwiesen hat, so ist damit noch lange nicht ausgeschlossen, dass es vielleicht nicht doch sinnvoll wäre, diese Wahrheitskonzeption auch in Regionen zu exportieren, die bislang vornehmlich von anderen Traditionen geprägt worden sind. Schließlich darf man nicht übersehen, dass der Feyerabendsche Wahrheitspluralismus, der auf den ersten Blick sympathisch und tolerant wirkt, bei genauerer Betrachtung jeden erdenklichen, mit Wahrheitsanspruch auftretenden, fundamentalistischen Irrsinn gewähren lässt – von der Klitorisverstümmelung über die Witwenverbrennung bis hin zur systematischen Abschlachtung vermeintlicher „Sünder".[7]

Darüber hinaus steht Feyerabends Relativismus wie jeder andere Relativismus logisch auf wackligen Beinen. Warum? Weil er sich selbst *als absolut gültig setzen muss*, um begründen zu können, dass sich keine Tradition *als absolut gültig setzen darf*. Wenn aber die Aussage, *alle Wahrheit sei relativ*, als *absolute Wahrheit* begriffen werden muss, dann führt sich der Relativismus nicht nur selbst ad absurdum, er ermöglicht auch dem Vertreter des aufklärerischen Wahrheitskonzepts, die eigene Position ohne schlechtes Gewissen auf ähnliche Weise mit universalistischen Ansprüchen zu versehen.[8]

Logik, Empirie und Humanität: Das Wahrheitskonzept einer zeitgemäßen Aufklärung

Der aristotelischen Logik zufolge können zwei Aussagen, die sich in ein und derselben Hinsicht widersprechen, bekanntlich nicht beide wahr sein. Wissenschaftliche Aufklärung ist darauf ausgerichtet, derartige Widersprüche durch logische und empirische Überprüfung aufzuheben und für ein vorgegebenes Problem systematisch die fruchtbarste, effizienteste Lösungsmethode zu ermitteln.

Lässt sich über dieses abstrakte Arbeitsprogramm hinaus die *Wahrheitstheorie*, die dem Projekt der Aufklärung zugrunde liegt (oder besser gesagt: die dem Projekt der Aufklärung auf der Basis heutiger Erkenntnisse zugrunde liegen sollte) genauer spezifizieren? Im Unterschied zu manchen anderen Autoren denke ich, dass dies sehr wohl möglich ist. Um es auf eine knappe Formel zu bringen: Die Aufklärung beruht notwendigerweise auf einer *pragmatischen, hypothetisch korrespondierenden Kohärenztheorie der Wahrheit.*

Zweifellos bedarf diese auf den ersten Blick monströs erscheinende Formel der Erläuterung. Beginnen wir zunächst mit dem Begriff „Kohärenztheorie“: Innerhalb der Kohärenztheorie gilt eine Aussage dann als wahr, wenn sie logisch schlüssig ist, d.h. wenn keine Widersprüche zu den jeweiligen Voranahmen bestehen. Es handelt sich hier also um einen Wahrheitsbegriff, der von den Gesetzen der Logik bestimmt wird. Mithilfe dieser Konzeption kann ein Mathematiker bestens wahre von falschen Aussagen unterscheiden, für den *Empiriker* aber ist dieser kohärenztheoretische Wahrheitsbegriff unbefriedigend. Schließlich gelten im Kontext dieser Theorie auch offensichtlich unsinnige Aussagen als wahr, wenn sie fehlerfrei aus unsinnigen Vorannahmen geschlossen wurden.

Ein Beispiel möge dies illustrieren: Aussage 1: Philosophen sagen immer die Wahrheit. Aussage 2: Wer immer die Wahrheit sagt, erhält zur Belohnung eine lebenslange, monatliche „Wahrheitsrente“ in Höhe von 10.000 Euro. Logischer Schluss und damit „wahre Aussage“ innerhalb der Kohärenztheorie wäre: Philosophen kommen in den Genuss einer lebenslangen, monatlichen „Wahrheitsrente“ von 10.000 Euro. Wie man an diesem hinreichend absurden Beispiel, das mit der Lebenswirklichkeit des Verfassers schwerlich übereinstimmt, sieht, bedarf das kohärenztheoretische Wahrheitsmodell dringend einer Ergänzung.

Diese Ergänzung finden wir in der sog. „Korrespondenztheorie“. Hier gilt eine Aussage dann als wahr, wenn sie mit der Realität übereinstimmt. Das klingt zunächst plausibel, aber hier stehen wir vor dem Problem, wie diese „Übereinstimmung“ mit der Realität überprüft werden kann. Spätestens seit Kant wissen wir doch, dass das „Ding an sich“, also die „Realität jenseits unserer Wahrnehmung“, nicht erkennbar ist.[9] Ja, wir wissen nicht einmal, ob eine solche Realität überhaupt existiert!

Nietzsche sprach völlig zu Recht davon, dass die „Gesetzmäßigkeit der Natur“, von der die Physiker so stolz redeten, „Interpretation“ sei, nicht „Text“.[10] Da nun aber die Interpretation eines Textes so etwas wie einen *realen Text* voraussetzt (auch wenn dieser „an sich“ nicht gelesen werden kann), macht es Sinn, von einem *hypothetischen Realismus*[11] auszugehen, d.h. hypothetisch eine Wirklichkeit zu unterstellen, die losgelöst von unserer Wahrnehmung tatsächlich existiert. Wir müssen eine solche Wirklichkeit schon allein deshalb hypothetisch annehmen, weil wir nur dadurch der Gefahr einer im „reinen Denken“ verhafteten Metaphysik entgehen können.

Im Rahmen einer derart konstruierten, *hypothetisch korrespondierenden Wahrheitstheorie* gelten Aussagen dann als wahr, wenn sie mit der hypothetisch unterstellten Wirklichkeit übereinstimmen. Wie aber soll die Übereinstimmung von Aussagen mit der *an sich* (d.h. theoriefrei) nicht zugänglichen Realität überprüft werden? Ganz einfach: Mittels geeigneter empirischer Verfahren. Wodurch aber sind diese Verfahren begründet? Antwort: Durch theoretisch abgesicherte Regelwerke, die – und hier sieht man die notwendige Ergänzung der hypothetischen Korrespondenztheorie durch die Kohärenztheorie – in ihrem Aufbau keine logischen Widersprüche enthalten dürfen.

Nun reicht die logische Kohärenz der empirischen Modelle alleine zu ihrer Legitimierung nicht aus, sie bedürfen einer weiteren, zusätzlichen Eigenschaft: Sie müssen sich nämlich in der Praxis als *nützliche Instrumente der Problemlösung erwiesen haben* bzw. die Annahme rechtfertigen, dass sie sich in Zukunft als *nützlich erweisen können.*

Auf diese Weise wird der hypothetisch korrespondierenden Kohärenztheorie ein *pragmatisches Element* hinzugefügt oder besser gesagt: *zugrunde gelegt*. Lange Zeit wurde übersehen, dass *jede* Form der Erkenntnis (auch das auf Logik und Empirie beruhende wissenschaftliche Erkenntnisprogramm!) vom Kriterium des Nutzens bestimmt wird. Unser Erkenntnisapparat ist nicht auf eine zweckfreie, „reine Erkenntnis" der „Wahrheit" ausgerichtet, sondern in erster Linie auf das Überleben des erkennenden Organismus.[12] Evolutionär gesehen hat unsere Erkenntnisfähigkeit in dieser Hinsicht keine andere Funktion als beispielsweise unser Bewegungsapparat. Im Laufe der kulturellen Evolution haben sich die Zwecke und die Mittel der Erkenntnis zwar ausdifferenziert, am Grundtatbestand hat sich aber selbstverständlich nichts geändert: Unsere Erkenntnisse sind weiterhin zweckbestimmt – und dies betrifft nicht nur die Auswahl der Probleme, die mithilfe verbesserter Erkenntnis gelöst werden sollen, sondern auch die Auswahl der geeignet erscheinenden Erkenntniswerkzeuge.

Für eine eindeutige Bestimmung des aufklärerischen Wahrheitsbegriffs ist es daher notwendig, eine Zieldefinition anzugeben, denn erst diese erlaubt die begründete Auswahl relevanter Probleme und Lösungsmethoden. Anders formuliert: Die wissenschaftlichen Erkenntnisverfahren Logik und Empirie sind *nicht in sich selbst begründet*, sondern werden im Kontext des aufklärerischen Programms erst dadurch legitimiert, dass sie sich als die am besten geeigneten Instrumente zur Erreichung des von der Aufklärung vorgegebenen Ziels erwiesen haben.

Worin besteht nun dieses zentrale Ziel der Aufklärung? Um es kurz zu machen: Es besteht in der *normativen Forderung der Humanisierung der menschlichen Lebensverhältnisse*, d.h. in der Aufhebung all jener Zustände, die Menschen daran hindern, das Projekt des *guten Lebens im Diesseits* zu verwirklichen.[13]

Würden wir dieses noble Ziel eher durch Gebete, durch Kartenlegen oder Kaffeesatzlesen erreichen als durch Logik und Empirie, gäbe es keinen Grund, weiterhin auf Wissenschaft zu setzen. Solange wir aber keine effizienteren Methoden der Problemlösung zur Verfügung haben als Logik und Empirie, ist der Aufklärer gehalten, sich der wissenschaftlichen Methodik nach bestem Wissen und Gewissen zu bedienen.

Um an dieser Stelle vorhersehbare Missverständnisse zu vermeiden, möchte ich meiner kurzen Skizze des aufklärerischen Wahrheitskonzepts vier Anmerkungen hinzufügen:

1. Der Begriff des Nutzens wird hier nicht im Sinne einer direkten Verwertbarkeit verstanden. Die zur Verbesserung unserer Welterkenntnis notwendige Grundlagenforschung ist durch den verwendeten Nutzensbegriff selbstverständlich miteingeschlossen.

2. Der normative Aspekt des Nutzens darf – wenn es um die Konstruktion „wahrer Erkenntnisse“ geht – innerhalb der aufklärerischen Tradition nicht die Anwendung der Verfahren der Logik und Empirie beeinträchtigen. *Eine Idee, die nützlich ist bzw. erscheint, aber der logischen und/oder empirischen Überprüfung nicht standhält, kann im Kontext der aufklärerischen Tradition nicht „wahr“ genannt werden.*

3. Der eingeführte pragmatische Aspekt bezieht sich deshalb nicht direkt auf den *Nutzen einer konkreten Wahrheit* (im Sinne von: „Wahr ist, was nützlich ist“), sondern auf den *Nutzen der wahrheitskonstruierenden Verfahren* („Als [vorläufig] wahr kann gelten, was der Überprüfung durch die als nützlich erwiesenen Verfahren der Logik und Empirie standhält!“). Mit anderen Worten: Als nützlich müssen sich die Werkzeuge der Wahrheitsfindung bzw. -konstruktion erweisen, nicht unbedingt die konkreten Ergebnisse dieses Prozesses. Das Wissen der Wahrheit kann zwar in der Regel als nützlich angesehen werden, jedoch ist dies nicht immer der Fall. (Für konspirative Gruppen beispielsweise ist es hilfreich, wenn der Einzelne nicht den vollen Überblick besitzt, somit kann er durch potentielle „peinliche Verhöre“ nicht dazu gebracht werden, die gesamte Organisation ans Messer zu liefern.)

4. Auch wenn wir gut belegen können, dass sich die Verfahren der Logik und Empirie für das Projekt der Humanisierung der Lebensverhältnisse als nützlich erwiesen haben, so ist damit nicht ausgesagt, dass sie *nur* einem solchen, humanen Zweck dienen können. Vielmehr ist darauf hinzuweisen, dass Logik und Empirie als die *effizientesten Methoden der Naturerkenntnis und -beherrschung* sich in den Dienst jeder noch so inhumanen Weltanschauung stellen können. Ein Phänomen, das uns leider immer wieder begegnet, wenn wir das hartnäckig umkämpfte Terrain des weltanschaulichen Widerstreits betreten.

Das Wahrheitskonzept der Aufklärung im weltanschaulichen Widerstreit

Halten wir zunächst einmal fest: Wir haben gesehen, dass Aufklärer (auf der Basis einer pragmatischen, hypothetisch korrespondierenden Kohärenztheorie) die erprobten Verfahren der Logik und Empirie nutzen, um durch effiziente Problemlösungen zu einer Humanisierung der menschlichen Lebensverhältnisse beizutragen. Bei diesem hoffnungsvollen Unternehmen stoßen die Aufklärer jedoch auf hartnäckige Kontrahenten:

Als erstes sind hier all jene zu nennen, die Logik und Empirie – ähnlich wie die Aufklärer – konsequent einsetzen, allerdings nicht zum Zwecke der Humanisierung der Lebensverhältnisse, sondern beispielsweise zugunsten einer kalten Profitmaximierung, die im Notfall auch über Leichen geht. (In diesem Zusammenhang sei an die illustre Schar westlicher Wissenschaftler erinnert, die es Saddam Hussein ermöglichten, Giftgas gegen Kurden einzusetzen.) Solchen stets dienstbereiten Wissenschaftlern ist entgegen zu halten, dass Wahrheit niemals zur *bloßen Ware* verkommen darf und dass mit großen Kräften stets auch große Verantwortung verbunden ist.

Eine zweite Gruppe von Antiaufklärern scheint mindestens ebenso gefährlich zu sein, nämlich die Gruppe derer, die Logik und Empirie *einerseits* rigoros aus dem Bereich ihrer Weltanschauung verbannen, die sich aber *andererseits* zur Erreichung ihrer Zwecke immer wieder gerne der Früchte des wissenschaftlichen Forschungsprozesses bedienen. Ich spreche hier von der Gruppe der religiösen Fundamentalisten, zu der all jene gehören, die – ähnlich dem Jesus der Bibel – überzeugt sind, dass es möglich ist, per Offenbarung in den Besitz „ewiger Wahrheiten" zu gelangen, die für alle zu gelten haben.

Ich setze im Fall der religiösen Fundamentalisten den Begriff „Wahrheiten" ausdrücklich in Anführungszeichen, weil es sich bei deren „offenbarten Wahrheiten" aus dem Verständnis der Aufklärung heraus nicht um „Wahrheiten" handelt, sondern um gefährliche Illusionen, Bewusstseinstrübungen, Irrlehren. Zweifellos stellen diese von außen mitunter wahnwitzig erscheinenden Irrlehren für die Anhänger der jeweiligen religiösen Systeme – hier muss man Feyerabend Recht geben – eindeutige und gut begründete „Wahrheiten" dar. Tragischerweise kann dieser innertraditionelle „Wahrheits"-Status nur von außerhalb der jeweiligen religiösen Tradition entzaubert werden. Und weil dem so ist, ist es kaum möglich, einen traditionsverhafteten Fundamentalisten von der logischen oder empirischen

Widersprüchlichkeit seines Denksystems zu überzeugen. (Bevor man also in der Diskussion mit unverbesserlichen Fundamentalisten in die missliche Lage kommt, selber den Verstand zu verlieren, sollte man besser an den Ursachen ansetzen, die die diversen fundamentalistischen Heilserzählungen überhaupt erst attraktiv machen. Zu nennen sind hier vor allem: Armut, soziale Ungerechtigkeit und mangelhafte Bildung.)

Es gibt aber noch eine dritte Gruppe, die den Erfolg der Aufklärung behindert: Es ist die in unseren Breitengraden wohl zahlenmäßig stärkste Fraktion, die Gruppe der Indifferenten, Gleichgültigen, die einigermaßen sorglos die Früchte der Aufklärung genießen und überhaupt nicht verstehen, dass es notwendig ist, sich für das Projekt der Aufklärung entschieden einzusetzen. Innerhalb dieser Gruppe ist das Beliebigkeitstheorem ausgesprochen beliebt, entbindet es sie doch von der anstrengenden Aufgabe, im weltanschaulichen Widerstreit eindeutig Position zu beziehen.

Dies könnte sich in absehbarer Zeit als fatal erweisen. Denn wenn die vielfältigen Probleme der Menschheit nicht möglichst bald systematisch und in einem humanen Sinne angegangen werden – und das verlangt neben Logik und Empirie einiges an Kampfeswillen –, werden mit großer Wahrscheinlichkeit vor allem Fundamentalisten in die Lage versetzt werden, den Ton anzugeben, nach dem die Verhältnisse zu tanzen haben. Da die Risiken und Nebenwirkungen der fundamentalistischen Medizin mittlerweile hinreichend bekannt sein dürften, kann ich an dieser Stelle darauf verzichten, auf die tödlichen Folgen näher einzugehen.[14]

Der Aufklärer muss – so schwer es auch fallen mag – den schmalen Grat zwischen Dogmatismus und Beliebigkeit konsequent zu Ende gehen. Er muss den Fundamentalisten entschieden widersprechen, wenn diese glauben, im Besitz der ewigen Wahrheit zu sein. Für den Aufklärer gibt es per definitionem keine offenbarte Wahrheit, keine heilige Schrift, kein von religiösen Führern sanktioniertes Denktabu. Gleichermaßen entschieden muss der Aufklärer aber auch den Befürwortern der Beliebigkeit entgegentreten. 2+2 ist und bleibt für ihn 4 – auch dann noch, wenn die überwältigende Mehrheit der Menschen glaubt, dass die Formel 2+2=22 eine faire und ästhetisch adrette Kompromisslösung sei für den weltanschaulichen Widerstreit zwischen den Anhängern der 10 Gebote (2+2=10) und den Freunden der 36-Stundenwoche (2+2=36). Selbst wenn die kompromisslose, aufklärerische Haltung postmodernen Beliebigkeitsaposteln als dogmatisch erscheinen mag: Aus logischen wie empirischen Gründen muss der Aufklärer einem solchen, ach so „demokratischen“ Konsens widersprechen, schließlich weiß er, dass Häuser, Brücken, Gesundheits- oder

Rentensysteme, die nach der Formel 2+2=22 gebaut werden, über kurz oder lang in sich zusammenbrechen werden.

Fazit: Der Kampf um einen empirischen wie logischen Kriterien entsprechenden Wahrheitsbegriff ist beileibe keine bloße Akademieveranstaltung, sondern vielmehr ein zentrales Element des Kampfes um humanere Lebensverhältnisse. In diesem notwendigen Kampf sollten sich diejenigen, die sich der Tradition der Aufklärung verpflichtet fühlen, nicht beirren lassen – weder von rückwärtsgewandten Dogmatikern, die in den antiken Reden Jesu oder Mohammeds etc. „ewige Wahrheiten" zu erkennen glauben, noch von zeitgeistgespülten Beliebigkeitsfanatikern, die allen Ernstes meinen, in Sachen „Wahrheit" unablässig von Pontius zu Pilatus wandern zu müssen…

Anmerkungen

1 Interessant sind hier vor allem die Beiträge jüdischer Autoren, vgl. beispielsweise Pinchas Lapide: Wer war schuld an Jesu Tod? 1982 sowie Hyam Maccoby: König Jesus. Die Geschichte eines jüdischen Rebellen. 1987.

2 vgl. Gerhard Czermak, Christen gegen Juden. Geschichte einer Verfolgung. 1997 sowie Konrad Riggenmann: Kruzifix und Holocaust. 2002

3 Paul Feyerabend: Erkenntnis für freie Menschen. 1979, S. 54

4 ebenda

5 Der Begriff des „Widerstreits" ist nicht zufällig einer der zentralen Begriffe der „postmodernen" Philosophie Lyotards, der – wenn auch weniger drastisch, als dies bei Feyerabend geschieht – Pluralismus / Relativismus zum Dreh- und Angelpunkt des Denkens macht; vgl. Jean-Francois Lyotard, Der Widerstreit. 1987.

6 Feyerabend, Erkenntnis für freie Menschen, S. 60f.

7 Selbstverständlich will Feyerabend gewaltsame intertraditionelle Übergriffe verhindern. Hierfür sieht er eine „Polizei von außen" vor, die die „physische Bewegungsfreiheit, aber nicht den Flug der Gedanken einschränkt". Abgesehen davon, dass er die Leitmaximen einer solchen „Polizei" nicht offen legt, hat seine Argumentation den Makel, gegenüber den vielfältigen Formen intratraditioneller Gewalt prinzipiell machtlos zu sein.

8 vgl. Michael Schmidt-Salomon: Erkenntnis aus Engagement. 1999, S. 68ff.

9 vgl. Immanuel Kant: Kritik der reinen Vernunft. In: Kant: Werke in zehn Bänden, Bd. 3 und 4

10 vgl. Friedrich Nietzsche: Jenseits von Gut und Böse. In: Nietzsche: Werke in drei Bänden, S. 586

11 ein Begriff von Konrad Lorenz; vgl. Konrad Lorenz: Die Rückseite des Spiegels. Versuch einer Naturgeschichte des menschlichen Erkennens. 1977

12 Dies ist bekanntlich der Ansatzpunkt der evolutionären Erkenntnistheorie; vgl. u.a. Gerhard Vollmer, Evolutionäre Erkenntnistheorie. 1975.

13 Wie jede normative Kernaussage ist auch diese nicht wahrheitsfähig. Es handelt sich um eine willkürliche Festlegung, die sich in letzter Instanz der logischen und empirischen Überprüfung entzieht. So peinlich dieser Sachverhalt auch ist, kein Denksystem, das sich der Wirklichkeit stellt, kann auf derartige normative Fundamente verzichten. Dies gilt selbst für den Feyerabendschen Anti-Fundamentalismus, wie weiter oben ausgeführt wurde (vgl. hierzu auch: Michael Schmidt-Salomon: Das „Münchhausentrilemma" oder: Ist es möglich, sich am eigenen Schopfe aus dem Sumpf zu ziehen? In: Aufklärung und Kritik, Sonderheft 2001: Hans Alberts Kritischer Rationalismus).

14 Zum Thema „Fundamentalismus" sind in den letzten Jahren zahlreiche Bücher erschienen. Einen guten Überblick über die Bandbreite fundamentalistischer Aktivitäten ermöglicht auch die Lektüre der „Internationalen Rundschau" der Zeitschrift MIZ, die seit rund dreißig Jahren religiöse Entwicklungen in aller Welt kritisch kommentiert.

Darwins brisantes Erbe
Die weltanschaulichen Konsequenzen der Evolutionstheorie

Kurz nachdem Charles Darwin 1844 seinen ersten Entwurf zur Evolutionstheorie fertiggestellt hatte, schrieb er an seinen Freund, den Botaniker Joseph Hooker, die Theorie zu veröffentlichen, erscheine ihm, „als ob man einen Mord gesteht".[1] Darwin war sich der weitreichenden Konsequenzen seiner Theorie von Anfang an bewusst. Und wahrscheinlich war dies auch einer der zentralen Gründe dafür, dass er die Veröffentlichung seiner Ideen so lange hinauszögerte. Erst 15 Jahre (!) nach der Vollendung des 230-seitigen Textes von 1844 erschien sein berühmtes Buch *Über die Entstehung der Arten*.

Seit dieser Veröffentlichung sind 150 Jahre vergangen. Die Brisanz der Evolutionstheorie hat seither kaum nachgelassen. Noch immer stellt Darwins gefährliche Idee viele traditionelle Weltanschauungen vor harte Zerreißproben. Dies ist das zentrale Thema, das ich in den nachfolgenden Überlegungen behandeln möchte. Die Untersuchung ist dabei in drei Teile untergliedert: Zunächst werde ich den bis heute anhaltenden Konflikt zwischen Darwins gefährlicher Idee und traditionellen (christlichen) Glaubensvorstellungen beleuchten. Im zweiten Teil wird es um den ideologischen Missbrauch der Evolutionstheorie gehen. Im abschließenden dritten Teil soll dann Julian Huxleys Konzept des „evolutionären Humanismus" vorgestellt werden, das Darwins wissenschaftliches Erbe mit einer dezidiert humanistischen Ethik verbindet.

Wissen statt Glauben: Warum die Evolutionstheorie nicht mit traditionellen Glaubensformen zu vereinbaren ist

Als Darwin zu seiner berühmten Forschungsreise mit der Beagle aufbrach, war er noch gläubiger Christ. In seiner Autobiographie berichtet er, dass „etliche Schiffsoffiziere über mich lachten, weil ich die Bibel als unanfechtbare Autorität in einer Frage der Moral zitierte".[2] Im Grunde war er damals, wie er schrieb, gar nicht willens, seinen Glauben aufzugeben. Doch was Darwin in der Natur entdeckte, war, wie er es auch drehte und wendete, einfach nicht mehr in Einklang mit dem zu bringen, was die Religion ihn zu glauben lehrte: „So beschlich mich der Unglaube ganz langsam, am Ende aber war er unabweisbar und vollständig."[3]

Nun war Charles Darwin ein sehr vorsichtiger Mensch, der sich – im Unterschied etwa zu Ernst Haeckel und Thomas Huxley – in seinen Werken merklich zurückhielt, sobald es um die weltanschaulichen Konsequenzen seiner Theorie ging. Nur in seiner Autobiographie erlaubte er es sich, etwas deutlicher zu werden. So schrieb er, dass die Bibel „um nichts glaubwürdiger ist als die heiligen Bücher der Hindus oder irgendeine Barbaren-Religion".[4] Je mehr wir von den feststehenden Gesetzen der Natur wüssten, umso unglaubhafter würden Wunder. Und so lehnte Darwin alle traditionellen Glaubensvorstellungen rigoros ab. „Nichts", so resümierte er einigermaßen erleichtert in seinen Memoiren, sei „bemerkenswerter als das Zunehmen der Skepsis oder des Rationalismus" in seiner zweiten Lebenshälfte.[5] Sein Vater habe ihm noch dazu geraten, seine Glaubenszweifel „sorgfältig geheimzuhalten", weil solche Zweifel „zu extremem Unglück in der Ehe führen" könnten. Nun jedoch kenne er unter seinen wenigen Bekannten „einige verheiratete Damen, die kaum gläubiger sind als ihre Ehemänner".[6]

Die Welt erfuhr von Darwins Religionskritik zunächst einmal nichts, da seine Frau Emma, zeitlebens gläubige Christin, die Autobiographie ihres Mannes aus Rücksicht auf religiöse Verwandte und Bekannte liebevoll zensierte.[7] Aber letztlich half auch das nicht viel. Denn je mehr sich die Evolutionstheorie als wissenschaftliches Welterklärungsmodell durchsetzte, desto schärfer fielen die Reaktionen derer aus, die durch Darwins Erkenntnisse ihre religiösen Überzeugungen gefährdet sahen.

Man kann diese Reaktion durchaus nachvollziehen. Schließlich hatten Menschen über Jahrhunderte hinweg geglaubt, Gott habe vor wenigen tausend Jahren jede einzelne Spezies eigenhändig modelliert und den

Menschen als „Krönung seiner Schöpfung" mit einer unsterblichen Seele versehen. Darwins Wort stand also gegen Gottes Wort. Dass sich ein magenkranker, englischer Privatgelehrter erdreistete, die schöne heile Glaubenswelt so mir nichts dir nichts über den Haufen zu werfen, war für viele Gläubige schlichtweg nicht hinnehmbar! Und so entbrannte bald eine heftige Auseinandersetzung zwischen den Verteidigern des Glaubens und den Vertretern der Evolutionstheorie, ein Konflikt, der, wie wir alle wissen, noch immer akut ist.

Weltweit, vor allem in den muslimischen Ländern, aber auch in den christlich geprägten Staaten Afrikas, Südamerikas sowie in den USA, lehnen solide Bevölkerungsmehrheiten die Evolutionstheorie rigoros ab oder haben noch nie etwas von ihr gehört. In Westeuropa sieht die Lage bekanntlich etwas besser aus. Die überwiegende Mehrheit der Deutschen etwa akzeptiert die *Tatsache der Evolution*. Das heißt allerdings nicht, dass sie auch die Evolutions*theorie* in vollem Umfang akzeptiert würde. Bei genauerer Betrachtung zeigt sich sogar, dass nur sehr wenige Menschen hierzulande eine konsequent evolutionäre Sichtweise vertreten.

Um dies zu verstehen, ist es notwendig, das Lager der Evolutionsgegner etwas differenzierter zu betrachten, als dies gemeinhin geschieht. In dieser Gruppe finden wir nämlich nicht nur jene traditionellen Schöpfungsgläubigen, die etwa den Genesistext der Bibel wörtlich nehmen, sondern auch Vertreter des sog. „Intelligent-Design", sowie – für Europa besonders relevant – Verfechter einer „theistischen Evolution". Zum besseren Verständnis der Gemeinsamkeiten und Unterschiede der Konzepte schlage ich vor, diese drei Varianten des Schöpfungsglaubens unter den Begriffen „fundamentalistischer", „pseudowissenschaftlicher" und „getarnter Kreationismus" zu fassen.

Am leichtesten zu identifizieren ist der *fundamentalistische Kreationismus*. Strenggläubige Juden, Christen und Muslime begreifen die in ihren „heiligen Texten" fixierten Schöpfungsmythen als ernst zu nehmende Tatsachenberichte, denen man nicht einmal im Detail widersprechen dürfe. Fundamentalistische Kreationisten streiten deshalb bereits die Tatsache der Evolution ab, also die allmähliche Entwicklung der Arten, ihr Ineinanderübergehen, vor allem die biologische Abstammung des Menschen von früheren Primatenarten. Unterschiede bestehen in diesem kreationistischen Lager in der Einschätzung des Erdalters: „Alte-Erde-Kreationisten" akzeptieren die Tatsache, dass die Erde bereits Milliarden von Jahren alt ist (sie erklären dies damit, dass die „göttlichen Schöpfungstage" keine Menschentage sind); „Junge-Erde-Kreationisten" vertreten die besonders krude

„Wahnidee“[8], dass die Erde zu einem Zeitpunkt erschaffen wurde, als die Mesopotamier bereits das erste Bier brauten.[9]

Wissenschaftlich oder philosophisch ernst nehmen muss man den fundamentalistischen Kreationismus angesichts der überwältigenden Fakten, die für die Evolution sprechen, selbstverständlich nicht. *Politisch* jedoch müssen wir ihn leider sehr wohl ernst nehmen, denn schließlich halten weltweit Abermillionen von Menschen an solchen Glaubensvorstellungen fest. Dies ist nicht nur ein schwerwiegendes Hindernis für die wissenschaftliche Aufklärung, sondern auch in ethischer Hinsicht problematisch. Denn Menschen, die derart verbohrt an überholten Welterklärungen festhalten, vertreten in der Regel auch ethische und politische Positionen, die dem mittlerweile erreichten Stand unserer Zivilisation nicht mehr entsprechen.[10]

	Traditioneller Schöpfungsglaube	***Intelligent Design***	***Theistische Evolution***
Typ	Fundamentalistischer Kreationismus	Pseudowissenschaftlicher Kreationismus	Getarnter Kreationismus
Inhalt	Leugnet bereits die „Tatsache der Evolution“ (Entwicklung der Arten)	Akzeptiert die „Tatsache Evolution“ weitgehend, bestreitet jedoch die evolutionäre Logik	Leugnet die evolutionäre Logik, insbesondere im Hinblick auf die „höheren geistigen Funktionen“
Strategie	Glaube soll an die Stelle der Wissenschaft treten	Glaube soll als Wissenschaft verstanden werden	Strikte Trennung von Wissenschaft und Glaube

Nun lässt sich eine solch wortgetreue Auslegung der religiösen Schöpfungsmythen weder den amerikanischen Schulbehörden noch der europäischen Bevölkerung verkaufen. Also haben die Kreationisten dazugelernt und neue Hilfskonstruktionen geschaffen, mit denen sie versuchen, das *einst Geglaubte* mit dem *nun besser Gewussten* notdürftig in Einklang zu bringen. Das wichtigste Produkt dieser seltsamen Mixtur aus echtem Glauben und halbherziger Wissenschaft ist die sog. *„Intelligent Design“-Theorie, das zentrale Schlachtschiff des pseudowissenschaftlichen Kreationismus.*[11] Verfechter dieser Theorie versuchen die Erkenntnisse der Kosmologie, Paläontologie und Evolutionsbiologie in ihren Schöpfungsglauben zu integrieren. Sie akzeptieren in der Regel zwar die Entwicklungstatsache der Evolution, bezweifeln aber, dass der Wandel der Arten gemäß der evolutionären Logik von Variation, Mutation und Selektion auf natürlichem Wege vonstatten ging. Stattdessen gehen sie davon aus, dass die evolutionären Prozesse von einem intelligenten Planer angestoßen wurden, der mit seiner Schöpfung spezifische Ziele verfolgt.

Pseudowissenschaftliche Kreationisten versuchen eine religionskompatible, wissenschaftlich anmutende Alternative zur Evolutionstheorie zu entwickeln. Doch so sehr sie sich auch bemühen, von ihrem Sprachduktus her wissenschaftlich zu *klingen*, mit echter Wissenschaft hat das Ganze herzlich wenig zu tun. Denn der Erklärungswert der Theorie ist gleich Null, Vorhersagen können auf ihrer Basis nicht getroffen, stattgefundene Entwicklungsprozesse nicht nachvollzogen werden.

Schon der Begriff „Intelligent Design" ist bei genauerer Betrachtung eine Absurdität sondergleichen.[12] Denn nehmen wir spaßeshalber einmal an, ein allwissender, allmächtiger Gott habe tatsächlich das Universum geschaffen, *damit* Menschen darin leben und dem von ihm vorgegebenen Heilsplan folgen können, so müssen wir uns doch fragen, warum er zur Erreichung dieses Ziels soviel *sinnlosen Aufwand* betrieben hat! Wie beispielsweise sollen wir es uns bloß erklären, dass dieser angeblich hyperintelligente Designer zunächst a) eine ungeheure Vielfalt von Dinosauriern erschuf, später b) einen riesigen Felsbrocken auf deren Heimatplanet einschlagen ließ, damit c) die Dinosaurier wieder aussterben, um so d) Platz zu schaffen für ein paar rattengroße Ursäuger, aus denen sich Jahrmillionen später die vermeintliche Krönung der Schöpfung, Homo sapiens, entwickelte?

Wie „intelligent", bitteschön, kann ein „Designer" sein, der eine derartig groteske Arbeitsweise an den Tag legt?! Keine noch so chaotische Grafikagentur, kein Fahrzeughersteller, keine Modefirma, kein Mensch, der halbwegs bei Verstand ist, würde einen Designer mit einer derart verheerenden Kosten-Nutzen-Bilanz einstellen! Unsere Welt ist, wenn man etwas genauer hinschaut, so unintelligent designt, so voller Pleiten, Pech und Pannen,[13] dass sich der Glaube an einen intelligenten Designer von selbst erübrigt.

Wie unterscheidet sich nun das u.a. von der katholischen Kirche vertretene Konzept der „theistischen Evolution" von „Intelligent Design"? Inhaltlich ist diese Abgrenzung recht schwierig, was Kardinal Schönborn mit seinem Pro-Intelligent-Design-Text in der *New York Times*[14] einigermaßen in Verlegenheit brachte. Warum ist diese Abgrenzung so schwierig? Weil selbstverständlich auch die Kirchen zur Aufrechterhaltung des Glaubens trotz Darwin von einem Schöpfergott ausgehen müssen, der den Menschen in seinem Heilsplan gewollt hat und somit als Spiritus rector hinter den natürlichen Phänomenen agiert! Der Unterschied zwischen der Intelligent Design-Theorie der pseudowissenschaftlichen Kreationisten und dem „getarnten Kreationismus“ der katholischen Kirche besteht daher weniger im Inhalt der jeweiligen Bekenntnisse als in den jeweils gewählten Kommunikationsstrategien.

Während Intelligent Design-Theoretiker danach streben, mit ihren religiösen Vorstellungen in die wissenschaftliche Forschung hineinzuwirken, setzen führende Kirchentheologen auf eine *strikte Trennung von Wissenschaft und Glauben*! Geht es etwa nach Papst Benedikt XVI. oder dem evangelischen Bischof Wolfgang Huber (ehemaliger Vorsitzender der Evangelischen Kirche Deutschlands), sollen sich Wissenschaftler *als Wissenschaftler* nicht zu Glaubensfragen äußern und Gläubige sich *als Gläubige* ebenso wenig in die Wissenschaften einmischen. Stattdessen schlagen sie vor, wissenschaftliches Denken und religiösen Glauben als zwei Seiten *einer* Medaille zu begreifen, d.h. als getrennte, jedoch kompatible „Wahrheitssysteme“, die mit unterschiedlichen Aufgabenbereichen betraut sind. Während der Wissenschaft dabei die Funktion zugeschrieben wird, die Welt zu *erklären*, soll die Religion die Aufgabe erfüllen, den Menschen in ihrem Leben *Orientierung zu geben*.[15]

Eine solche Aufgabenteilung klingt auf den ersten Blick möglicherweise sinnvoll und befriedigt unser Bedürfnis nach Harmonie. Sie ist allerdings nur unter der Voraussetzung möglich, dass Wissenschaft und Religion tatsächlich kompatible, miteinander verträgliche „Wahrheitssysteme“ sind. Doch wie sollte das funktionieren? Kann man wirklich einerseits von der empirisch gehärteten These ausgehen, dass der Mensch eine über blinde Selektionskräfte zufällig entstandene affenartige Lebensform ist, und andererseits glauben, dass er von einem planvoll vorgehenden Gott bewusst erschaffen wurde? Nein, denn das wäre ein Widerspruch in sich![16] Je genauer man hinschaut, desto deutlicher wird, dass wir uns entscheiden müssen: Entweder Evolution oder Schöpfung, Aufklärung oder Obskurantismus, Darwin oder Bibel, wissenschaftliches Wissen oder religiöser Glaube. Sämtliche Versuche, das eine mit dem anderen zu verbinden, sind grandios gescheitert![17]

Was ist also von den Verlautbarungen zu halten, die Kirche habe die Evolutionstheorie längst schon akzeptiert? Ich kann nur davor warnen, solche Aussagen ernst zu nehmen! Man muss schon etwas genauer hinschauen, um zu verstehen, welche Aspekte der Evolutionstheorie die Kirchen akzeptiert haben und welche eben nicht! Nehmen wir als Beispiel die Katholische Kirche.

Nach fast einem Jahrhundert Sendepause, in der die römische Kurie offenbar hoffte, das Problem „Evolutionstheorie" irgendwie „aussitzen" zu können, war Pius XII. der erste Papst, der sich öffentlich dezidiert zur Deszendenztheorie äußerte. In seinem Rundschreiben *Humani Generis* von 1950 erklärte er, dass eine Beschäftigung mit der „Entwicklungslehre" unter bestimmten Bedingungen legitim sei. Dabei ließ er die Frage offen, ob der Mensch sich „seinem Leibe nach" tatsächlich aus dem Tierreich entwickelt habe. In Bezug auf die „Seele" und die sog. „höheren geistigen Fähigkeiten des Menschen" definierte der Papst jedoch einen klaren Standpunkt: Was die „Seele" betrifft, so Pius XII., müsse der katholische Gläubige unbedingt daran festhalten, „dass sie unmittelbar von Gott geschaffen ist".[18]

Im Grunde hat sich an dieser Haltung der Kirche bis heute wenig geändert. Der einzig erkennbare Fortschritt besteht darin, dass der Vatikan mittlerweile die *körperliche Herkunft* des Menschen aus dem Tierreich nicht mehr als „offene Frage" begreift, sondern seit Johannes Paul II. als „Tatsache". Weiterhin jedoch wird von der Kirche jede evolutionäre Erklärung der „seelischen", d.h. der psychischen, kognitiven und affektiven Merkmale von Homo sapiens vehement bestritten, obgleich schon Darwin in seinen Werken *Die Abstammung des Menschen und die geschlechtliche Zuchtwahl* und *Der Ausdruck der Gemütsbewegungen bei dem Menschen und den Tieren* auch auf diesem Gebiet wichtige Pionierarbeit geleistet hatte!

Insofern lässt sich sagen, dass die katholische Kirche sich bestenfalls mit einem „halbierten Darwin" angefreundet hat. Sie akzeptiert zwar die Entwicklungstatsache der Evolution, d.h. auch die leibliche Herkunft des Menschen von vorhergegangenen Primatenformen, nicht aber die evolutionäre Logik, die diesen Entwicklungen zugrunde liegt – vor allem nicht in Bezug auf die sogenannten „höheren, geistigen Fähigkeiten" des Menschen. Die Kirche kann sich deshalb zwar vom „fundamentalistischen" wie auch vom „pseudowissenschaftlichen Kreationismus" abgrenzen. „Kreationistisch" im Sinne von „schöpfungsgläubig" muss sie jedoch weiterhin argumentieren, schließlich ist der christliche Glaube, die Lehre von „Erbsünde", „Erlösung" und „Auferstehung", nur unter der Voraussetzung möglich, dass Gott mit seiner Schöpfung Ziele verfolgt! Die Kirchentheologen kommen also gar nicht umhin, auf die Fiktion eines göttlichen Designers, eines hinter den Dingen wirkenden Lenkers und Planers der Evolution, zurückzugreifen, wenn ihr Glaube mehr sein soll als eine inhaltsleere Ansammlung fromm klingender Leerformeln.

Papst Benedikt XVI. ließ deshalb wie seine Vorgänger gar keinen Zweifel daran aufkommen, dass der Mensch – Darwin hin oder her – ein gottgewolltes Geschöpf sei: „Dieses spezielle Gewolltsein und Gekanntsein des Menschen von Gott nennen wir seine besondere Erschaffung."[19] Eben dies machte er auch unmissverständlich in seiner Predigt zur Amtseinführung als Papst deutlich, in der er den evolutionstheoretischen Standpunkt in aller Entschiedenheit abwies: „Wir sind nicht das zufällige und sinnlose Produkt der Evolution. Jeder von uns ist Frucht eines Gedankens Gottes. Jeder ist gewollt, jeder ist geliebt, jeder ist gebraucht."[20] Und auch die Evangelische Kirche Deutschlands (EKD) sieht in Gott noch immer den Denker und Lenker hinter der Evolution. In ihren bildungstheoretischen Empfehlungen für den schulischen Unterricht bekennt sie sich mit Luther weiterhin zur Überzeugung: Wo Gott „nicht anfängt, da kann nichts sein oder werden, wo er aufhört, da kann nichts bestehen".[21]

Beide Großkirchen müssen daran festhalten, dass Gott in seiner Allmacht und Allwissenheit die Schöpfung von Anfang an exakt so konzipiert hat, dass wir Menschen als seine Ebenbilder notwendigerweise entstehen mussten. Dies führt freilich zu recht kuriosen Konsequenzen: Hätte Gott nämlich die Parameter der Evolution nur einen Tick anders eingestellt (beispielsweise auf den verheerenden Einschlag eines Asteroiden vor 65 Millionen Jahren verzichtet), so hätte sich sein Alter ego „Jesus" möglicherweise nicht in Menschengestalt, sondern als Tyrannosaurus Rex inkarnieren müssen! Nicht auszudenken, welcher Kult hieraus erwachsen wäre![22]

Spaß beiseite: Es zeigt sich, dass die vermeintliche Akzeptanz der Evolutionstheorie durch die Kirchen bei genauerer Betrachtung eine Mogelpackung ist! *In Wirklichkeit akzeptieren die Kirchen nur den „halbierten" Darwin, um auf diese Weise zumindest den letzten Restbestand ihres kreationistischen Weltverständnisses aufrechterhalten zu können.*

Was aber wäre, wenn wir im Unterschied zu den Kirchen auf „getarnten Kreationismus" verzichten und stattdessen Darwin und seine Nachfolger philosophisch ernst nehmen würden? Nun, in diesem Fall dürften wir Homo sapiens nicht mehr als „gottgewollte Krönung einer gut gemeinten, gut gemachten Schöpfung" begreifen, sondern als „unbeabsichtigtes, kosmologisch unbedeutendes und vorübergehendes Randphänomen eines sinnleeren Universums".[23] Falls Sie über diese Aussage erschrecken sollten: Sie ist keineswegs so düster, wie sie im ersten Moment erscheinen mag. Doch bevor ich dazu komme, dies zu erläutern, sollten wir zunächst einen Blick werfen auf die wirklich dunklen Flecken in der Geschichte der Evolutionstheorie.

Irrwege und Missverständnisse: Evolutionstheorie und das Gespenst des Biologismus

Große Ideen laden, wie wir aus bitterer Erfahrung wissen, zu großem Missbrauch ein. Darwins Evolutionstheorie bildet in dieser Hinsicht leider keine Ausnahme. Die Geschichte der Evolutionstheorie zeichnet sich durch fatale Irrwege und Missverständnisse aus, die zum Teil auch heute noch Nachwirkungen zeigen (nicht zuletzt in den Predigten katholischer Bischöfe, die vor den vermeintlich „kulturvernichtenden Wirkungen" eines „maßlosen Evolutionismus" warnen). Fassen möchte ich die Fehlentwicklungen im Kontext der Evolutionstheorie unter dem Stichwort „Biologismus", wobei ich zwischen einem *theoretischen* und einem *normativen* Biologismus unterscheide.[24] Zunächst eine kurze Erläuterung der Begriffe:

Der Begriff „theoretischer Biologismus" kennzeichnet all jene Weltdeutungsmuster, die menschliche Verhaltensweisen oder gesellschaftliche Zusammenhänge wesentlich über biologische Gesetzmäßigkeiten zu erklären versuchen, *ohne* dabei die Besonderheiten der menschlichen Spezies (insbesondere die Bedeutung kultureller Faktoren) in angemessener Weise zu berücksichtigen. In Abgrenzung dazu umfasst der Begriff „normativer Biologismus" all jene Ideologien, die aus der Beschreibung biologischer *Ist-Zustände* unreflektiert moralische und/oder politische *Sollenssätze* ableiten.

Theoretischer und normativer Biologismus müssen nicht unbedingt „Hand in Hand" gehen, sind in der Vergangenheit jedoch meist im „Kombipack" aufgetreten. Dies möchte ich anhand einer kurzen Analyse der normativen Biologismen Sozialdarwinismus, Rassismus und Eugenik aufzeigen.

Beginnen wir mit dem *Sozialdarwinismus*. Mit diesem Begriff, gegen den sich Darwin wohl sehr vehement gewehrt hätte, ist eine Form des normativen Biologismus gemeint, die Darwins Lehre, insbesondere die Rede vom „Kampf ums Dasein" und dem „Überleben der Tauglichsten" als Aufforderung zum Aufbau entsprechender gesellschaftlicher Verhältnisse missversteht (Stichwort: „Recht des Stärkeren"). In der Vergangenheit galt es als besondere Spezialität der Sozialdarwinisten, die Bereitschaft zum

Führen von Kriegen als „immanenten Wesenszug des Menschen“ zu begreifen und die Beziehungen zwischen Staaten und Völkern als „Kampf um Lebensraum“ zu deuten. Gegenwärtig scheint ein anderes sozialdarwinistisches Argumentationsmuster bedeutsamer zu sein, nämlich die Rechtfertigung sozialer Ungleichheit unter Hinweis auf das universell gültige Eigennutzprinzip.

Was ist dem entgegenzuhalten? Zunächst einmal sind sozialdarwinistische Aussagen ethisch schlecht begründet, weil sie – wie jede Form des normativen Biologismus – auf einem „naturalistischen Fehlschluss“ beruhen. Aus einem unterstellten „empirischen Sein“ lässt sich nun einmal kein „Seinsollen“ ableiten.[25] Wir können unsere ethischen Werte nicht unreflektiert aus unserer Naturerkenntnis „herausdestillieren“. Es wäre beispielsweise völlig absurd, aus der Tatsache, dass in der Natur „Kindstötung“ so häufig vorkommt, abzuleiten, dass Kindstötung deshalb legitim sei. Aber dies ist noch nicht alles: Auch empirisch betrachtet, steht das sozialdarwinistische Argument auf äußerst wackligen Beinen, denn es gründet nicht auf einer soliden wissenschaftlichen Erkenntnis, sondern auf einer Fehlannahme des theoretischen Biologismus.

Eigennutz bedeutet nämlich in der Natur keineswegs bloß das Durchsetzen eigener Interessen auf Kosten anderer, sondern auch die Bereitschaft zur Kooperation, zum Teilen von Ressourcen.[26] In vielen Fällen opfern Tiere sogar ihr eigenes Leben, um das Überleben anderer zu ermöglichen. Eigennutz steht in der Natur also nicht per se im Widerspruch zum Altruismus. Betrachten wir zudem noch die *Besonderheiten* der menschlichen Spezies, so wird das sozialdarwinistische Argument zur Rechtfertigung sozialer Ungleichheit vollends obsolet. Denn wenn den Menschen *eine* Eigenschaft in ganz besonderer Weise auszeichnet, so ist es seine ausgeprägte Fähigkeit zur emotionalen Perspektivübernahme.[27] Als Menschen können wir emotional nachempfinden, was andere in Notlagen durchmachen müssen, *wir leiden, buchstäblich mit ihnen mit.*

Weiß man darum, welch große Bedeutung Mitleid und Mitfreude für das emotionale Erleben von Homo sapiens haben, so wundert man sich nicht darüber, dass viele sozialwissenschaftliche Untersuchungen einen signifikanten Zusammenhang von sozialer Gerechtigkeit und subjektivem Wohlempfinden festgestellt haben.[28] Vor diesem Hintergrund kann man Stephen Jay Gould nur zustimmen, wenn er schreibt, dass der Mensch das biologische Potential besitzt, ein besonders „kluges und freundliches Tier“ zu sein.[29] Gewiss: Es müssen spezifische Bedingungen erfüllt sein, damit sich dieses Potential gesellschaftlich entfalten kann. Die konsequente

Leugnung dieser Möglichkeit durch theoretische und normative Biologisten zeigt jedoch, wie undifferenziert (auch im biologischen Sinne!) ihr Bild von Homo sapiens ist.

Kommen wir zur zweiten Form des normativen Biologismus, dem *Rassismus*: Die Einteilung der Menschheit in vermeintlich „nieder- und höherwertige Rassen" ist bedauerlicherweise ein uraltes Phänomen der Kulturgeschichte. Mit der frühen Evolutionstheorie schien endlich ein seriöser wissenschaftlicher Beleg für dieses Vorurteil vorzuliegen. Zwar machte die Theorie klar, dass auch alle sog. „Kulturmenschen" von „primitiveren Urformen" abstammen, doch konnte zugleich der Eindruck entstehen, dass sich einige Teile der Menschheit evolutionär weiterentwickelt hätten, während andere auf einer früheren Stufe der Entwicklung stehen geblieben seien.[30] Ernst Haeckels „Hierarchie der Völker", die wir vor allem in seinem 1905 erschienenen Buch *Die Lebenswunder* finden, ist ein typisches Beispiel dieser Denkungsart. Insbesondere vor dem Hintergrund des „arischen Rassenwahns", der nur wenige Jahrzehnte später die Welt erschütterte, erscheint uns Heutigen nicht nur Haeckels Stufenleiter vom „niederen Wilden" zum „höheren Kulturvolk" erschreckend, sondern auch seine unverblümt geäußerte Überzeugung, der „Lebenswert" der „niederen Wilden" gleiche etwa dem der „Menschenaffen". Von einer solchen Wertung ist es nur ein kleiner Schritt hin zur „Rassenhygiene-Politik" der Nationalsozialisten, die sich Haeckels Ansichten zum Thema gerne zunutze machten.[31]

Dass der „Rassismus" mit einer humanistischen, an der Gleichberechtigung aller Menschen orientierten Ethik nicht zu vereinbaren ist, sollte evident sein. Er ist aber auch theoretisch (vor allem aufgrund der Ergebnisse der synthetischen, molekularbiologisch fundierten Evolutionstheorie, von der Haeckel noch keine Ahnung haben konnte), nicht mehr aufrechtzuerhalten. Es ist schlichtweg unsinnig, von bestimmten Körpereigenschaften wie der Hautfarbe auf andere Eigenschaften der Menschen (beispielsweise ihre intellektuellen Fähigkeiten) zu schließen. Zahlreiche wissenschaftliche Untersuchungen führten zu dem nicht unerwarteten Ergebnis, dass die genetischen und phänotypischen Unterschiede *innerhalb* einer sog. „Rasse" größer sind als die Unterschiede *zwischen* den „Rassen".[32] Dies ist einer der Gründe dafür, warum in der modernen wissenschaftlichen Anthropologie[33] (und glücklicherweise auch in der politischen Debatte[34]) der Begriff „Rasse" mittlerweile aufgegeben wurde.

Zum dritten Fall des normativen Biologismus: Der Begriff „Eugenik" wurde 1883 von Francis Galton, einem Vetter Darwins, geprägt. Er verstand darunter ein sozialpolitisches Konzept, das darauf abzielte, durch „gute Zuchtwahl“ den Anteil positiv bewerteter Erbanlagen in der Bevölkerung zu vergrößern bzw. den Anteil negativ bewerteter Erbanlagen zu vermindern. Dies sollte ermöglicht werden durch die Begünstigung der Fortpflanzung „Erbgesunder“ sowie die Verhinderung der Fortpflanzung „Erbkranker“. Begründet wurde die Notwendigkeit einer solchen „künstlichen Zuchtwahl“ durch das Wegfallen natürlicher Selektionsmechanismen im Zuge des Zivilisationsprozesses. Durch die damit angeblich verbundene „Verhaustierung des Menschen“ (Konrad Lorenz), fürchtete man, drohe eine schleichende Schädigung des Genpools, der man nur mittels staatlicher Zucht-Maßnahmen („Rassenhygiene“) entgegentreten könne.

Wie auch die anderen Formen des normativen Biologismus, ist staatlich verordnete Eugenik nicht nur ethisch zu kritisieren (vor allem im Hinblick auf die Verletzung menschlicher Selbstbestimmungsrechte), sondern auch theoretisch. Derartige eugenische Konzepte können nämlich nur dann als sinnvoll erscheinen, wenn man von einem „genetischen Überdeterminismus“ ausgeht. Dieser allerdings ist wissenschaftlich längst widerlegt, obgleich er in der Gesellschaft noch erstaunlich viele Anhänger hat. Nur ein Beispiel unter vielen:

Vor einigen Jahren hielt der deutsche Philosoph Peter Sloterdijk einen Vortrag mit dem Titel „Regeln für den Menschenpark“, der nach seiner Veröffentlichung[35] für große Aufregung sorgte. Sloterdijk deutete darin an, dass man das sog. „Humanisierungsproblem“, nachdem Philosophie und Pädagogik versagt hätten, möglicherweise über gentechnische Verfahren lösen könne. Der Aufschrei im Feuilleton war gewaltig. Erstaunlicherweise wurde aber in der kontroversen Debatte nur höchst unzureichend thematisiert, wie sehr sowohl Sloterdijk als auch die meisten seiner Kontrahenten die realen Dimensionen genetischer Steuerung verkannten! Denn in Wahrheit gibt es keine *Gene für Moral.* Selbstverständlich wird das ethische Verhalten eines Menschen nicht direkt gesteuert über die Anordnung von Adenin, Thymin, Guanin und Cytosin, den vier Basen der DNA.

Um dies zu wissen, hätte man sich keineswegs mit dem komplizierten Fachgebiet der Genetik auseinandersetzen müssen, gesunder Menschenverstand hätte völlig genügt: So unterschieden sich die jungen Erwachsenen, die Ende der Sechziger Jahre gegen autoritäre Herrschaftsstrukturen rebellierten, für freiere Sexualität eintraten und eine kritische Aufarbeitung der deutschen Vergangenheit einklagten, in genetischer Perspektive nicht dramatisch von ihren Eltern, die sich zu erschreckend großen Teilen zu Handlangern und Vollstreckern der Nazi-Barbarei gemacht hatten. Der gleiche Genpool, der in den Dreißiger Jahren zum Verbot der sogenannten „Entarteten Kunst“ führte, sorgte in den Sechzigern für den Siegeszug der Mahler-Sinfonien und den millionenfachen Absatz von *Rolling Stones*-Alben. Mit genetischem Determinismus alleine lässt sich ein solch dramatischer Verhaltenswandel innerhalb einer Generation nicht erklären. Entscheidend waren hier vielmehr die radikal gewandelten kulturellen, sozialen und ökonomischen Rahmenbedingungen, die das Bewusstsein der 68er-Generation im Unterschied zu ihren Eltern prägten.

Halten wir fest: Wer meint, eine stärkere Berücksichtigung der weltanschaulichen Konsequenzen der Evolutionstheorie laufe unweigerlich auf eine Stärkung von Sozialdarwinismus, Rassismus und Eugenik hinaus, der irrt sich gewaltig – und zwar in doppelter Hinsicht: Erstens sind die theoretischen Konzepte, auf die sich normative Biologisten beriefen, mittlerweile hinreichend widerlegt. Zweitens darf man den fundamentalen Unterschied zwischen wissenschaftlicher Erklärung und ethischer Rechtfertigung nicht übersehen: Spätestens seit Max Weber sollte sich die Erkenntnis durchgesetzt haben, dass Wissenschaft zwar *be*schreiben kann, was *ist*, jedoch nicht *vor*schreiben kann, was *sein soll*.[36] Wie wir mit den Erkenntnissen der Evolutionstheorie umgehen, lässt sich aus der Evolutionstheorie selbst nicht ableiten.[37] Denn dies ist keine Frage der empirischen Wissenschaft, sondern eine Frage der philosophischen Reflexion, zu der die Evolutionstheorie als wissenschaftliches Erklärungsmodell nur *indirekt* etwas beitragen kann, nämlich indem sie fehlerhafte weltanschauliche Seins-Annahmen, beispielsweise die Vorstellung eines planvoll vorgehenden göttlichen Designers, entzaubert.

Wir sehen: Die Evolutionstheorie ist zwar selbst *keine* Weltanschauung, aber sie hat als *Lackmustest für den Wahrheitswert von Seins-Aussagen über die Welt* weitreichende weltanschauliche Konsequenzen. Denn die meisten traditionellen Weltanschauungen, insbesondere die weihevoll auftretenden „Hochreligionen“, haben keinerlei Chancen, den „Darwinischen Wahrheitstest“ heil zu überstehen. Sagen wir es daher laut und deutlich, auch auf die Gefahr hin, religiös empfindende Menschen zu verletzen: *150 Jahre nach der Veröffentlichung von Darwins wegweisendem Buch* Über die Entstehung der Arten *ist das Haltbarkeitsdatum für die meisten religiösen Glaubensüberzeugungen endgültig abgelaufen!* Dass die Apologeten der Religion so häufig auf die (längst überwundenen) Irrläufer in der Geschichte der Evolutionstheorie hinweisen,[38] darf man als taktisches Manöver interpretieren, das von diesem peinlichen Sachverhalt ablenken soll.

Huxleys Synthese: Wie der evolutionäre Humanismus Darwins Erbe antritt

Der englische Zoologe, Philosoph und Schriftsteller Julian Huxley war nicht nur einer der bedeutendsten Evolutionstheoretiker des 20. Jahrhunderts, sondern auch ein politisch engagierter Humanist, der unter anderem als erster Generaldirektor der UNESCO in den Vierziger Jahren maßgeblich zur Völkerverständigung nach den katastrophalen Erfahrungen des Zweiten Weltkriegs beitrug. Huxleys Werk ist heute vor allem deshalb interessant, weil sich in ihm zwei Denkmodelle kreuzen, die sich zuvor scheinbar antagonistisch gegenüberstanden, nämlich Humanismus und Naturalismus. Zur Erläuterung eine kurze Definition der Begriffe:

Mit dem Begriff „Humanismus" belegen wir (wenn wir nicht gerade Altphilologen sind!) gemeinhin all jene Ideensysteme, die 1. vom Menschen als aktivem Gestalter seiner Welt ausgehen und die 2. eine konsequente Orientierung an den individuellen Selbstbestimmungsrechten, etwa im Sinne der „Allgemeinen Erklärung der Menschenrechte", anstreben. Der Humanismus hat insofern stets eine politische Dimension, denn Humanisten halten eine Verbesserung der menschlichen Lebensverhältnisse angesichts der vielfältigen Übel in der Welt nicht nur für dringend erforderlich, sondern auch für prinzipiell möglich. Wer gänzlich abstreitet, dass wir das Potential besitzen, für gerechtere Verhältnisse auf diesem Staubkorn im Weltall zu sorgen, ist kein Humanist, sondern Zyniker.

Zum Naturalismus: Der Begriff „Naturalismus" kennzeichnet eine wissenschaftlich-philosophische Grundhaltung, die unterstellt, dass es im Universum mit „rechten Dingen" zugeht,[39] d.h. dass weder Götter noch Dämonen noch Gespenster noch Kobolde in die Naturgesetze eingreifen. Der Naturalismus besagt, *dass alles, was ist*, ausschließlich auf *natürlicher Basis* existiert. Das bedeutet u.a., dass auch die sog. „höheren kognitiven Fähigkeiten" des Menschen notwendigerweise Naturkausalitäten unterworfen sind, sich also nicht über diese erheben können. Wir sind Kinder der Evolution – und daran ändert auch die Erfindung des Satellitenfernsehens oder des VW Phaeton nichts.

Wie gesagt: Bei Julian Huxley trafen diese beiden unterschiedlichen Denktraditionen aufeinander und er entwickelte aus ihnen eine neue Synthese, die er mit dem Begriff „Evolutionärer Humanismus" belegte.[40] Grafisch lässt sich Huxleys Synthese etwa wie folgt darstellen:

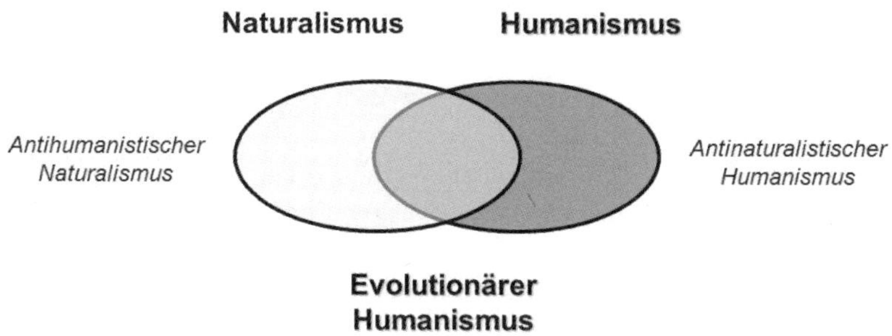

In der Schnittmenge von Naturalismus (links) und Humanismus (rechts) finden wir den neuen, evolutionären oder naturalistischen Humanismus, um den es Huxley ging. Auf der linken Seite, außerhalb der Schnittmenge, sehen wir den anti-humanistischen Naturalismus, der all jene naturalistischen Ideensysteme umfasst, die mit humanistischen Grundüberzeugungen nicht in Einklang zu bringen sind. Ein Beispiel hierfür ist der schon beschriebene „Sozialdarwinismus", der aus den oftmals grausamen Überlebensstrategien, die sich im Verlauf der biologischen Evolution herausgebildet haben, antihumanistische Werte ableitet, etwa im Sinne eines vermeintlichen „Rechts des Stärkeren".

Auf der rechten Seite entdecken wir den antinaturalistischen Humanismus, also die Menge der humanistischen Konzeptionen, die im Widerspruch zum Naturalismus stehen. Hierzu gehören neben religiösen Humanismen, die im Kampf um bessere Verhältnisse auf übernatürliche Kräfte vertrauen, auch jene weltlichen Humanismus-Konzeptionen, die von einer „gottgleich" über den körperlichen Prozessen schwebenden „Vernunft" des Menschen ausgehen.

Aufgrund seiner naturalistischen Ausrichtung wendet sich der evolutionäre Humanismus nicht nur gegen überkommene Gottesvorstellungen, sondern auch gegen das traditionelle Menschenbild. Er begreift Homo sapiens nicht als Krönung einer gut gemeinten, gut gemachten Schöpfung, sondern als unbeabsichtigte, zufällig entstandene, den Naturgesetzen unterworfene Primatenart, die sich nicht zu viel darauf einbilden sollte, dass sie die Körperbehaarung abgeworfen und die Digitalarmbanduhr angezogen hat.

Der evolutionäre Humanismus bietet, wie ich meine, eine hervorragende Möglichkeit, Darwins brisantes Erbe anzutreten. Im Unterschied zu traditionellen Glaubensvorstellungen stellt er sich angstfrei den wissenschaftlichen Erkenntnissen, die in den letzten Jahrzehnten zu einer weitgehenden „Entzauberung des Menschen“ geführt haben. Dennoch opfert er im Zuge dessen keine der politischen Visionen auf, an denen wir als ethisch denkende Menschen zu Recht festhalten wollen, etwa die Ideen der Freiheit, der Gerechtigkeit, der Solidarität.

Im Gegensatz zu den antihumanistischen Erben Darwins macht der evolutionäre Humanismus klar, dass der „Affe in uns“ bei genauerer Betrachtung gar kein so unfreundlicher Geselle ist. Denn, wie gesagt: Entsprechende Lebensbedingungen vorausgesetzt, hat Homo sapiens sehr wohl das Potential, ein besonders kreatives, freundliches und humorvolles Tier zu sein. Wir müssen allerdings lernen, derartige Lebensbedingungen künftig klarer zu identifizieren und auch entschiedener zu fördern. Ansonsten wird sich eher jene dunklere Seite der menschlichen Natur durchsetzen, die die Geschichte der Menschheit über weite Strecken zu einer Geschichte der Unmenschlichkeit machte.

Es gibt bei genauerer Betrachtung keinen vernünftigen Grund für die von Theologen verbreitete Befürchtung, dass der Mensch „verrohen“ würde, wenn er sich künftig stärker als jener „nackte Affe“ begreifen würde, der er in Wirklichkeit nun einmal ist. Im Gegenteil! Das naturalistische Projekt der „Hominisierung des Menschen“, also das Anerkennen unserer Tierlichkeit, dürfte vielmehr eine wichtige Voraussetzung für das ethische Projekt der „Humanisierung des Menschen“ sein! Die Welt sähe sicherlich ein gutes Stück entspannter aus, wenn wir uns nicht mehr vorrangig als Juden, Christen, Muslime, Buddhisten, Atheisten etc. wahrnehmen würden, sondern als gleichberechtigte Mitglieder einer zu kolossaler Selbstüberschätzung neigenden, affenartigen Spezies.

Wie aber steht es um die im ersten Teil angeschnittene Frage nach dem Sinn des Lebens? Können wir eine sinnerfüllte Existenz in einem an sich sinnleeren Kosmos führen? Aber sicher doch! Denn es geht uns bei der Frage nach der sinnerfüllten Existenz doch gar nicht um den (höchstwahrscheinlich nicht existierenden) großen *Sinn an sich*, also um die „letzte Frage nach dem Leben, dem Universum und dem ganzen Rest“, wie Douglas Adams einst spottete,[41] sondern bloß um den weit bescheideneren *Sinn für uns*, d.h. um die Zusammenhänge, die wir kulturell geprägten Primaten auf einem kleinen Planeten am Rande der Milchstraße als für unser Leben wichtig erachten können.[42]

Eine vorübergehende Lebensform auf einem unbedeutenden Planeten zu sein, ist jedenfalls nicht *per se* kränkend, sondern nur für den, der überzogene Ansprüche an die Wirklichkeit stellt! Natürlich kann man darunter leiden, dass das blinde Walten von Zufall und Notwendigkeit im Universum es sehr, sehr unwahrscheinlich macht, dass ein liebevoller, allmächtiger Vater über allem wacht. Man kann es aber genauso gut als Befreiung erleben, dass man sein Leben *nach eigenem Gutdünken* führen darf, ohne sich den Vorgaben eines „imaginären Alphamännchens“ unterordnen zu müssen. Die frohe Botschaft in diesem Zusammenhang lautet, dass uns gerade die Akzeptanz der tiefen metaphysischen Sinnlosigkeit unserer Existenz den Freiraum zur individuellen Sinnstiftung verschafft. Denn in einem „an sich“ sinnlosen Universum genießen wir das Privileg, den Sinn des Lebens aus unserem Leben selbst zu schöpfen.

Wer Darwins Erbe verstanden hat, weiß, dass wir diesen Sinn des Lebens nicht *außerhalb des Lebens selbst* finden können. Wer also nach dem Sinn sucht, sollte vor allem in den Sinnen suchen, denn Sinn erwächst aus Sinnlichkeit. Völlig zu Recht stellte schon der griechische Philosoph Epikur vor zweieinhalb Jahrtausenden fest: „Ich weiß nicht, was ich noch als Gutes ansehen soll, wenn ich die Freuden des Geschmacks, die Freuden der Liebe, die Freuden des Gehörs, schließlich die Erregungen beim Anblick einer schönen Gestalt abziehe.“[43]

Von Darwin zu lernen, heißt zu verstehen, dass es in unserer Welt kein metaphysisches Gut und Böse gibt, wohl aber ein physisches Wohl und Wehe, das unseren ethischen Entscheidungen zugrunde liegt.[44] Um es mit Albert Schweitzer zu sagen: *Wir sind Leben, das leben will, inmitten von Leben, das leben will.*[45] Religionen und politische Ideologien haben diese profane Tatsache des Lebens immer wieder vernebelt und die Menschen in verheerende Schlachten getrieben, in denen *eine* Wahnidee gegen *andere* Wahnideen antrat. Auch deshalb tut Aufklärung Not! Ich bin überzeugt: Erst jenseits von Gut und Böse, jenseits der Illusionen, erkennen wir, worum es im Leben eigentlich gehen sollte, nämlich um das ganz profane Streben, das Glück auf diesem Erdball zu vermehren und Unglück zu vermeiden! Wenn wir unser eigenes als auch fremdes Wohl und Wehe in unseren ethischen Entscheidungen angemessen berücksichtigen, ist es recht einfach, unseren Platz als sinnsuchende Wesen in diesem an sich sinnleeren Kosmos zu finden. Dazu brauchen wir keinen übersinnlichen Sinn, keinen vorgegebenen Heilsplan, keinen Gott – kein „Eiapopeia vom Himmel“, wie es Heinrich Heine einst so trefflich formulierte.[46]

Heine veröffentlichte seine poetisch-ironische Religionskritik im Jahr 1844, also zu jenem Zeitpunkt, als Charles Darwin gerade seinen ersten, geheim gehaltenen Entwurf zur Evolutionstheorie fertig stellte. Ich bin überzeugt, dass Darwin mit dem „neuen, besseren Lied“, das Heine dichtete, sehr einverstanden gewesen wäre. Jedenfalls trifft es die frohe Botschaft des evolutionären Humanismus auf den Punkt:

Es wächst hienieden Brot genug
Für alle Menschenkinder,
Auch Rosen und Myrten, Schönheit und Lust,
Und Zuckererbsen nicht minder.

Ja, Zuckererbsen für jedermann,
Sobald die Schoten platzen!
Den Himmel überlassen wir
Den Engeln und den Spatzen.

Anmerkungen

1 Charles Darwin 1844 in einem Brief an den Botaniker Joseph Hooker, einem der wenigen Menschen, denen er sich vor der Veröffentlichung des Artenbuchs anvertraute; vgl. u.a. Mathias Glaubrecht: „Es ist, als ob man einen Mord gesteht" – ein Tag im Leben des Charles Darwin. 2009, S. 161f.
2 Charles Darwin: Mein Leben. Die vollständige Autobiographie. 2008, S. 94
3 Darwin, Mein Leben, S. 96
4 Darwin, Mein Leben, S. 95
5 Darwin, Mein Leben, S. 104
6 Darwin, Mein Leben, S. 105
7 siehe den Brief Emma Darwins an Sohn Francis aus dem Jahr 1885, zitiert von Darwins Enkelin Nora Barlow im Anmerkungsapparat von Charles Darwin, Mein Leben, S. 165
8 Ist „Wahnidee" ein unwissenschaftlicher, polemischer Ausdruck? Sollten wir in diesem Zusammenhang vielleicht besser von „Hypothese" sprechen? Nein! Denn fundamentalistische Kreationisten vertreten kein Weltbild, das auf überprüfbaren „Hypothesen" beruht, sie gehen vielmehr von unerschütterlichen „Glaubensgewissheiten" aus! Diese Glaubensgewissheiten erfüllen sämtliche Kriterien, die der psychologischen Definition von „Wahn" zugrunde liegen. Schließlich handelt es sich um Überzeugungen, die a) logisch inkonsistent sind und dem empirischen Wissen über die reale Welt widersprechen und die b) trotz gegenteiliger Belege aufrechterhalten werden, da die persönliche Gewissheit der Betroffenen so stark ist, dass sie rational nicht mehr zugänglich sind. Wissenschaftlich korrekt lässt sich das Wahnsystem fundamentalistischer Kreationisten als „Gemeinsame Psychotische Störung" (DSM 297,3) klassifizieren.

Dies mag unhöflich klingen, entspricht aber dem wissenschaftlich erarbeiteten Diagnostischen und Statistischen Manual Psychischer Störungen (DSM). Mir fällt beim besten Willen keine Klassifikation ein, die den hier beschriebenen Sachverhalt wissenschaftlich präziser fassen würde.

9 vgl. u.a. Sam Harris: Das Ende des Glaubens. Religion, Terror und das Licht der Vernunft. 2007, S. 13

10 Man denke etwa an den in fundamentalistisch-kreationistischen Kreisen üblichen Schwulenhass oder das ebenso weit verbreitete Engagement für die Todesstrafe und gegen den Schwangerschaftsabbruch.

11 vgl. u.a. die kritische Analyse von Ulrich Kutschera: Streitpunkt Evolution. Darwinismus und Intelligentes Design. 2004

12 vgl. hierzu u.a. Michael Schmidt-Salomon: Manifest des evolutionären Humanismus. Plädoyer für eine zeitgemäße Leitkultur. 2006

13 Vielen Dank in diesem Zusammenhang an Eckart Voland, der mir in privaten Gesprächen viele amüsante Beispiele für „unintelligentes Design" nannte!

14 New York Times vom 5.7.2005

15 Dies war auch der Tenor eines Evolutionskongresses, der Anfang März 2009 an der päpstlichen Universität Gregoriana in Rom stattfand, siehe auch das Spiegel online-Interview mit dem deutschen Philosophen Jürgen Mittelstrass, der die theologische Sichtweise übernahm, http://www.spiegel.de/wissenschaft/mensch/0,1518,612173,00.html.

16 In diesem Punkt irrte sich Stephen Jay Gould, der (um des lieben Friedens Willen?) das sog. NOMA-Prinzip (non-overlapping magisteria) formulierte. Dieses Prinzip sagt aus, dass Theologie und Evolutionstheorie nie in einen Konflikt geraten können, da sie sich in völlig getrennten Bereichen bewegen. Interessanterweise hält auch Kardinal Schönborn dieses Prinzip für falsch, was belegt, dass er die Argumentationsstrategie des getarnten Kreationismus nicht vollständig akzeptiert, sondern sich teilweise eben auch der Argumentationsstrategie des pseudowissenschaftlichen Kreationismus (Intelligent Design) bedient; vgl. Christoph Kardinal Schönborn: Fides, Ratio, Scientia. Zur Evolutionismusdebatte. In: Stephan Horn / Siegfried Wiedenhofer (Hrsg.): Schöpfung und Evolution: Eine Tagung mit Papst Benedikt XVI. in Castelgandolfo, 2007, S. 86.

17 Dies gilt auch für den wohl tiefsinnigsten Versuch einer Synthese von Schöpfungsglauben und Evolutionstheorie, den Pierre Teilhard de Chardin in den 1950er und 1960er Jahren vorlegte (vgl. u.a. seine Werke *Der Mensch im Kosmos* und *Die Entstehung des Menschen*). Teilhards Konzept einer evolutionären Entwicklung hin zum „Omegapunkt" ist nur haltbar unter der Voraussetzung, dass dem evolutionären Prozess ein Fortschrittsautomatismus zugrunde liegt. Eben dies wird jedoch in den neueren evolutionären Modellen mit guten Gründen bestritten; vgl. u.a. Stephen Jay Gould: Illusion Fortschritt. Die vielfältigen Wege der Evolution. 1998 sowie Franz M. Wuketits: Evolution ohne Fortschritt. Aufstieg oder Niedergang in Natur und Gesellschaft. 2009.

18 Rundschreiben von Papst Pius XII. Humani Generis, zitiert nach Josef Neuner / Heinrich Roos (Hrsg.): Der Glaube der Kirche in den Urkunden der Lehrverkündigung. 1992, S. 205

19 Papst Benedikt XVI. in: Horn / Wiedenhofer (Hrsg.): Schöpfung und Evolution, S. 15

20 Horn / Wiedenhofer (Hrsg.): Schöpfung und Evolution, S. 7

21 Kirchenamt der Evangelischen Kirche in Deutschland (Hrsg.): Weltentstehung, Evolutionstheorie und Schöpfungsglaube in der Schule. 2008, S. 10

22 Ist dies nun unwissenschaftliche Polemik? Ich meine: Nein! Das Beispiel zeigt lediglich auf, mit welch absurden Konsequenzen wir rechnen müssen, wenn wir die Konzepte des „getarnten Kreationismus" ernst nehmen, d.h. zu Ende denken. Difficile est satiram non scribere (Es ist schwierig, keine Satire zu schreiben), lautet ein alter lateinischer Sinnspruch, der gerade auch im Hinblick auf kreationistische Denkmuster seine Stimmigkeit erweist…

23 vgl. Schmidt-Salomon, Manifest des evolutionären Humanismus, S. 24

24 vgl. hierzu Michael Schmidt-Salomon: Auf dem Weg zur Einheit des Wissens. 2007

25 vgl. hierzu Schmidt-Salomon, Manifest des evolutionären Humanismus, S. 93ff.

26 siehe hierzu u.a. Eckart Voland: Soziobiologie – Die Evolution von Kooperation und Konkurrenz. 2009

27 Wie erstaunlich früh dieses Empathievermögen vorhanden ist, zeigen u.a. die Forschungsarbeiten von Alison Gopnik, die an der University of California in Berkley die emotionale und kognitive Entwicklung von Säuglingen und Kleinkindern untersucht. Eine allgemeinverständliche Zusammenfassung ihrer Forschungsergebnisse findet man in: Alison Gopnik: Kleine Philosophen. Was wir von unseren Kindern über Liebe, Wahrheit und den Sinn des Lebens lernen können. 2009.

28 vgl. u.a. Stefan Klein: Die Glücksformel – oder: Wie die guten Gefühle entstehen. 2002, S. 260ff.

29 vgl. u.a. Stephen J. Gould: Darwin nach Darwin. Naturgeschichtliche Reflexionen. 1984, S. 220f.

30 Diese Vorstellungen können natürlich nur unter der Voraussetzung als theoretisch stimmig erscheinen, dass man von der Lamarckschen These der „Vererbung erworbener Eigenschaften" ausgeht. Denn nur dann wäre es theoretisch denkbar, dass sich die verschiedenen „Völker" in der verhältnismäßig kurzen Spanne der kulturellen Evolution in signifikanter Weise genetisch voneinander weg entwickelt hätten. Dieses Konstrukt wurde aber schon von den Verfechtern der Synthetischen Evolutionstheorie als grundlegend falsch abgewiesen.

31 vgl. u.a. Franz M. Wuketits: Eine kurze Kulturgeschichte der Biologie. 1998, S. 114ff.

32 vgl. u.a. Stephen Jay Gould: Der falsch vermessene Mensch. 2002

33 vgl. u.a. Luca und Francesco Cavalli-Sforza: Verschieden und doch gleich. Ein Genetiker entzieht dem Rassismus die Grundlage. 1996

34 vgl. beispielsweise die „UNESCO-Erklärung gegen den 'Rasse'-Begriff" (verabschiedet im Vorfeld der UNESCO-Konferenz „Gegen Rassismus, Gewalt und Diskriminierung" 1995)

35 Peter Sloterdijk: Regeln für den Menschenpark. Ein Antwortschreiben zum Brief über den Humanismus. 1999

36 vgl. Max Weber: Die „Objektivität" sozialwissenschaftlicher und sozialpolitischer Erkenntnis. In: Max Weber: Gesammelte Aufsätze zur Wissenschaftslehre. 1985, S. 151

37 siehe hierzu auch die Darlegungen von Eckart Voland zur Frage der Normativität in der soziobiologischen Forschung in: Voland, Soziobiologie – Die Evolution von Kooperation und Konkurrenz. 2009, S. 24f.

38 Im Darwinjahr 2009 waren es in Deutschland insbesondere die katholischen Bischöfe Meisner, Müller und Mixa, die den „Evolutionismus" für die Gräuel des Nationalsozialismus verantwortlich machten und mit Hinblick auf die Bucherfolge von Richard Dawkins & Co. vor der vermeintlichen „Wiederkehr einer Gefahr" warnten, vor der uns angeblich nur ein „wieder erstarkter christlicher Glaube" retten könne.

39 vgl. Mario Bunge / Martin Mahner: Über die Natur der Dinge. 2004, S. 8f.

40 siehe Julian Huxley: Der evolutionäre Humanismus. Zehn Essays über die Leitgedanken und Probleme. 1964

41 vgl. Douglas Adams: Per Anhalter durch die Galaxis. Vierteilige Trilogie in fünf Bänden. 1981ff.

42 Weit ausführlicher hierzu: Michael Schmidt-Salomon: Jenseits von Gut und Böse. Warum wir ohne Moral die besseren Menschen sind. 2009

43 Epikur: Philosophie der Freude. 1988, S. 98

44 vgl. Michael Schmidt-Salomon / Eckart Voland: Die Entzauberung des Bösen. In: Franz Josef Wetz (Hrsg.): Kolleg Praktische Philosophie. Bd. 1. 2008 sowie Schmidt-Salomon, Jenseits von Gut und Böse

45 vgl. Albert Schweitzer: Die Lehre der Ehrfurcht vor dem Leben. 1974, S. 30

46 Heinrich Heine: Deutschland – ein Wintermärchen. In: Heinrich Heine: Werke in zwei Bänden. 1985. Bd. 1, S. 35

Offenheit statt Offenbarung
Über Humanismus, Agnostizismus und die Diskursunfähigkeit „der Religiösen"

Die Geschichte der Menschheit – eine Geschichte der Unmenschlichkeit. Nicht wenige glauben, dass Unmenschlichkeit das hervorstechendste Merkmal der Menschheit sei. Man muss nicht zynisch sein, um zu diesem paradox klingenden Urteil zu gelangen. Aber was sind die Gründe für die sich historisch unbestreitbar entfaltende menschliche Grausamkeit? Warum all das Morden und Foltern? Warum all die brutalen Vergehen an Mensch und Natur, von denen Nachrichtensendungen und Zeitungen einschaltquoten- bzw. auflagensteigernd berichten? Zahlreiche Arbeiten, die sich mit diesem Thema beschäftigten, lieferten einsichtige Hypothesen. Ein wichtiger Aspekt wurde jedoch in der Literatur nicht gebührend gewürdigt. Ein Aspekt, der zunächst weit hergeholt erscheint, dem aber bei genauerer Betrachtung zentrale Bedeutung zukommt.

Ein Großteil der zahlreichen historisch wie in der Gegenwart festzustellenden Unmenschlichkeiten können nämlich verstanden werden als Epiphänomene einer fehlerhaften, meist unreflektierten, erkenntnistheoretischen Einschätzung: dem unter Religiösen aller Couleur anzutreffenden Irrglauben, im Besitz der absoluten, universell gültigen Wahrheit zu sein, oder genauer: im Besitz dieser Wahrheit *sein zu können*.

Die Konstruktion einer durch Offenbarung ermöglichten Schnittmenge zwischen der jenseitigen „Welt an sich" mit der diesseitigen „Welt des Menschen" war die epistemologische Ursache für millionenfaches Morden. Es gab in der Geschichte der Menschheit kaum eine Idee, die so viel Leid, so viel Elend provozierte, wie die religiöse Idee, dass absolute Wahrheit (Gott, Schicksal etc.) losgelöst vom Menschen existiere und per Offenbarung Auserwählten zuteilwerden könne.

Denn Offenheit und Offenbarung schließen einander aus. Potente Offenbarungs-Religionen kennen – wenn man ihnen den Freiraum lässt – häufig nur eine Maxime, den Umgang mit dem Andersdenkenden betreffend: *Du wirst dran glauben - oder: Du wirst dran glauben!* Eine Maxime, die nicht nur zur Zeit der Kreuzzüge brutal umgesetzt wurde. Anfang der 1940er Jahre mussten bekanntlich einige Hunderttausend Serben und Serbinnen „dran glauben", weil sie sich nicht zum Katholizismus bekehren lassen wollten. Die Brutalität des damaligen, vom Vatikan unterstützten, streng katholischen Ustascha-Regimes schockierte sogar die ansonsten wenig feinfühlige SS.[1]

Von den jährlich knapp 50 weltweit geführten Kriegen sind nach Angaben der *Stiftung Entwicklung und Frieden* nahezu die Hälfte religiös motiviert und zeichnen sich in vielen Fällen durch eine ganz besondere Brutalität aus.[2] Wäre hier – so sollte man sich doch fragen – nicht ein lohnendes Aufgabenfeld für die in letzter Zeit ziemlich eingeschlafene Friedensbewegung? Überspitzt formuliert: Sollte nicht endlich der alte Kampf um „atomwaffenfreie Zonen" durch einen neuen Kampf für „religionsfreie Zonen" ergänzt werden? Macht die lange Geschichte religiöser Super-Gaus nicht mehr als deutlich, dass das Restrisiko der Religion entschieden zu hoch ist? Ist Weltfrieden ohne religiöse Abrüstung überhaupt möglich?

Die Regenwasser-Dachrinnen-Hypothese

An dieser Stelle der Argumentation taucht regelmäßig ein Einwand auf: All das Unrecht, das da im Namen der Religion geschah und noch immer geschieht, sei nicht auf die „Religion an sich", auf den Glauben an eine sich offenbarende höhere Macht, zurückzuführen, sondern auf kriminelle Menschen, die sich unberechtigterweise der religiösen Überzeugungen bemächtigten und diese schamlos für ihre niederen Interessen ausbeuteten.

Dieses Argument erinnert an Ramakrishna, der auf die Frage, warum Religionen entarten, geantwortet haben soll, dass das Regenwasser rein sei, dass es aber, wenn es Dach und Gassen, die unsauber sind, durchlaufen habe, seine ursprüngliche, reine Klarheit verlöre. Diese „Regenwasser-Dachrinnen-Hypothese" wird heute von vielen vertreten, doch sie ist falsch: Denn Inhumanität ist keine bloß zufällige Perversion von Religion, Inhumanität ist für Religion konstitutiv, sie ist die eigentliche Wurzel der Religion.

Dies wird deutlich, wenn wir uns veranschaulichen, was eine Religion auf abstrakter Ebene als Religion kennzeichnet: Religionen sind Weltanschauungssysteme, die auf einem Bündel von Aussagen über die Struktur der „Welt an sich“ beruhen, von dem aus Sollsätze für die „Welt des Menschen“ abgeleitet werden. Die Kopplung von Seinssätzen über die „Welt an sich“ mit Sollsätzen für die „Welt des Menschen“ ist für Religion konstitutiv. Sie ist die Grundlage jeder Religion. Eine Grundlage, die sowohl erkenntnistheoretisch unhaltbar ist, als auch fundamental gegen die Regeln des Diskurses, gegen das Prinzip der Gleichberechtigung verstößt. Um dieses Argument zu verstehen, ein kurzer erkenntnistheoretischer Exkurs.

Absage an den Olymp

Eine der größten und wichtigsten Leistungen der kritischen Vernunft ist die Erkenntnis des konstruktivistischen Charakters unserer Weltwahrnehmung und die damit verbundene Absage an den Olymp. Die menschliche Vernunft ist bescheidener geworden. Sie behauptet nicht mehr, die Welt aus olympischer Perspektive erkennen zu können, sie weiß, dass sie dazu nicht in der Lage ist, weil sie selbst „die Welt“ anthroporelational konstruiert. Der Kern dieser Erkenntnis lässt sich in einem einzigen Satz ausdrücken, den zu beherzigen erste WeltbürgerInnen-Pflicht sein sollte: *Wir können die Welt nicht wahrnehmen, wie sie losgelöst von unserer Wahrnehmung existiert.*

Wenn dieser Satz stimmt (und ich kenne keine vernünftige Widerlegung dieses Satzes), so heißt dies, dass der gesicherte Zugang zur „Welt an sich“ (die Welt losgelöst von unserer Wahrnehmung) für alle Zeiten versperrt ist und dass die einzige Welt, über die wir gerechtfertigt verhandeln können, die „Welt des Menschen“ ist, eine menschliche Konstruktion, von der wir nur wissen, dass sie sich in den Kämpfen der Evolution wohl als existenziell sinnvoll herausgestellt hat.

Ob und inwieweit diese Konstruktion mit der „Welt an sich“ übereinstimmt, lässt sich nicht entscheiden, weil wir als Menschen für diese Entscheidung keine Kriterien besitzen. Das heißt nun nicht, dass es unnötig oder unmöglich sei, über die Welt, in der und mit der wir leben, Aussagen zu machen. Vielmehr bedeutet es, dass wir in Alltag und Wissenschaft von der *erlebten Welt* ausgehen müssen, dass wir gar nicht umhin können, die Welt aus der Sichtweise unserer menschlichen Existenz zu betrachten. Entscheidend ist dann nicht die „Jenseitswahrheit" von Weltmodellen, sondern ihre „Diesseitsqualität". Es geht nicht um die Frage: Ist diese Wirklichkeitskonstruktion „an sich" wahr oder falsch? – sondern darum, ob sie zu unserem Anspruch auf Leben passt oder nicht. Dies ist das einzige Kriterium, das wir besitzen, um gerechtfertigt zwischen guten und schlechten Wirklichkeitsmodellen zu unterscheiden.

Natürlich möchten Religionen gemäß der obigen Definition von einer solch radikalen Beschränkung auf die menschliche Perspektive nichts wissen. Um weiter bestehen zu können, müssen sie behaupten, höhere Kriterien der Unterscheidung zu besitzen, müssen für sich – allen Argumenten zum Trotz – weiterhin einen Zugang zur olympischen Perspektive reklamieren. Das heißt: Sie müssen damit fortfahren, ihre menschlichen Weltmodelle mit anderen als menschlichen Gütekriterien (z.B. göttlicher Wille, Gesetz des Kosmos etc.) zu versehen. Dadurch begehen sie aber einen furchtbaren Etikettenschwindel, der zu einem „unlauteren Wettbewerb der Ideen" führt. An dieser Stelle wird aus dem erkenntnistheoretischen Unsinn, der Grundlage der Religion ist, ein Verstoß gegen das Prinzip der Gleichberechtigung.

Religion und Diskurs

Die Idee des Diskurses, das Konzept des „herrschaftsfreien Dialogs", hat als Denkvoraussetzung die Annahme, dass Argumentierende auf gleichberechtigten Diskussionsebenen miteinander verhandeln. Die Akzeptanz der Gleichwertigkeit der Argumentationsgrundlagen ist dabei notwendige Voraussetzung der angestrebten Konsensbildung.[3] Die religiöse Reklamierung eines Anspruchs auf offenbarte „Welt an sich"-Wahrheit verstößt fundamental gegen dieses Grundprinzip des Diskurses, denn der religiöse Mensch benutzt im Gegensatz zum nichtreligiösen nicht nur Argumente, die in der „Welt des Menschen" beheimatet sind (die gegeneinander abgewogen und modifiziert werden können), er benutzt zudem Argumente, die ihrem Anspruch nach einer höheren Ebene angehören (die durch menschliche Argumente nicht aufgehoben werden können). Durch diese pseudotranszendentale Verstärkung seiner Argumente wird der religiöse Mensch argumentativ unangreifbar. Er steht über den Dingen, berichtet über höhere Einsichten. Konsequenz: Er überhöht sich selbst, übervorteilt und erniedrigt seine(n) nichtreligiöse(n) KommunikationspartnerIn, der/die in der Kommunikation nicht mit gezinkten Karten spielt.

Hierbei ist es wichtig, hervorzuheben, dass der dargestellte Verstoß gegen das Prinzip der Gleichberechtigung – gegen die Humanität von Kommunikation – unabhängig ist von der Qualität der Inhalte, die der religiöse Mensch in der Argumentation ansonsten vertritt. (Humanistisch-emanzipatorisch denkende TheologInnen müssen sich vorwerfen lassen, dass der Ausgangspunkt ihrer Argumentation den von ihnen angestrebten Zielen unüberwindbar widerspricht: Die religiöse Begründung ihrer Humanität entspringt einer radikalen Inhumanität, der Nichtachtung der menschlichen Wurzeln der Wirklichkeitskonstruktion.) An diesem Punkt zeigt sich, wie wenig stimmig die „Regenwasser-Dachrinnen-Hypothese“ ist: Die Inhumanität der Religion ist eben kein zufälliges Resultat profaner historischer Interessen. Es ist absolut nicht verwunderlich, dass das religiöse Modell der Wirklichkeit, welches sich in seiner theoretischen Begründung arrogant über das Menschliche hinwegsetzt, dies auch in seinem gesellschaftlichen Wirken immer wieder praktiziert. Die Grundidee der Religion ist bereits das Problem. Das wird deutlich am Phänomen des religiösen Fundamentalismus.

Die agnostizistische Kritik des Fundamentalismus

Es ist bekannt, dass der religiöse Fundamentalismus zurzeit weltweit in unvorstellbarem Maße boomt. Die Gründe sind einsichtig: Es werden Legitimationssysteme benötigt für die zahlreichen Blutschlachten, die nur in religiösen Zusammenhängen noch Sinn zu machen scheinen. Zudem erzeugt die postmoderne Pluralität in den labilen kapitalistischen Konsumparadiesen einen Selektionsdruck in Richtung prämoderne Dogmatik. Viele Menschen sind – um mit Habermas zu sprechen[4] – von der „Neuen Unübersichtlichkeit“ des „Anything goes“-Prinzips überfordert. Kleine, übersichtliche, dogmatische, also von Zweifeln befreite, Weltmodelle gewinnen an Attraktivität. Es ist zu befürchten, dass – insbesondere in wirtschaftlichen Krisenzeiten – der religiöse Fundamentalismus auch in unseren Breitengraden massiv an Macht gewinnen könnte. Diese Gefahr wird auch von progressiv-religiöser Seite erkannt und nicht wenige wissen zu berichten, dass der Kampf gegen den Fundamentalismus über die Zukunft unserer Spezies entscheiden wird. Dem ist zuzustimmen. Widerspruch klingt erst auf, wenn darüber verhandelt wird, an welchem Punkt der Kampf aufgenommen werden muss.

Meiner Meinung nach ist der religiöse Fundamentalismus nur zu bekämpfen, wenn man ihn an seiner Wurzel fasst: Die Wurzel des Fundamentalismus aber ist die religiöse Inanspruchnahme der „Welt an sich", die im Kern jede Form von menschlicher Argumentation unmöglich macht. Interessanterweise finden wir diese Inanspruchnahme nicht nur in den theistischen Religionen. Auch das scheinbar antireligiöse Pendant zum Theismus, der theoretische Atheismus, entspringt der religiösen Inanspruchnahme der „Welt an sich", behauptet er doch, dass Gott „an sich" nicht existiert. Auch dies ist ein nicht zu rechtfertigender Versuch, sich der „Welt an sich" zu bemächtigen. Der theoretische Atheismus stellt als solcher keine Alternative zum religiösen Dilemma dar. Eine wirkliche, menschliche Alternative zur Religion bietet allein der Agnostizismus, der sich weigert, Aussagen über die „Welt an sich" zu machen, weil er sich zur erkenntnistheoretischen Beschränktheit – der Menschlichkeit – unserer Wirklichkeitskonstruktionen bekennt. Agnostizismus ist daher die erkenntnistheoretische Basis jedes ernst gemeinten Humanismus.

Ob Gott an sich existiert oder nicht, ist aus agnostizistischer Perspektive egal, weil unentscheidbar. Wir können, ja wir dürfen nach all unserem Wissen keine Aussagen darüber machen. Hingegen müssen wir darüber verhandeln, wie sich die diversen menschlichen Gottes-Konstruktionen auf das menschliche Leben auswirken. Hier wird der Agnostizismus in Anbetracht der oben beschriebenen Diskursunfähigkeit des Theismus wohl die Gestalt des praktischen Atheismus im Sinne Feuerbachs annehmen, der im Vorwort zum Band I seiner *Sämtlichen Werke* schrieb: „Wer von mir nichts weiter sagt und weiß als: Ich bin ein Atheist, der sagt und weiß von mir so viel wie nichts. Die Frage, ob ein Gott ist oder nicht ist, der Gegensatz von Theismus und Atheismus, gehört dem achtzehnten und siebzehnten, aber nicht dem neunzehnten Jahrhundert an. Ich negiere Gott, das heißt bei mir: Ich negiere die Negation des Menschen, ich setze an die Stelle der illusorischen, phantastischen, himmlischen Position des Menschen, welche im wirklichen Leben notwendig zur Negation des Menschen wird, die sinnliche, wirkliche, folglich auch politische und soziale Position des Menschen. Die Frage nach dem Sein oder Nichtsein Gottes ist eben bei mir nur die Frage nach dem Sein oder Nichtsein des Menschen."[5]

Hinter diese Position Feuerbachs sollte die Diskussion heute eigentlich nicht mehr zurückfallen. Dass sie es dennoch tut, ist äußerst tragisch, denn nur ein uneingeschränktes Bekenntnis zur ideologiekritischen Position des Agnostizismus erlaubt eine in sich stimmige Argumentation wider den Fundamentalismus. Nur die Einsicht in die Beschränktheit der menschlichen Wirklichkeitskonstruktion könnte ermöglichen, dass religiöse Beschränkungen der Vernunft endlich fallen. Nur die konsequent humanistische Ausrichtung des Agnostizismus könnte verhindern, dass der lebensvergiftende Brei religiöser Fäulnis noch weiter Unheil bringend den Globus überschwemmt. Ich bleibe dabei: Ohne religiöse Abrüstung ist Weltfriede nicht möglich! Nur ein massiv jenseitsgetrübtes Auge dürfte übersehen, dass die Massenmorde im ehemaligen Jugoslawien, in Israel, in Südafrika, in Irland, ohne den billigen, religiösen Sprengstoff so nicht denkbar wären.

Was Karlheinz Deschner für das Christentum reklamierte, ist angesichts der Weltlage für alle Religionen zu fordern: Sie brauchen keine Reformatoren mehr. Sie brauchen den Abdecker. Diese Worte klingen wahrscheinlich nicht nur für konsequent religiöse Ohren hart und verletzend, aber sie sind der gegenwärtigen Situation – wie ich denke – angemessen. Dennoch: Die Schärfe der Polemik könnte zu Missverständnissen führen, die ich mit den folgenden relativierenden Anmerkungen verhindern möchte.

Notwendige Relativierungen

1. Die Aussage, der religiöse Mensch sei nicht fähig zum Diskurs, bedeutet nicht, dass Menschen, die sich als religiös bezeichnen und sich zu einer Offenbarungsreligion bekennen, grundsätzlich nicht fähig zum Diskurs seien. Sie sind nur in dem Moment diskursunfähig, in dem sie ihre Argumente mit religiösen Stützen versehen. Zum Glück sind viele religiöse Menschen nicht rund um die Uhr in obigem Sinne religiös (auch nicht die Berufsreligiösen), sondern nur in ihren vernunftsschwachen Stunden. Der Vorwurf der generellen Diskursunfähigkeit trifft also nur auf den Idealtypus des religiösen Menschen zu, nicht auf die in der Realität lebenden Religiösen.

2. Das Eintreten für religiöse Abrüstung ist natürlich nicht gleichbedeutend mit einem Plädoyer für ein Verbot von Religionen. Religionen zu verbieten, ist ein sinnloses und menschenverachtendes Unterfangen, weil es die Unmündigkeit, die Grundlage für Religion ist, nicht aufhebt, sondern verschärft. Religionen können nur aufgehoben werden durch Einsicht, nicht per Gesetz.

3. Der Kampf gegen die Religionen meint nicht Kampf gegen alles, was im Namen der Religionen erkämpft und erstritten wurde. (Einige der größten Errungenschaften und kulturellen Leistungen unserer Spezies sind ja bekanntlich im religiösen Kontext erfolgt.) Hier gilt es, Lebensdienliches von Lebensfeindlichem sorgsam zu trennen.

4. Der Verzicht auf religiöse Argumentation bedeutet nicht, dass die transzendentalen Grundfragen, die die Religionen zu beantworten vorgaben, nicht mehr gestellt werden können oder sollen. Es scheint ein fundamentales menschliches Bedürfnis zu sein, den erfahrungslimitierten Alltagskosmos zu überschreiten, um das „ozeanische Gefühl", das „Flow-Erlebnis", die „Aufhebung der Ich-Schranken" zu empfinden. Dieses Bedürfnis nach Mystik kann und soll nicht wegrationalisiert werden. Vielmehr müssen Nischen gefunden werden, in denen dieses Bedürfnis befriedigt werden kann, ohne dass Gefahr besteht, dass aus den emotional wichtigen, aber rational nicht fassbaren mystischen Erfahrungen neue religiöse Meta-Erzählungen erwachsen. Mit anderen Worten: Aus der Mystik, dem System von Fragen, darf keine Religion, kein gesellschaftlich relevantes System von Antworten werden. Außerhalb der mystischen Nischen ist daher transzendentale Enthaltsamkeit angesagt, oder – wie es Adorno formulierte: „äußerste Askese jeglichem Offenbarungsglauben gegenüber, äußerste Treue zum Bilderverbot, weit über das hinaus, was es einmal an Ort und Stelle meinte".[6]

Es sage niemand, dass es sich bei dem hier Dargestellten um akademische Spitzfindigkeiten handle, die angesichts der globalen, ökologischen Bedrohung irrelevant seien. Natürlich ist unbestritten, dass unser Anspruch auf menschenwürdiges Leben in der Zukunft auch ohne Offenbarungsreligionen (dank eines hemmungslos ausbeuterischen Weltwirtschaftssystems) ernsthaft in Gefahr ist. Aber – und hierdurch legitimiert sich die Schärfe des geäußerten Angriffs auf das Weltanschauungssystem „Religion": Um die nahezu unbewältigbar erscheinenden Aufgaben, die auf uns zukommen werden, ansatzweise in den Griff zu bekommen, müssen zunächst die unnötigen Irritationen, die die Religionen erzeugen, aufgehoben werden. Die Herausforderung der Zukunft verlangt von uns nämlich eines: *Offenheit statt Offenbarung*.

Anmerkungen

1 vgl. hierzu Karlheinz Deschner: Ein Jahrhundert Heilsgeschichte. Bd. 2. 1983; noch spezieller: Vladimir Dedijer: Jasenovac – das jugoslawische Auschwitz und der Vatikan. 1993
2 vgl. MIZ 2/94, S. 57
3 vgl. hierzu z.B. Karl-Otto Apel: Diskurs und Verantwortung. 1988
4 Jürgen Habermas: Die Neue Unübersichtlichkeit. 1985
5 Ludwig Feuerbach: Gesammelte Werke. Bd. 10. Herausgegeben von W. Schuffenhauer. 1971, S. 189
6 Theodor W. Adorno: Stichworte. 1969, S. 29

Sind AtheistInnen die besseren Menschen? Anmerkungen zur Kriminalgeschichte des Atheismus

Dass „gute ChristInnen" nicht unbedingt auch „gute Menschen" sind, ist kein Geheimnis. Gerade diejenigen, die sich besonders stark um eine buchstabengetreue Umsetzung der biblischen Botschaft bemühen, sind selten in der Lage, tolerant und liebevoll auf ihre (oft andersgläubigen) Mitmenschen zuzugehen. Auch die rigorosen Verfechter des Korans und der Thora fallen nicht unbedingt durch ihre grenzenlose Nächstenliebe auf. Selbst der ewig lächelnde Dalai Lama hat – glaubt man den Darlegungen der in der letzten Zeit sich mehrenden Buddhismuskritiker – so manche Leiche im Keller.

Im Wettstreit um den ultimativen „Gutmenschen-Status" scheinen die Atheisten dank der Disqualifizierung ihrer religiösen Kontrahenten also auf den ersten Blick gute Karten zu besitzen. Doch sind Atheisten wirklich die „besseren Menschen", wie so mancher Konfessionslose glaubt? Oder handelt es sich hierbei nur um eine selbstwertdienliche Wahrnehmungsverzerrung? Wäre eine Menschheit, die sich von den jenseitigen Verheißungen der Weltreligionen losgesagt hat, wirklich eine geläuterte, eine bessere Menschheit? Werfen wir, um diese Frage beantworten zu können, einen Blick auf die in konfessionslosen Kreisen gern übersehenen[1] dunklen Seiten der Religionskritik.

Die Kriminalgeschichte des Atheismus

Es gibt sicherlich nicht wenige AtheistInnen, die die „moralische Überlegenheit" ihres Denkansatzes mit einem schlichten Verweis auf Deschners *Kriminalgeschichte des Christentums* begründen. Doch: So richtig es auch ist, die frohe Botschaft des Christentums an ihren wenig erfreulichen Früchten zu messen, ein solcher Schuss kann durchaus nach hinten losgehen: Viele AtheistInnen übersehen nämlich gerne, dass zahlreiche „Staatsatheisten“ in der Vergangenheit kaum ein besseres Bild abgaben als z.B. der Initiator des ersten Kreuzzugs, Papst Urban II.

Joseph Stalin beispielsweise, der sich bekanntlich im Theologischen Seminar von Tiflis zum überzeugten Atheisten mauserte,[2] ging als einer der größten Schreibtisch-Massenmörder in die Geschichte ein. In der Zeit des „Großen Terrors“ (1936-1938) ließ er breit angelegte „Säuberungsaktionen“ durchführen, die u.a. auch das Ziel hatten, die „letzten Reste der Geistlichkeit zu liquidieren“.[3] Hierzu heißt es in einem der besseren Aufsätze des insgesamt durchaus problematischen Sammelbandes *Schwarzbuch des Kommunismus*[4]: „Tausende von Priestern und nahezu alle Bischöfe fanden sich in den Lagern wieder, und dieses Mal wurde ein großer Teil von ihnen hingerichtet. Von den 20.000 Kirchen und Moscheen, die 1936 noch für religiöse Zwecke genutzt worden waren, standen 1941 nicht einmal mehr 1000 für den Gottesdienst offen. Die Zahl der amtlich registrierten Geistlichen wurde Anfang 1941 mit 5665 angegeben [...] 1936 waren es noch mehr als 24.000 Geistliche gewesen.“[5]

Zugegeben: Stalin als Beleg für die Inhumanität des Atheismus anzuführen, ist reichlich perfide und dementsprechend würden sich viele Verteidiger des Atheismus (mit Recht) gegen das Beispiel wehren. Stalin, würden sie sagen, war alles andere als ein Musterbeispiel des Atheismus. Gab es nicht Legionen von Atheisten, die keine Morde begangen haben, Abertausende, die selbst den Säuberungsaktionen Stalins zum Opfer fielen?

Eine solche Argumentation klingt plausibel, hat aber einen Haken: Christen könnten zur Verteidigung ihres Glaubens nahezu das Gleiche sagen, schließlich verhielten sich nur (relativ!) wenige unter ihnen wie Papst Urban II. Außerdem waren es ja häufig auch Christen, die den Säuberungsaktionen der Kirche zum Opfer fielen. Ein gescheiter Christ könnte an diesem Punkte sogar in die Offensive gehen, könnte Deschners berühmtes Wort von den „guten Christen“[6] umdrehen und behaupten, dass die sogenannten „guten Atheisten“ die gefährlichsten seien, weil man sie allzu leicht mit dem Atheismus verwechsle. Sein wahres Gesicht zeige der Atheismus erst, wenn er an die Macht kommt. Und triumphierend könnte er auf eine durchaus aussagekräftige Statistik verweisen, derzufolge die relative Anzahl mordender christlicher Staatsoberhäupter gering sei – verglichen mit der relativen Anzahl mordender atheistischer Staatschefs (Lenin, Stalin, Mao, Pol Pot etc.).

Ein gescheiter Atheist könnte hier freilich einwenden, dass es ein bedauerlicher, tragischer Zufall gewesen sei, dass der Atheismus in Gestalt des Staatssozialismus[7] an die Macht gekommen sei, dass die Menschen nicht unter dem Atheismus zu leiden hatten, sondern unter der Ideologie bzw. den Repräsentanten des Staatssozialismus, die den Atheismus nur für ihre Zwecke ausbeuteten. Außerdem könnte er darauf verweisen, dass die meist bürgerkriegsähnlichen Umstände der kommunistischen Machtergreifungen die Zahl der Opfer beinahe zwangsläufig in die Höhe treiben mussten.

Aber auch diese Argumente könnte ein cleverer Christ leicht für seine Zwecke ummünzen. So könnte er erklären, dass im Fall der Religion doch wohl Ähnliches gelte, dass die Menschen in der Vergangenheit weniger unter der Religion selbst zu leiden hatten als unter denen, die die Religion für ihre Interessen einspannten. Zudem könnte er behaupten, dass es ein unglücklicher Zufall war, dass sich das Christentum unter den Umständen einer Sklavenhaltergesellschaft durchsetzen musste und dass auch die Bedingungen des Feudalismus es lange Zeit nicht ermöglicht hätten, eine humanere Version des Christentums zu praktizieren. Kurzum: *Die Verbrechen des Christentums seien nicht auf die Religion selbst zurückzuführen, sondern auf die widrigen historischen Rahmenbedingungen*, die religiöse Führer immer wieder dazu zwangen, Verhaltensweisen an den Tag zu legen, die heute (unter veränderten gesellschaftlichen Umständen) zweifellos als inhuman eingestuft werden müssten.

Was könnte unser gequälter Atheist nun gegen diese – wie es scheint – gut durchdachte Argumentation einwenden? Sollte er, das böse Vermächtnis Stalins auf der Schulter tragend, zähneknirschend einem Patt zustimmen und eingestehen, dass Atheisten doch nicht die „besseren Menschen" sind? Und – falls er wirklich zu dieser Einsicht kommen sollte: Welche Konsequenzen wären daraus zu ziehen? Müsste er fortan die Religionskritik an den Nagel hängen und die Frage der Weltanschauung zur bloßen Geschmacksache erklären? Müsste er sich dem sogenannten „postmodernen Zeitgeist" unterwerfen, der uns ohnehin weismachen will, dass die Entscheidung für oder gegen Religion etwa gleichbedeutend ist mit der Frage, ob man Schokoladen- oder Vanillepudding vorzieht?

Nun, wir sollten das Kind nicht mit dem Bade ausschütten. So richtig und wichtig es auch ist, zu erkennen, dass die Geschichte des Atheismus keineswegs so ruhmreich ist, wie viele Atheisten glauben – dieses Eingeständnis bedeutet keineswegs, dass wir künftig auf Religionskritik verzichten könnten. Im Gegenteil. Die Tatsache, dass die Kriminalgeschichte des Atheismus zwar kürzer, aber doch ähnlich bluttriefend ist wie die Kriminalgeschichte des Christentums, beweist umso mehr, wie wichtig religionskritische Ansätze auch heute noch sind. Warum? Ganz einfach: *Weil wir es in beiden Fällen mit religiösen Phänomenen zu tun haben.*

Das zentrale Problem ist die Religion – nicht der Theismus

„Theismus und Atheismus sind die beiden Enden *einer* Wurst." Ich gebe zu: Früher habe ich mich über diesen Ausspruch ziemlich geärgert. Er schien mir ohne jegliche Begründung, zwei höchst unterschiedliche Phänomene in einen Topf zu werfen. Außerdem hielt ich ihn für eine schlecht getarnte Ausrede für Menschen, die sich den zentralen, existenziellen, aber mühsam zu bewältigenden Fragen des Lebens einfach nicht stellen wollten.

Im Laufe der letzten Jahre traf ich aber im freigeistigen Spektrum eine beachtliche Anzahl von Menschen, auf die der Satz dummerweise doch erschreckend zutraf: Atheisten, die so religiös fanatisiert über Atheismus sprachen, dass sie auf mich den Eindruck missionierender Wanderprediger machten, freigeistige Märtyrer, die das Misslingen ihres eigenen Lebens ausschließlich auf das Wirken klerikaler Seilschaften zurückführten, Menschen, die alle Katastrophen der letzten 2000 Jahre der katholischen Kirche anlasteten und deren Kirchenhass das Einzige zu sein schien, was ihrem Leben noch Halt zu geben vermochte.

Ich hatte den Eindruck, dass diese Menschen, die in der Regel der christlichen Religion entflohen waren, zwar ihren Gottesglauben verloren, das entscheidende Problem aber nicht gelöst hatten: Sie waren religiös geblieben, überzeugt von der unumstößlichen Wahrheit ihrer Glaubenssätze. So fest sie zuvor glaubten, Gott existiere, so waren sie nun davon überzeugt, dass er (sie oder es) nie existiert habe. Ihre Propheten der Wahrheit hießen nun nicht mehr Markus, Matthäus, Lukas und Johannes, sondern Nietzsche, Marx und Feuerbach. Widerrede war verpönt wie eh und je, die Schwarz auf Weiß gedruckte Wahrheit durfte nicht in Frage gestellt werden.

Die Konfrontation mit dieser Art religiöser Atheisten rief mir immer wieder ins Bewusstsein, was mir eigentlich schon seit Beginn meines Ausstiegs aus der Religion klar war, nämlich *dass das entscheidende Pro-*

blem nicht der Theismus ist, sondern die Religion. Schon in dem ersten religionskritischen Aufsatz, den ich jemals veröffentlichte,[8] war dies die Grundthese. Ich plädierte dafür, den traditionellen Begriff der *Religion* zu erweitern: Er müsste sowohl die *theistischen* als auch die *atheistischen Heilsgeschichten* umfassen.

Religionen brauchen keine Götter

Dass Religionen nicht unbedingt Gottesbilder aufweisen müssen, dürfte jedem klar sein, der sich schon einmal mit den Ursprüngen des Buddhismus beschäftigt hat. Buddhas ursprüngliche Konzeption kam ohne Götter aus und für traditionelle Buddhisten besteht insofern auch kein Gegensatz zwischen Atheismus und Religion. Wie problematisch die automatische Kopplung von Theismus und Religion bzw. Atheismus und Religionsfreiheit ist, zeigen aber auch andere Beispiele. So ist es mitunter problematisch, gewisse pantheistische Vorstellungen eindeutig zu klassifizieren. Wenn man wie Spinoza den personalen Gottesbegriff aufgibt, Gott als „Summe allen Seins" begreift, ist das nun Theismus oder Atheismus, Religion oder Philosophie? Zweites Beispiel: Wenn man wie viele New Age-Apostel den Begriff „Gott" durch den Begriff „Schicksal" ersetzt, handelt es sich dann um ein religiöses oder ein philosophisches Aussagensystem? Drittes Beispiel: Wie ordnen wir die sogenannten „Stammesreligionen" ein, die häufig auf die Vorstellung eines Gottes bzw. mehrerer Götter verzichten, aber ihren Ahnen magische Kräfte zusprechen? Sind das keine „Religionen", nur weil sie auf die Rede von „Gott" verzichten?

Ich denke, es wäre überaus problematisch, den Religionsbegriff weiterhin an der Existenz klar umrissener Gottesbilder festzumachen. Denn erstens würden wir damit zahlreiche traditionelle Formen der Religion ausklammern. Zweitens würden wir verkennen, dass religiöse Grundmuster auch in scheinbar säkularen Zusammenhängen von zentraler Bedeutung sein können. Damit meine ich weniger die Verehrung gewisser „Fußballgötter" oder „Popidole" (obwohl auch dies ein spannender Gegenstand religionssoziologischer Betrachtungen sein kann) als das erst in letzter Zeit wieder entdeckte Phänomen der „politischen Religion".

Nationalsozialismus und Kommunismus als politische Religionen

Lange Zeit war es verpönt, über den Nationalsozialismus als politische Religion zu sprechen.[9] Dabei kann gerade die religionssoziologische Betrachtung des Nationalsozialismus viele Phänomene erhellen, für die Historiker ohne religionssoziologisches Inventar bislang keine einleuchtenden Erklärungen finden konnten.[10] Wie z.B. war es möglich, dass so große Teile der Bevölkerung mit Enthusiasmus ihr Leben für den „Führer", die Inkarnation des „germanischen Volksgeists", aufs Spiel setzten? Welche Bedeutung hatten die von Albert Speer inszenierten rituellen Massenkundgebungen und das in den Vordergrund gerückte Symbol des Hakenkreuzes? Religionssoziologische Analysen können aufzeigen, dass die Nazi-Strategen immer wieder Elemente religiöser Kulte in ihre Propaganda aufnahmen und damit ungeheuren Erfolg hatten. Selbst die unfassbare Singularität des Grauens, Auschwitz, kann unter religionssoziologischer Perspektive besser verstanden werden. Zu beachten ist in diesem Zusammenhang nicht nur der traditionelle christliche Antijudaismus, der sich im Nationalsozialismus auf verheerende Weise entlud,[11] sondern vor allem auch der rituelle Charakter der nationalsozialistischen Judenvernichtung selbst. So klingt bei Joseph Goebbels unübersehbar ein archaischer (wie christlicher) Opferglaube durch, wenn er formuliert: „Opfer! Im Opfer liegt die Reinigung von Schuld! Geht den harten Gang um der Zukunft willen... Das Opfer ist alles."[12] Der Sozialwissenschaftler Michael Ley hat hierin wohl zu Recht eine der wesentlichen Antriebsfedern der nationalsozialistischen Politreligion gesehen. Er schreibt: „Das Menschenopfer, das die Nationalsozialisten darbrachten, die 'Tötung des ewig wandernden Juden', war die politische Theologie des Nationalsozialismus. Adolf Hitler sah sich als Werkzeug Gottes, der mit dem Holocaust die Heilung Deutschlands und der ganzen Welt bringen wollte. Die nationalsozialistische Apokalypse ist das größte Menschenopfer, das die Weltgeschichte kennt [...] Der Holocaust ist die Exekution des Mythos vom Antichrist in der Moderne."[13]

Die Nazistrategen selbst waren sich der religiösen Komponente ihrer Ideologie durchaus bewusst. Nur ein Beispiel unter vielen: In einem internen Strategiepapier („Sitzungsprotokoll vom 14. August 1943") wurde vorgeschlagen, alle religiösen Bekenntnisse nach dem „Endsieg" abzuschaffen und gleichzeitig Adolf Hitler als „neuen Messias" zu proklamieren, dem als „Erlöser/Befreier" und „Gott-Gesandten" göttliche Ehren zukommen müssten. Die Propaganda müsse zu diesem Zweck nicht nur die Geburt, sondern auch das künftige Ableben des Führers in völlige Dunkelheit hüllen, als „Rückkehr in die Gralsburg". Dieses Papier, das u.a. vorsah, die traditionellen religiösen Kultstätten (Kirchen etc.) in „Adolf Hitler Weihestätten" umzubenennen, stieß bei Hitler auf Lob und Anerkennung. Er unterzeichnete das Schreiben mit: „Der erste brauchbare Entwurf! Zur Bearbeitung an Dr. Goebbels. Adolf Hitler."[14]

Was Hitler recht war, war Stalin nur billig, auch wenn es ihm als zum Atheismus verdammten kommunistischen Staatschef natürlich nicht vergönnt war, sich der Öffentlichkeit als Gesandter Gottes zu präsentieren. Dem Personenkult um Stalin tat dies indes keinen Abbruch. Stalin stilisierte sich als *übermenschlicher Prophet der bolschewistischen Säkularreligion, als vom Histomat bestimmter Führer der auserwählten Volksgruppe „Arbeiterklasse", als unfehlbarer Papst des kommunistischen Parteipriestertums*. Wie u.a. Hans Maier aufzeigte, übernahmen die russischen Kommunisten schon sehr früh zahlreiche Elemente der heftigst bekämpften theistischen Religionen. Zu denken ist hier u.a. an den kommunistischen Reliquienkult (Einbalsamierung Lenins), die Überführung der Ikonenecke in die sogenannte „Friedensecke", die Umgestaltung der Kirchen in weihevolle „Gedächtnisstätten des Atheismus" usw.[15]

Wie stark die Wirkung der kommunistischen Politreligion und insbesondere die quasireligiöse Verehrung Stalins war, tritt deutlich in den vielen literarischen Lobpreisungen Stalins hervor, die mitunter stark an liturgische Weihegesänge erinnern. So verfasste Johannes R. Becher (der prominente Verfasser des Textes der DDR-Nationalhymne) zum Tode Stalins folgende religiös-kitschige „Danksagung": [...] „Nun lebt er schon und wandert fort in allen / Und seinen Namen trägt der Frühlingswind / Und in dem Bergsturz ist sein Widerhallen / Und Stalins Namen buchstabiert das Kind. [...] Und kein Gebirge setzt ihm eine Schranke / Kein Feind ist stark genug, zu widerstehn / Dem Mann, der Stalin heißt, denn sein Gedanke / Wird Tat, und Stalins Wille wird geschehn."[16] – Wie im Himmel, so auf Erden, möchte man fast ergänzen. Ähnlich weihevolle Klänge schlug damals auch KuBa, wie Becher ein prominenter literarischer Messdiener der DDR, an: „Gesiegt! / Und alles, alles, alles ist vollbracht. / Er ruht! / Die Millionen sind die Seinen. / Sein Lächeln leuchtet uns auch diese Nacht. / Er hat die armen Leute reich gemacht. / Wir aber weinen. / Wir wissen freilich, / dass wir unbesiegbar sind. / Wir trinken seine Lehren wie den reinen / kristall'nen Wein Grusiniens. / [...] Gesiegt! / Der Schwur an Lenins Bahre ward erfüllt / Vollbracht! / Er gab uns noch ein Buch voll guter Lehren. /

Die Fahnen neigen sich, in Flor gehüllt. / Wir schwör'n, Genosse Stalin! / Unser Schwur wird treu erfüllt! / In Ehren!"[17]

Es ist sicherlich kein Zufall, dass Stalins Lebensbilanz hier mit biblischen Worten umschrieben wird. „Es ist vollbracht", sagt der christliche Erlöser Jesus am Kreuz, „alles, alles, alles ist vollbracht", jubelt KuBa über das Lebenswerk des bolschewistischen Erlösers Stalin. Ihm, dem unbeugsamen „Hammer und Sichel-Messias" von Lenins Gnaden, gilt die bedingungslose Nachfolge, seine Lehren gilt es zu trinken wie Wein – eine kaum verdeckte Anspielung auf den Ritus des christlichen Abendmahls.

Entsprechend groß war natürlich der Schock, als die KPdSU nach dem Tode des Diktators mit der Entstalinisierung begann und die ganzen Ausmaße des stalinistischen Terrors bekannt wurden. Damals fielen viele Kommunisten vom Glauben ab, die Politreligion des Kommunismus zeigte erste Risse, gewann aber für kurze Zeit weltweit wieder an Attraktivität, als Mao den apostolischen Auftrag zur Kulturrevolution gab und mit seiner „roten Bibel" das Evangelium des Weltkommunismus um eine neue (Un-) Heilsgeschichte erweiterte.

Was lernen wir aus der Kriminalgeschichte des Atheismus?

Wenn wir die Kriminalgeschichte des Atheismus Revue passieren lassen, wird deutlich, dass die anfangs gestellte naive Frage, ob Atheisten die besseren Menschen sind, in dieser Generalisierung sicherlich nicht positiv zu beantworten ist. Wohl gemerkt: Dies bedeutet nicht, dass nicht doch einige gute Argumente für den Atheismus sprechen. Hier sind vor allem die Widersprüche zu nennen, in die sich die Vertreter personaler Gottesbilder beinahe zwangsläufig verstricken müssen (Beispiel: Theodizeeproblem). Außerdem kann der Atheismus als Denkmethode für sich in Anspruch nehmen, dass er die wichtige Maxime der wissenschaftlichen Eleganz ernst nimmt, d.h. dass er im Unterschied zum Theismus nicht von vornherein gezwungen ist, überflüssige, komplizierte und unbekannte Größen (Gott) in seine Theorie der Welt einzubauen.

Aber – um dies noch einmal zu wiederholen: Die erkenntnistheoretischen Vorteile des Atheismus sind nicht *notwendigerweise* mit einem Zuwachs an Humanität verbunden. Das entscheidende Problem ist nicht die Frage, ob Götter oder Göttinnen existieren. Das entscheidende Problem ist die weitgehend anerzogene Unfähigkeit vieler Menschen, sich der eigenen Vernunft zu bedienen, ihr fehlender Mut, vermeintlich unantastbare Behauptungen in Frage zu stellen.

Mit der Frage des Gottesglaubens hat dies vergleichsweise wenig zu tun. Viele Anhänger der Weltreligionen haben durchaus ihren Beitrag zur Aufklärung und damit auch zur Befreiung von religiösen Dogmen geleistet. Dass sie dabei vielfach auf halbem Wege stehen geblieben sind, ist bedauerlich, aber beileibe keine besondere Eigenschaft theistisch denkender Menschen. (Atheisten, die sich in der Sowjetunion trauten, die offizielle Doktrin in Frage zu stellen, ging es in der Regel auch nicht anders.)

Halten wir fest: Religionen brauchen – das demonstriert das Beispiel des Stalinismus wohl am besten – keine im Jenseits beheimatete Götterwelt. Insofern ist es auch problematisch, den Atheismus als Allheilmittel gegen religiösen Dogmatismus zu verordnen. Solange Menschen glauben, es gäbe „heilige“, d.h. für alle Zeiten unantastbare Aussagen, solange unterstellt wird, dass gewisse geistige oder gar politische Führer einen privilegierten Zugang zu diesen ewigen Wahrheiten haben (das Grundwesen jeder Religion!), wird sich die Menschheit kaum in Richtung einer größeren Humanität, Offenheit und Toleranz verändern können.

Es gilt daher, eine skeptische Geisteshaltung zu fördern, die unbrauchbare Ideen sterben lässt, bevor Menschen für unbrauchbare Ideen sterben müssen. Gegen diesen kategorischen Imperativ jeder aufklärerischen Religionskritik haben religiös denkende Menschen aller Zeiten verstoßen – und zwar losgelöst davon, ob sie an die Existenz eines Gottes glaubten oder nicht. *Es ist an der Zeit, nicht nur aus der Kriminalgeschichte des Christentums, sondern auch aus der Kriminalgeschichte des Atheismus die richtigen Schlüsse zu ziehen.*

Anmerkungen

1 Das Buch von Finngeir Hiorth *Atheismus – genau betrachtet* ist in dieser Hinsicht symptomatisch: Die „Kriminalgeschichte des Atheismus“ fällt bei dieser insgesamt durchaus beachtlichen Einführung völlig unter den Tisch.

2 vgl. Robert Payne: Stalin. Macht und Tyrannei. 1978, S. 31ff.

3 Nicolas Werth: Gewalt, Unterdrückung und Terror in der Sowjetunion. In: Courtois et al., Das Schwarzbuch des Kommunismus. 1998, S. 223

4 Zur Kritik des Schwarzbuchs siehe Jens Mecklenburg / Wolfgang Wippermann, „Roter Holocaust“? Kritik des Schwarzbuchs des Kommunismus. 1998

5 Werth, Gewalt, Unterdrückung und Terror in der Sowjetunion, S. 224

6 „Die guten Christen sind am gefährlichsten – man verwechselt sie mit dem Christentum." In: Karlheinz Deschner: Nur Lebendiges schwimmt gegen den Strom. 1989, S. 83.

7 Unser gescheiter Atheist spricht hier von „Staatssozialismus" statt von „Marxismus-Leninismus", weil letzterer Begriff einen Widerspruch in sich darstellt. Marxismus und Leninismus unterscheiden sich in einigen Punkten gewaltig, man kann sogar von einer Aufhebung des Marxismus durch den Leninismus sprechen (vgl. Michael Schmidt-Salomon: Proletarier aller Länder, verzeiht mir? Plädoyer für einen zu Unrecht angeklagten Philosophen. In: Aufklärung und Kritik, 2/99).

8 Michael Schmidt-Salomon: Offenheit statt Offenbarung. In: MIZ 4/94, S. 47-52

9 Der Begriff der politischen Religion wurde bereits im Jahr 1938 durch Eric Voegelin geprägt und von ihm anhand der damals brandaktuellen Beispiele Nationalsozialismus und Kommunismus erläutert. Sein Ansatz wurde von der Geschichtswissenschaft in der Folgezeit allerdings weitgehend ignoriert, nicht zuletzt wohl auch deshalb, weil für viele Experten der Begriff der Religion eher positiv besetzt war. Erst Mitte der Neunziger Jahre hat eine verstärkte Beschäftigung mit dem Phänomen der politischen Religion eingesetzt. Zu nennen sind hier vor allem die Bücher von Hans Maier (u.a. Politische Religionen. Die totalitären Regime und das Christentum. 1995) und Michael Ley (Genozid und Heilserwartung. 1993) sowie Ley/Schoeps (Der Nationalsozialismus als Politische Religion. 1997). Einen kurzen Überblick über den Forschungsstand bietet Armin Pfahl-Traughber (Sind Kommunismus und Nationalsozialismus politische Religionen? In: humanismus aktuell 3/98).

10 Dies darf freilich nicht auf eine Verabsolutierung des Ansatzes hinauslaufen. Wie schon Pfahl-Traughber schrieb, lassen sich „mit den Untersuchungen von religiösen Dimensionen bei politischen Bewegungen und Ideologien [...] nur begrenzt Aussagen über das Gesamtphänomen treffen". (Pfahl-Traughber, Sind Kommunismus und Nationalsozialismus politische Religionen?, S. 66)

11 vgl. Gerhard Czermak: Christen gegen Juden. Geschichte einer Verfolgung. 1997

12 Goebbels zitiert nach Michael Ley: Apokalyptische Bewegungen in der Moderne. In: Ley/Schoeps, Der Nationalsozialismus als politische Religion, S. 26

13 Ley, Apokalyptische Bewegungen in der Moderne, S. 26

14 vgl. hierzu die vorzügliche Videodokumentation *Herrn Hitlers Religion* von Petrus van der Let

15 vgl. Maier, Politische Religionen, S. 14f.

16 Johannes R. Becher: Danksagung. In: Sinn und Form 2/1953, S. 9

17 KuBa: 5. März 1953, 21,50 Uhr. In: Sinn und Form 2/1953, S. 13

„Irgendwie sind wir doch alle Humanisten...“
Über die soziale Verankerung des Humanismus in Deutschland

Vor einigen Jahren nahm ich an einer Podiumsdiskussion zum Thema „Zukunftsfähigkeit der Religionen“ teil. Einer meiner Gesprächspartner war ein progressiver evangelischer Theologe, der mir – nachdem ich eine scharfe Fundamentalkritik am Christentum formuliert hatte – erstaunlicherweise zunächst in vielen Punkten zustimmte, dann aber all seine rhetorischen Fähigkeiten in die Waagschale warf, um die aufgezeigten Gegensätze zwischen humanistischem Denken und christlichem Glauben wieder zu verwischen. Seine Ausführungen endeten mit einem Satz, der so merkwürdig war, dass er mir bis heute in Erinnerung geblieben ist: „Trotz aller Unterschiedlichkeit in der Herangehensweise“, sagte er milde lächelnd, „sollten wir nicht übersehen: *Irgendwie sind wir doch alle Humanisten...*“

Dieses „Irgendwie“ hat mich einigermaßen beschäftigt. Ich fragte mich: Was um alles in der Welt bedeutet es, „irgendwie-humanistisch“ zu sein? Geht das denn überhaupt? Und stimmt es, dass wir alle – oder zumindest ein großer Prozentsatz der hierzulande lebenden Menschen – Vertreter eines solchen „Irgendwie-Humanismus“ sind?

Um diese Fragestellungen wird es auch im Rahmen der nachfolgenden Ausführungen gehen. Und um das Ergebnis gleich vorwegzunehmen: Mein evangelischer Sparringspartner hatte durchaus Recht: *Irgendwie* sind die Menschen hierzulande tatsächlich mehrheitlich Humanisten. Oder anders formuliert: Der „Irgendwie-Humanismus“, den ich nachfolgend auch als „Humanismus light“ kennzeichnen möchte, ist die am weitesten verbreitete Weltanschauung in Deutschland, er ist gewissermaßen die „geheime Leitkultur“ unseres Landes. Der „konsequente Humanismus“, für den sich die säkularen Verbände stark machen, wird demgegenüber eher von einer Minderheit vertreten, allerdings wächst diese Minderheit stetig an und es dürfte wohl eine der zentralen Aufgaben der säkularen Verbände sein, diesen hoffnungsvollen Trend weiter zu verstärken.

Zu meiner Herangehensweise: Ich werde im *ersten Teil* meiner Ausführungen eine stark gestraffte Darstellung der Humanismusgeschichte geben, in der ich mich vor allem auf jene gesellschaftlichen Akzentverschiebungen konzentriere, die dafür sorgten, dass die humanistische Kernbewegung ihr zuvor vorhandenes „weltanschauliches Alleinstellungsmerkmal“ verlor. Im *zweiten Teil* versuche ich darzulegen, warum die vorliegenden empirischen Daten es als gerechtfertigt erscheinen lassen, von einer real existierenden „Leitkultur Humanismus light“ in Deutschland zu sprechen. Im *dritten Teil* werde ich aufzeigen, warum das aus der Vermählung von humanistischer Aufklärung und Christentum hervorgegangene Zwillingspärchen „Humanismus light“ und „Christentum light“ keineswegs unproblematisch ist. Im abschließenden *vierten Teil* möchte ich plausibel machen, weshalb es notwendig ist, *das Profil des konsequenten Humanismus* in Abgrenzung zum „Humanismus light“ zu schärfen.

Von der Avantgarde zum Mainstream? Eine kurze Geschichte des Humanismus

Der Begriff „Humanismus“ wurde das erste Mal 1808 von Immanuel Niethammer in den deutschen Sprachgebrauch eingeführt und von Georg Voigt 1859 dazu verwendet, um die Frühzeit der italienischen Renaissance-Epoche zu kennzeichnen. Voigts Arbeit (*Die Wiederbelebung des classischen Alterthums oder Das erste Jahrhundert des Humanismus*) war die Initialzündung für die Entstehung des bürgerlichen „Neuhumanismus“-Begriffs in der zweiten Hälfte des 19. Jahrhunderts. Von da an boomte der Begriff „Humanismus“ nicht nur in Deutschland, sondern weltweit.

Doch selbstverständlich ist die eigentliche Idee, die hinter dem deutschen Begriff „Humanismus“ steht, nicht erst im 19. Jahrhundert entstanden, sondern weit früher – der lateinische Begriff „humanitas“ beispielsweise stammt aller Wahrscheinlichkeit nach aus der Mitte des vorletzten Jahrhunderts vor unserer Zeitrechnung. Was aber verstanden die „alten Römer“ unter diesem Begriff?

Wer von „humanitas" spricht, muss beinahe zwangsläufig auch von Cicero sprechen. Kaum ein anderer Autor verlieh dem Begriff solches Profil und war über Jahrhunderte hinweg so wirkmächtig wie er. Zentrales Element für Ciceros „humanitas"-Konzept war die Idee der Bildungsbedürftigkeit des Menschen. Erst durch Bildung, durch Gelehrsamkeit, entwickle sich das Individuum zum wirklichen, zum vollständigen Menschen, meinte Cicero. Menschliche Würde und Reife könne nicht ererbt, sondern müsse vielmehr erworben werden, so in etwa könnte man das klassische humanistische Credo umschreiben.

Deutlich zeigt sich schon hier bei Cicero, der als Mitglied der Partei der „Popularen" den ererbten Herrschaftsanspruch des römischen Altadels in Frage stellte, das Klasseninteresse des aufstrebenden Bürgertums, das danach trachtete, die vormoderne Würde des Adelstitels durch die moderne Würde der Gelehrsamkeit zu ersetzen. Zwar geriet dieser Ansatz vor allem im Zuge der weltanschaulichen Machtübernahme des Christentums über viele Jahrhunderte in Vergessenheit, mit der Wiederentdeckung der antiken Autoren tauchte er aber wieder aus der Versenkung auf und wurde zu einer zentralen ideologischen Stütze für das aufstrebende Bürgertum in seinem Jahrhunderte währenden Kampf gegen die weltlichen und klerikalen Mächte der Feudalgesellschaft.

Nachdem die Renaissance-Humanisten den Grundstein gelegt hatten, waren es im 17., 18. und 19. Jahrhundert Theoretiker wie Locke, Spinoza, Hume, Rousseau, Voltaire, Diderot, Lessing, Kant oder Humboldt, die die geistige Vorherrschaft prämodernen Denkens mehr und mehr überwanden. Eine Leistung, die wohl nicht hoch genug eingeschätzt werden kann. Dennoch wäre es verkehrt, den bürgerlichen Humanismus unhinterfragt als eine rein emanzipatorisch ausgerichtete Philosophie zu charakterisieren. Der an „humanitas" orientierte Humanismus hatte durchaus seine Schattenseiten. Darauf hat beispielsweise Werner Raith in seinem Buch *Humanismus und Unterdrückung* hingewiesen. Raith zeigte dort auf, dass der Humanismus stets auch dazu diente, „gesellschaftliche Widersprüche [...] nach erfolglosen Versuchen repressiver Lösung sozusagen auf 'sanfte' Art verschwinden zu lassen – über den Kopf statt über das Hinterteil": „Statt der Polizeiknüppelherrschaft" ließ der Humanismus Ideen regieren, und zwar solche, die den Menschen klarmachten, „dass man mit diesen Ideen das Beste für alle erreichen werde". Nur mit Hilfe dieser Konstruktion, so Raith, ließ sich „die Identität einer Schicht", nämlich des Bürgertums, „mit der Gesamtgesellschaft vortäuschen".

Gegen diese bürgerliche Strategie setzten sich ab dem 19. Jahrhundert all jene zur Wehr, die für sich einen proletarischen, revolutionären oder sozialistischen Humanismus-Begriff reklamierten. Sie forderten eine entschiedene politische Umsetzung der humanistischen Ideale von Freiheit und Gleichberechtigung, von Vernunft, Toleranz und Selbstbestimmung und verschmolzen diese mit den Zielen der aufkommenden Arbeiterbewegung.

Heute ist die einst so scharfe Differenz zwischen bürgerlichem und proletarischem Humanismus in Deutschland – auch wenn dies vielleicht der eine oder andere unter uns noch immer nicht wahrhaben will – einigermaßen bedeutungslos geworden. Dies hat verschiedene Gründe:

1. Die katastrophale Vorstellung des „real existiert habenden Sozialismus“, der vor wenigen Jahren sang- und klanglos von der Bühne der Geschichte abtrat, sorgte auch in Arbeiterkreisen für eine nachhaltige Entzauberung des über weite Strecken doch ungemein dogmatisch ausgerichteten sozialistischen Humanismus.

2. Dem Kapitalismus gelang es, die prognostizierten Verelendungsprozesse in seinen Kernregionen (nicht in der Peripherie, den Entwicklungsländern!) zu vermeiden und den Lebensstandard auch der unteren Einkommensschichten soweit anzuheben, dass sich diese – trotz der immer noch bestehenden und sogar anwachsenden Ungleichverteilung von Reichtum – mit dem System arrangieren konnten und in der Folge durchaus bürgerliche Verhaltensformen entwickelten. Dem proletarischen Humanismus kam auf diese Weise sein „revolutionäres Subjekt“ abhanden.

3. Aber auch der konservative bürgerliche Humanismus (gewissermaßen der „Humanismus mit der Bügelfalte“) geriet unter die Räder der geschichtlichen Entwicklung. Mit dem Wandel der frühkapitalistischen Mangelwirtschaft hin zu einer auf differenzierten Massenkonsum ausgerichteten Überflusswirtschaft traten an die Stelle sparsamer, rational-legal denkender, konservativ-humanistisch gesinnter Bildungsbürger hedonistische, risikobereite und konsumfreudige Individualisten. Der von Max Weber beschriebene „Geist des Kapitalismus“ trägt heute ganz gewiss keine protestantischen Züge mehr. Das nahmen einige klassische Bildungsbürger mit deutlichem Naserümpfen zur Kenntnis. Die konservative Meinungsforscherin Elisabeth Noelle-Neumann etwa sprach in diesem Zusammenhang von einer „Proletarisierung des Bürgertums“. Man könnte es aber auch positiver formulieren: Das Bürgertum begann, die Ketten der Konvention zu

sprengen. So verlor auch der bürgerliche Humanismus seine ihn tragenden Subjekte.

4. Autoren wie Ernst Bloch oder Erich Fromm – zunächst noch als „Krypto-Marxisten“ bzw. als „bürgerliche Revisionisten“ abgestempelt – avancierten zu Brückenbauern zwischen den humanistischen Lagern. In Folge der internationalen Studierendenbewegungen wurden ihre Werke zu Bestsellern mit erstaunlicher Breitenwirkung. Die Unterscheidung von bürgerlichem und sozialistischem Humanismus wurde auch deshalb immer schwieriger.

Es ist bemerkenswert, dass sich im Zuge der gesellschaftlichen Entwicklung nicht nur die *Grenzen zwischen dem bürgerlichen und dem proletarischen Humanismus* in Wohlgefallen auflösten, sondern *auch die Scheidelinien zwischen den humanistischen Bewegungen einerseits und der Gesamtgesellschaft andererseits zunehmend verschwammen.* Dies war nicht zuletzt eine Reaktion auf die Katastrophen des 20. Jahrhunderts. Nach den Erschütterungen des Zweiten Weltkriegs hofften viele auf einen Neuanfang. Auf nationaler wie internationaler Ebene besann man sich auf „humanistische Leitideen“, mit deren Hilfe man hoffte, vergleichbare Katastrophen künftig verhindern zu können. Sowohl die „Allgemeine Erklärung der Menschenrechte“, die die Vereinten Nationen 1948 verabschiedeten, als auch das Deutsche Grundgesetz von 1949 folgen in ihrer Programmatik den humanistischen Idealen von Vernunft, Toleranz und Selbstbestimmung, stellen sich in den Dienst der großen Utopie von Freiheit und Chancengleichheit aller Menschen gleich welcher Hautfarbe, welchen Geschlechts, welcher Nationalität usw.

Gewiss: Diese ehrenwerten Ziele standen damals und stehen auch heute noch *vorwiegend auf dem Papier*, sind längst nicht in befriedigender Weise umgesetzt. Doch – wie Ludwig Marcuse einmal sagte: „Es ist besser, das Gute steht nur auf dem Papier als nicht einmal dort“. Und in diesem speziellen Fall zeigte sich der Wahrheitswert dieses Satzes in ganz besonderem Maße. *Denn auch „heiße Luft“ kann die Herzen erwärmen:* Die programmatische Hinwendung zu humanistischen Idealen, die Ächtung von Rassismus, Nationalismus, religiöser Intoleranz, ideologischem Dogmatismus, patriarchaler Autoritätshörigkeit usw. führte allmählich zu einer Veränderung in den Köpfen. Sogar der Vatikan musste sich diesem sozialen Trend beugen und rang sich 1961 erstmalig zu einer Anerkennung jener Menschenrechte durch, die er zuvor – man denke beispielsweise an den „Antimodernisteneid“ von 1907 – noch in schärfster Weise verurteilt hatte.

Irgendwie, so schien es, waren plötzlich alle Humanisten. Zumindest wurde dieser Anspruch zunehmend von allen nur erdenklichen Seiten erhoben. Damit jedoch ging der eigentlichen humanistischen Kernbewegung, um es im Marketing-Jargon auszudrücken, ihr „Alleinstellungsmerkmal“ verloren. Auch dies ein Grund, warum die humanistischen Verbände heute weit weniger Mitglieder zählen als dies beispielsweise in den Zwanziger Jahren der Fall war. Und man kann es den Menschen nicht einmal verdenken: Wenn alle „irgendwie-humanistisch“ sind, aus welchem Grund sollte man sich dann noch in einem humanistischen Verband organisieren? Hieße das nicht, Eulen nach Athen zu tragen?

Leitkultur „Humanismus light“: Daten zur sozialen Verankerung des Humanismus in Deutschland

Im virtuellen Archiv der *Forschungsgruppe Weltanschauungen in Deutschland* (www.fowid.de) findet man zahlreiche Studien, die die These untermauern, dass der „Irgendwie-Humanismus“, sprich: der „Humanismus light“, die mit Abstand am weitesten verbreitete Weltanschauung hierzulande ist. Ich möchte dies nachfolgend anhand einiger Forschungsergebnisse demonstrieren.

Beginnen wir mit jenen ethischen Fragestellungen, die das *Selbstbestimmungsrecht des Menschen* betreffen, eine traditionelle Domäne des Humanismus, die in früheren Zeiten vehemente Konflikte mit den Vertretern religiöser Heilserzählungen heraufbeschwor:

Thema *Sterbehilfe*: In einer von *forsa* 2001 im Auftrag der *Deutschen Gesellschaft für humanes Sterben* durchgeführten Umfrage war nur ein Fünftel der Befragten (20%) der Auffassung, dass die heutigen Maßnahmen zur Schmerzlinderung und Sterbebegleitung ausreichend seien und es keiner weiteren Möglichkeiten der Sterbehilfe bedürfe. Drei Viertel (74%) sprachen sich hingegen für weitergehende Möglichkeiten der Sterbehilfe aus. Dass hierbei 82% der Konfessionslosen für weitergehende Maßnahmen votierten, verwundert nicht, wohl aber, dass sich 74% der evangelischen und 68% der katholischen Christen ebenfalls für solche Maßnahmen aussprachen und sich in diesem Punkt klar von den Vorgaben ihrer Amtskirchen distanzierten.

Thema *Homosexualität*: Homosexuelle Handlungen galten auch im Nachkriegs-Deutschland lange Zeit als Straftatbestand, eine Position, die theologisch zwar gut begründet werden kann, aber heute keinerlei Rückhalt mehr in der Bevölkerung findet. Eine *Allbus*-Studie aus dem Jahr 2000 ergab, dass sich 88,3% der Deutschen gegen ein Verbot der Homosexualität aussprechen würden. Auch hier votierten die Konfessionslosen mit 95,1% am entschiedensten für das Selbstbestimmungsrecht, aber auch die katholischen und evangelischen Christen schätzten die sexuellen Selbstbestimmungsrechte mit immerhin 87,8% bzw. 87,6% als bedeutsamer ein als die entsprechenden Richtlinien der Bibel, der zufolge homosexuelle Handlungen nicht nur strengstens geächtet, sondern sogar mit der Todesstrafe belegt werden sollen. (Die hierzulande lebenden Muslime, die ihre Religion zumindest in Teilen noch ernst nehmen, unterschieden sich in diesem Punkt übrigens deutlich von den nominellen Christen. Die Mehrheit würde für ein Verbot homosexueller Handlungen votieren.)

Erstaunlicherweise sind humanistische Einstellungen nicht nur auf dem *Gebiet der Ethik* vorherrschend, sie bestimmen auch die Haltung der Majorität in *Religions- und Weltanschauungsfragen*. Auch hierzu einige Daten:

Laut einer repräsentativen Studie von *Allbus* (2002) glauben deutschlandweit nur noch 35,5% der katholischen und 23,3% der evangelischen Kirchenmitglieder an einen *persönlichen Gott* (immerhin eine der Grundbedingungen dafür, um sich überhaupt redlicherweise als Christ bezeichnen zu können!). Auf die Gesamtbevölkerung bezogen ist der Glaube an einen persönlichen Gott auf 31 Prozent zurückgefallen (24,1% Christen und 6,9% Angehörige nichtchristlicher Religionen). In der gleichen Studie gaben nicht nur 86,9% der Konfessionslosen, sondern interessanterweise auch 47,7% der Protestanten und 29,4% der Katholiken an, sie würden der Aussage „Meine Weltanschauung folgt keiner religiösen Lehre“ voll oder eher zustimmen.

Nach einer Umfrage des *Emnid*-Instituts von 2005 gehen nur noch 37% der Deutschen davon aus, dass Religion notwendig sei, um unterscheiden zu können, was richtig und was falsch ist. 61% der Deutschen geben laut der Studie zudem an, Kirchen oder religiöse Gemeinschaften könnten nicht über Glaubensinhalte entscheiden. Für diese Aussage gab es absolute Mehrheiten in allen befragten Gruppen – bei Gläubigen wie Nichtgläubigen, Menschen in Ost und West, Männer und Frauen ebenso wie Protestanten und Katholiken.

2001 stellte das *Allensbacher Institut für Demoskopie* die Frage, welchen gesellschaftlichen Gruppierungen oder Institutionen die Menschen am ehesten zutrauen, die Gesellschaft voranzubringen, auf welche sie für die weitere Entwicklung also die größte Hoffnung setzten. Als Hoffnungsträger Nr. 1 erwies sich dabei die Wissenschaft (mit 62 Prozent Zustimmung), die Kirche folgte in der Rangliste erst auf dem vorletzten Platz kurz vor der Gruppe der Aussteiger (nur knappe 8 Prozent sahen 2001 in der Kirche noch einen Hoffnungsträger, 1987 waren es immerhin noch 12 Prozent).

2005 führte *Emnid* eine repräsentative Umfrage zur Begründung der Menschenrechte durch, die zeigte, dass die überwiegende Mehrheit der Befragten diese nicht auf theologische, sondern auf weltlich-humanistische Argumentationsmuster zurückführt. Für die meisten (35 Prozent) stand der *Nutzen* der Menschenrechte im Vordergrund. Man habe sich diese Rechte ausgedacht, damit die Menschen friedlich miteinander leben können. An zweiter Stelle (24 Prozent) stand eine *historische Begründung*: „... weil wir aus der Geschichte gelernt haben". Dass Menschenrechte „einfach vorhanden" sind (gewissermaßen die naturrechtliche Position), glaubten 14 Prozent der Befragten. Nur 13 Prozent der Befragten erklärten, der Mensch verfüge über diese Rechte, weil er so nun einmal von *Gott* geschaffen wurde.

Man könnte an dieser Stelle noch viele weitere Studien anführen, das Bild bliebe gleich: Fakt ist, dass sich hierzulande eine „irgendwie-humanistische Grundhaltung" herausgebildet hat, die den Kern des weltanschaulichen Mainstreams in Deutschland bildet. Dies spiegelt sich auch in der viel diskutierten Umfrage wieder, die der HVD im März 2005 präsentierte.

Dass von den Befragten 7,1% der Lebensauffassung des HVD („eigenständiges, selbstbestimmtes Leben, das auf ethischen und moralischen Grundüberzeugungen beruht", „Leben frei von Religion, ohne den Glauben an einen Gott", „andere weltanschauliche und religiöse Lebensauffassungen zu achten und zu respektieren") „voll und ganz" zustimmten, 44,5% diese als „überwiegend zutreffend" einschätzten, wurde mitunter so interpretiert, dass 51,6% der Deutschen gewissermaßen „stille Sympathisanten" des HVD seien.

Andreas Fincke hat im *Materialdienst der EZW* auf die Problematik dieser Umfrage bzw. ihrer Interpretation hingewiesen. Er schrieb: „Wenn die Kirchen bei einer solchen Umfrage sagen, sie stehen für Toleranz, den Schutz der Menschenrechte und für die Bewahrung des Regenwaldes etc., dann werden sie auch beachtliche Zustimmung erfahren. Aber: Erfahren sie damit als Kirchen Zustimmung, oder geht es hier nicht in erster Linie um die zustimmungsfähigen Themen?“

Selbstverständlich hat Fincke Recht: Entscheidend sind in diesem Zusammenhang vor allem die *zustimmungsfähigen Themen*, diese Themen aber – und dies darf nicht unterschlagen werden! – sind keineswegs beliebig. Vor allem sind es keine *religiösen Themen*, sondern *dezidiert weltliche*. Während das apostolische Glaubensbekenntnis beispielsweise heute nur noch bei einer kleinen Minderheit Rückhalt findet (nämlich nur noch bei knapp 30% der Kirchenmitglieder), stimmen große Mehrheiten für eben jene ethischen Perspektiven, die einst von der humanistischen, aufklärerischen Bewegung forciert wurden und gegen die sich das *authentische Christentum*, bevor es in der „Dompteurschule der Aufklärung“ gezähmt wurde, mit aller Entschiedenheit zur Wehr setzte.

Ich bin überzeugt: Wäre die Fragestellung der HVD-Studie ein wenig modifiziert worden, wäre die Übereinstimmung der Befragten noch weit deutlicher (etwa im 80 Prozent-Bereich) ausgefallen. Meines Erachtens haben vor allem zwei Aspekte die Zustimmungsrate nach unten gedrückt:

1. Der Vorspann „Der Humanistische Verband Deutschlands vertritt diese Lebensauffassung“: Stellen Sie sich einmal die Frage: Würden Sie angeben, „voll und ganz“ die Lebensauffassung einer Gruppierung zu teilen, die Sie selbst überhaupt nicht oder nur vom Hörensagen her kennen? Ich persönlich hätte in einem solchen Fall schon die arge Befürchtung, dass ich durch eine allzu positive Antwort vor einen Karren gespannt werden könnte, den ich eigentlich gar nicht ziehen möchte – und ich vermute mal, ich stehe mit diesem inneren Widerstand keineswegs alleine da. Daher meine These: Ein nicht geringer Teil derer, die der dargestellten Lebensauffassung eigentlich „voll und ganz“ hätten zustimmen können, hat, um nicht irgendwie von „falscher Seite“ vereinnahmt zu werden, aus Gründen der Vorsicht nur für „überwiegend zustimmend“ votiert.

2. Bedeutsamer war aber sicherlich das Kriterium „ein Leben frei von Religion, ohne den Glauben an einen Gott“. Zwar ist es beachtlich, dass 49,7 Prozent der Protestanten und 41 Prozent der Katholiken einer Lebensauffassung zuneigen, die ein solch dezidiert areligiöses Kriterium aufweist. Dennoch: Ein Großteil derer, die „irgendwie-humanistisch“ und zugleich „irgendwie-religiös“ sind, wurde ganz gewiss durch diese sehr allgemeine Formulierung verschreckt. Ich bin sicher: Hätte das Kriterium etwa gelautet: „ein Leben frei von jeder Form von Religion, die kraft der Autorität

eines persönlichen Gottes vorgibt, was gut und was böse ist", wäre die Zustimmungsrate zur humanistischen Position entschieden höher ausgefallen.

Frontverschiebungen im „Kampf der Kulturen": Warum man dem Zwillingspärchen „Humanismus light" und „Christentum light" nicht über den Weg trauen sollte

Es ist das besondere Kennzeichen des „Humanismus light", dass er es seinen Anhängern ermöglicht, „irgendwie-humanistisch" und zugleich „irgendwie-religiös" zu sein. Deshalb ist es auch kein Problem, den „Humanismus light" mit jener Variante des christlichen Glaubens zu verbinden, die ich u.a. im *Manifest des evolutionären Humanismus* als „Christentum light" bezeichnet habe. Diese aufklärerisch gezähmte, humanistisch weichgespülte Version des christlichen Glaubens ist zwar logisch in sich völlig inkonsistent, kann aber dafür immerhin ein gewisses „Gewohnheitsrecht" für sich reklamieren.

Fakt ist: Die meisten „Christen" hierzulande haben auf vielen Gebieten den Erkenntnisfortschritten der letzten Jahrhunderte Tribut gezollt. Sie glauben nicht mehr an Adam und Eva, nicht mehr an Hölle und Teufel, nicht mehr an ein ewiges Flammenmeer, in dem die überwiegende Mehrheit der Menschen postmortal gebraten wird, nicht mehr an Dämonen, die Menschen befallen können, häufig sogar nicht mehr daran, dass eine historische Person Jesus von Nazareth existiert hat, geschweige denn: dass sie von den Toten auferstanden ist. Seltsamerweise hält dieser reale „Unglaube" viele Menschen nicht davon ab, sich als „Christen" zu bezeichnen. Den meisten von ihnen scheint nicht einmal aufzufallen, dass die „Erlösungstat" ihres Messias ohne Voraussetzung von Hölle und Teufel in etwa so sinnvoll ist wie ein Elfmeterschießen ohne gegnerische Mannschaft. Dies liegt nicht zuletzt daran, dass die Menschen in religiösen Dingen jegliches Gefühl für intellektuelle Redlichkeit verloren haben, da sie von einer „Theologie der Leerformeln" geprägt wurden, die sie darauf trainiert hat, sprachlich noch den Kontakt zu einer Tradition aufrechtzuerhalten, deren Boden sie inhaltlich längst schon verlassen haben.

Nun mag man zugestehen, dass das daraus resultierende „Weichfilter-Christentum", das „Christentum light", intellektuell unredlich ist. Aber ist es deshalb wirklich problematisch? Ich denke ja – und dies in zweifacher Hinsicht:

1. Es trübt den Blick dafür, was das Christentum (aber auch jede andere institutionalisierte Offenbarungsreligion) über viele Jahrhunderte bedeutet hat und was es auch heute noch in seinen reinen, fundamentalistischen, aufklärerisch nicht gezähmten Varianten in weiten Teilen der Welt bedeutet.

2. Die aus der Vermählung von „Christentum" und „aufklärerischem Humanismus" geborenen Zwillinge „Humanismus light" und „Christentum light" stehen nicht nur von ihrer theoretischen Begründung her auf hölzernen Füßen, sie sind auch bezüglich ihrer ethischen Konsequenzen impotent (weil inkonsequent). Schlimmer noch: *Sie unterliegen der Gefahr, in Krisensituationen wieder die autoritären Charakterzüge ihres religiösen „Vaters" anzunehmen, nämlich des aufklärerisch ungezähmten Christentums.*

In diesem Zusammenhang sollte nicht übersehen werden, dass es weltweit einen stabilen Trend in Richtung eines konsequenteren Denkens und Handelns gibt. Die Menschen neigen immer mehr dazu, entweder auf konsequentere Weise zu glauben oder aber sich aufgrund rationaler Argumente konsequenter gegen den Glauben zu entscheiden. (Selbst in den USA steigt seit Jahren nicht nur die Zahl der religiösen Fundamentalisten kontinuierlich an, sondern auch die Zahl der Konfessionslosen.) Wer dieses Faktum zur Kenntnis nimmt, dürfte sich schwer damit tun, allzu große Hoffnungen auf das europäische Projekt einer „aufgeklärten Religion", also auf die weltanschauliche Schlagkraft des Zwillingspaares „Humanismus light" und „Religion light", zu setzen.

Wie der sog. „Karikaturenstreit" gezeigt hat, befinden wir uns bereits inmitten eines sehr realen, globalen Kulturkampfes. Allerdings verlaufen dessen Fronten keineswegs vorwiegend zwischen der „Welt des Islam" und der des „christlichen Abendlandes", wie Huntington meinte, sondern vor allem auch zwischen jenen, die immer noch an archaischen Glaubensgewissheiten (gleich welcher Herkunft) festhalten möchten, und jenen, die sich konsequent zu den Werten von Humanismus und Aufklärung bekennen.

Wohlgemerkt: Solche Vertreter einer konsequenten humanistischen Aufklärung findet man keineswegs nur in der westlichen Kultur, sondern weltweit – gerade auch in den mehrheitlich muslimisch geprägten Regionen! Es ist ein schwerwiegender politischer Fehler, dass diese Tatsache bislang kaum wahrgenommen wurde. Wie weit die westliche Ignoranz dabei mitunter geht, zeigte pars pro toto die Berichterstattung zum sogenannten *Manifest der 12*, in dem Autoren wie Salman Rushdie, Taslima Nasrin und Ibn Warraq den „muslimischen Totalitarismus“ mit scharfen Worten angriffen. In den westlichen Medien wurden die Verfasser, die sich allesamt keineswegs zum Islam, sondern zum säkularen Humanismus bekennen (siehe u.a. Warraqs Buch *Warum ich kein Muslim bin*) als „muslimische Intellektuelle“ bezeichnet – eine Absurdität sondergleichen! (Niemand würde Friedrich Nietzsche, Bertrand Russell oder Karlheinz Deschner als „christliche Intellektuelle“ durchgehen lassen!) Dass diese Absurdität nicht als solche wahrgenommen wird, liegt daran, dass den meisten Berichterstattern nicht bewusst ist, dass der säkulare Humanismus keineswegs „dem Westen“ zuzuordnen ist, sondern als „Weltkulturerbe der Menschheit“ eine höchst eigenständige Rolle im „Kampf der Kulturen“ spielt. Je früher wir dies erkennen, desto eher werden wir in der Lage sein, die Gräben zwischen den Kulturen zu überwinden.

Von der „Lightkultur Humanismus und Aufklärung“ zur „Leitkultur Humanismus und Aufklärung“?

Meines Erachtens müsste eine der Hauptaufgaben der säkularen Verbände darin bestehen, dem *konsequenten Humanismus ein stärkeres, eigenes Profil zu geben*, ein Profil, das sich deutlich von der „Humanismus light-Kultur“ der hiesigen Kirchen abgrenzt. Um es im Marketing-Jargon auszudrücken: Wenn die Menschen keine Unterschiede mehr zwischen dem religiösen Küngschen „Projekt Weltethos“ und konsequent säkularen, humanistischen Konzepten erkennen können, steigt die Gefahr, dass wir auf dem Markt der Weltanschauungen von der Umarmungsstrategie der Religionen erdrückt werden. Es ist daher notwendig, dass wir das „Alleinstellungsmerkmal“ herausarbeiten, das konsequent humanistische Sinnangebote von all jenen abgespeckten Humanismusofferten unterscheidet, die derzeit gerade auch von religiöser Seite auf den Markt geworfen werden. Das verlangt u.a.:

1. Wir müssen noch deutlicher als bisher die Gründe dafür herausarbeiten, warum es nicht möglich ist, *gleichzeitig* gläubiger Jude, Christ, Muslim, Hindu oder Buddhist *und* konsequenter, aufgeklärter Humanist zu sein. Insofern wird die Religions- und Ideologiekritik weiterhin – und vor allem auch im Hinblick auf die Bedrohung durch den wachsenden Fundamen-

talismus weltweit – ein zentrales Element der humanistischen Bewegung bleiben müssen.

2. Es ist von großer Wichtigkeit, dass wir den Humanismus auf eine solide wissenschaftliche und philosophische Grundlage stellen. Viel zu lange wurde übersehen, dass im Zuge des wissenschaftlichen Forschungsprozesses nicht nur religiöse Mythen, sondern auch einige zentrale Elemente des traditionellen Humanismus entzaubert wurden. Ein zeitgemäßer Humanismus darf dem wissenschaftlichen Forschungsstand nicht hinterherhinken, sonst läuft er Gefahr, selbst zu einer religiösen Ideologie zu verkommen.

3. Neben dieser erforderlichen *theoretischen Profilierung* wird es notwendig sein, in aller Deutlichkeit aufzuzeigen, worin sich der konsequente Humanismus in seinen *praktischen Konsequenzen* vom „Humanismus light" unterscheidet. Wenn wir davon ausgehen, dass der kategorische Imperativ eines echten, eines ernst gemeinten Humanismus darin besteht, „alle Verhältnisse umzuwerfen, in denen der Mensch ein erniedrigtes, geknechtetes, verlassenes, verächtliches Wesen ist", wie dies Karl Marx einmal prägnant formulierte, so müssten wir herausstellen, was dies konkret auf dem Gebiet der Politik, der Ökonomie, des Rechts, der Bildung, der praktischen Ethik etc. bedeutet. Wie lassen sich beispielsweise die ökonomischen Spielregeln so umdefinieren, dass sie den Kriterien einer aufgeklärt-humanistischen, d.h. weder zynischen noch blauäugigen Wirtschaftsethik entsprechen? Es sollte klar sein: *Ein Humanismus, der sich in selbstgefälliger, idealistischer Selbstbeweihräucherung ergeht und sich zu den drängenden sozialen, ökonomischen und politischen Fragen seiner Zeit nicht klar positioniert, verdient es nicht, „Humanismus" genannt zu werden.*

Wie man es auch dreht und wendet, wir müssen uns irgendwie der Tatsache stellen, dass Humanismus und Aufklärung in der Geschichte kulturelle Kampfbegriffe waren – und dass sie es auch heute noch sind. Nichts wäre verkehrter, als sich auf dem Erreichten auszuruhen, schließlich ist das Projekt der Aufklärung weder vollendet noch sind die kulturellen Errungenschaften der Moderne, die uns in unseren Breitengraden allzu selbstverständlich geworden sind, nachhaltig gesichert.

Man sollte sich in diesem Zusammenhang keinen Illusionen hingeben: Wie die biologische Evolution folgt auch die kulturelle Evolution *keinem linearen Trend.* All jene hart erkämpften humanistisch-aufklärerischen Standards, von denen wir heute profitieren, können wieder verloren gehen. Denn – wie gesagt: Der theoretisch wie praktisch inkonsistente „Humanismus light“ ist ein höchst instabiles Konstrukt, das unter entsprechendem gesellschaftlichem Druck schnell umkippen kann.

Es wird gewiss keine leichte Aufgabe sein, die humanistische Spreu vom humanistischen Weizen zu trennen, um es einmal in biblischen Worten auszudrücken. Große Anstrengungen liegen vor uns sowohl auf *theoretischem Gebiet* als auch auf *praktischer Ebene* (wir müssen nicht nur kommunizieren, sondern auch lebenspraktisch belegen, weshalb der konsequente Humanismus die bessere Alternative sowohl zu konsequent religiösen als auch zu „irgendwie religiösen“ Denk- und Handlungsmustern darstellt).

Die Aufgabe, vor der wir stehen, ist gewaltig und das Scheitern angesichts unserer beschränkten Kapazitäten keineswegs unwahrscheinlich. Doch gerade in der Schwierigkeit dieser Herausforderung liegt auch ein Teil ihres Reizes. Wie heißt es doch bei Albert Camus? „Der Kampf gegen Gipfel vermag ein Menschenherz auszufüllen. Wir müssen uns Sisyphos als einen glücklichen Menschen vorstellen.“

Editorische Notiz

Den titelgebenden Artikel *Anleitung zum Seligsein* schrieb ich 1999 unter dem Pontifikat Johannes Paul II., der sich offenbar in den Kopf gesetzt hatte, den ewigen Weltrekord für Seligsprechungen aufzustellen. Der Text erschien erstmals in Ausgabe 4/99 der MIZ.

Die subversive Kraft des Humors war Gegenstand eines Redebeitrags, den ich 2009 auf dem Festakt zur Vergabe des Blasphemiepreises „Der Freche Mario“ in München hielt. Der Text dieser Rede, über die sich ein allseits bekannter Reporter der *Süddeutschen Zeitung* ziemlich echauffierte, erscheint hier erstmalig in gedruckter Form.

Big Mama is watching you! schildert meine Erfahrungen als teilnehmender Beobachter einer Marienerscheinung im saarländischen Marpingen. Das Erlebnis hatte nachhaltige Wirkungen auf meine Psyche: Monatelang schüttelten mich heftige Lachkrämpfe, wenn ich an die piepsigen Stimmen der saarländischen „Seherinnen“ dachte. Was die hochheilige Jungfrau Maria damit wohl bezweckte? Der Text erschien erstmalig (wenn auch unter anderem Titel) in MIZ 4/99.

In *Deutschland sucht den Superwahn* habe ich einen etwas unorthodoxen Vergleich zwischen Scientology und Opus Dei gewagt. Als der Text in MIZ 2/02 veröffentlicht wurde, war Scientology als „gefährliche Sekte“ in aller Munde, das katholische Opus Dei kannte jedoch kaum jemand. Dies änderte sich schlagartig, als zwei Jahre später Dan Browns obskurer Mystery-Thriller *The Da Vinci Code* unter dem Titel *Sakrileg* die deutschen Bestsellerlisten eroberte.

Die wundersame Welt des Karol Wojtyla verfasste ich kurz nach dem Tod von Johannes Paul II. Der Nachruf wurde im April 2005 auf mehreren Internetseiten veröffentlicht. Gedruckt erschien er erstmalig in MIZ 2/05.

Wie blind sind unsere Politiker eigentlich? war mein Kommentar zur umstrittenen Rede des Bundespräsidenten Christian Wulff zum Tag der deutschen Einheit 2010. In seiner Ansprache hatte Wulff behauptet, dass der Islam mittlerweile zu Deutschland gehöre, was heftige Reaktionen hervorrief. Mich störte vor allem, dass der Bundespräsident Juden, Christen und Muslime erwähnte, jedoch das konfessionsfreie Drittel der deutschen Bevölkerung völlig vergaß. Der Text erschien am 8.10.2010 auf dem Portal des *Humanistischen Pressedienstes* (hpd.de) und liegt hier erstmalig gedruckt vor.

Mit dem Artikel *Ursula von der Leyens gedankliche Entgleisungen* antwortete ich 2006 auf das von der damaligen Familienministerin vorgestellte „Bündnis für Erziehung“. Teile dieses Textes wurden von der *Giordano-Bruno-Stiftung* für eine Petition gegen die religiöse Fundierung von Bildung und Erziehung übernommen. Aufgrund dieser Petition wiederum kam es wenig später zur Zusammenarbeit zwischen der *Giordano-Bruno-Stiftung* und dem *Verein ehemaliger Heimkinder*, die 2010 u.a. zur Heimkinder-Demo „Jetzt reden wir!“ in Berlin führte. Der Text erscheint hier erstmalig im Druck, was auch für die beiden nachfolgenden Vortragstexte gilt.

2010 wurde ich von humanistischen und pazifistischen Organisationen in Osnabrück eingeladen, einen Kontrapunkt zu dem am darauf folgenden Tag stattfindenden „Weltethos“-Kongress „Religionen:Weltfrieden“ zu setzen. In meinem Kurzvortrag *Religion und Gewalt* versuchte ich u.a. zu antizipieren, was Hans Küng in seinem Eröffnungsvortrag sagen würde. Wie ich später erfuhr, lag ich mit meinen Mutmaßungen gar nicht so weit daneben.

Der sogenannte Neue Atheismus war Thema eines Kurzreferats, das ich 2009 in der Evangelischen Stadtakademie München hielt. Mein Ziel war es, einigen Fehleinschätzungen entgegentreten, die mir in der öffentlichen Diskussion über den vermeintlichen „Kreuzzug der neuen Atheisten“ aufgefallen waren.

2009 sollte ich einen Kommentar zur Schweizer Volksabstimmung zum Minarettverbot schreiben. Das war allerdings gar nicht so einfach, da meine Haltung zum Schweizer Votum zwiespältig war, was in dem Text *Lehren aus dem Minarettverbot* auch klar zum Ausdruck kommt. Der Kommentar erschien am 20.11.2009 auf hpd.de und wurde später in der MIZ nachgedruckt.

Das Editorial *„Wir haben abgeschworen!“* (MIZ 1/07) beleuchtet die Hintergründe der erfolgreichen Kampagne, mit der der *Zentralrat der Ex-Muslime* auf seine Anliegen aufmerksam machte. Ich habe den Text aus zwei Gründen in diesen Sammelband aufgenommen: Erstens halte ich den Kampf der Ex-Muslime für negative Religionsfreiheit noch immer für politisch höchst bedeutsam. Zweitens veranschaulicht der Text recht gut die Spielregeln der Mediengesellschaft, die diejenigen, die gegen den Strom der Zeit schwimmen, mitunter in arge Bedrängnis bringen.

In *Was ist Wahrheit?* (2002 in der Zeitschrift *Aufklärung und Kritik* erschienen) behandele ich den Widerstreit zwischen aufklärerischen und religiösen Wahrheitskonzepten. Es zeigt sich, dass der Begriff „Wahrheit“ sehr Unterschiedliches bedeuten kann, was auch erklärt, warum es so enorm schwer ist, mit einem Fundamentalisten zu argumentieren, ohne dabei den Verstand zu verlieren.

Darwins brisantes Erbe beleuchtet die oftmals verdrängten, weltanschaulichen Konsequenzen der Evolutionstheorie. Ich hielt diesen Vortrag 2009 und 2010 an verschiedenen biologischen Instituten. Eine englische Fassung des Vortrags ist im Springer Wissenschaftsverlag erschienen.

Offenheit statt Offenbarung war meine erste religionskritische Veröffentlichung in der MIZ, erschienen im Jahr 1994. Obwohl dieser frühe Artikel einige markante Formulierungen enthält, auf die ich später immer wieder zurückgriff, ist er – anders als meine späteren Veröffentlichungen – aus einer sehr spezifischen, geistes- und sozialwissenschaftlichen Perspektive geschrieben, was sich u.a. in den Quellenangaben (Habermas, Adorno, Apel) widerspiegelt.

Der Artikel *Sind AtheistInnen die besseren Menschen?* war vor allem als Provokation für jene Leute gedacht, die meinen, im Atheismus liege die Antwort auf alle Probleme der Welt. Um zu zeigen, dass auch der Atheismus eine „Kriminalgeschichte“ hat, zeigte das Cover der MIZ-Ausgabe 4/00, in der der Text als Schwerpunktartikel erschien, ein Stalin-Bild mit Heiligenschein – was uns einige „gläubige Atheisten“ sehr übel nahmen.

„Irgendwie sind wir doch alle Humanisten...“ war der Titel eines Vortrags, den ich 2005 in der Politischen Akademie der Friedrich Ebert Stiftung Berlin hielt. Ich habe diesen Text, der 2006 in der Zeitschrift *humanismus aktuell* abgedruckt wurde, an den Schluss gestellt, da er ähnliche Themen wie das Vorwort behandelt, so dass Anfang und Ende des Buches miteinander korrespondieren.